新时代乡村产业振兴干部读物系列

乡村产业园

农业农村部乡村产业发展司　组编

中国农业出版社
农村读物出版社
北　京

图书在版编目（CIP）数据

乡村产业园／农业农村部乡村产业发展司组编 . —
北京：中国农业出版社，2022.1
（新时代乡村产业振兴干部读物系列）
ISBN 978 - 7 - 109 - 28366 - 4

Ⅰ.①乡…　Ⅱ.①农…　Ⅲ.①农村经济－产业开发区
－中国－干部教育－学习参考资料　Ⅳ.①F327.9

中国版本图书馆 CIP 数据核字（2021）第 124423 号

中国农业出版社出版
地址：北京市朝阳区麦子店街 18 号楼
邮编：100125
责任编辑：冀　刚　刘　伟
版式设计：王　晨　责任校对：吴丽婷
印刷：中农印务有限公司
版次：2022 年 1 月第 1 版
印次：2022 年 1 月北京第 1 次印刷
发行：新华书店北京发行所
开本：700mm×1000mm　1/16
印张：16.25
字数：280 千字
定价：68.00 元

丛书编委会

本书编委会

主　　编　张天柱
副 主 编　白春明　柴多梅　杜名扬　梁玉琴
参　　编：王晓燕　张　茜　鲁　燕　张桂彬　赵婵璞
　　　　　刘　骕　胡晓立　张明明　闫淑琴　白小静
　　　　　吴　昊　李明秀　张莹雪　柳志华　宋　懿
　　　　　何小凡　孙皎皎　田乙慧　李晓渊　周　磊
　　　　　孙洪录
顾　　问（按姓氏笔画排序）
　　　　　王志本　朱立英　安玉发　李　桦　李建军
　　　　　吴卫华　张　文　张德纯　孟繁锡　封树民
　　　　　韩一军　韩东海　傅金凯　翟留栓

序

　　民族要复兴，乡村必振兴。产业振兴是乡村振兴的重中之重。当前，全面推进乡村振兴和农业农村现代化，其根本是汇聚更多资源要素，拓展农业多种功能，提升乡村多元价值，壮大县域乡村富民产业。国务院印发《关于促进乡村产业振兴的指导意见》，农业农村部印发《全国乡村产业发展规划（2020—2021年)》，需要进一步统一思想认识、推进措施落实。只有聚集更多力量、更多资源、更多主体支持乡村产业振兴，只有乡村产业主体队伍、参与队伍、支持队伍等壮大了，行动起来了，乡村产业振兴才有基础、才有希望。

　　乡村产业根植于县域，以农业农村资源为依托，以农民为主体，以农村一二三产业融合发展为路径，地域特色鲜明、创新创业活跃、业态类型丰富、利益联结紧密，是提升农业、繁荣农村、富裕农民的产业。当前，一批彰显地域特色、体现乡村气息、承载乡村价值、适应现代需要的乡村产业，正在广阔天地中不断成长、蓄势待发。

　　近年来，全国农村一二三产业融合水平稳步提升，农产品加工业持续发展，乡村特色产业加快发展，乡村休闲旅游业蓬勃发展，农村创业创新持续推进。促进乡村产业振兴，基层干部和广大经营者迫切需要相关知识启发思维、开阔视野、提升水平，"新时代乡村产业振兴干部读物系列""乡村产业振兴八大案例"便应运而生。丛书由农业农村部乡村产业发展司组织全国相关专家学者编写,以乡村产业振兴各级相关部门领导干部为主要读者对象,从乡村产业振兴总论、现代种养业、农产品加工流通业、乡土特色产业、乡村休闲旅游业、乡村服务业等方面介绍了基本知识和理论、以往好的经验做法,同时收集了脱贫典型案例、种养典型案例、融合典型案例、品牌典型案例、园区典型案例、休闲农业典型案例、农村电商典型案例、抱团发展典型案例等,为今后工作提供了新思路、新方法、新案例,是一套集理论性、知识性和指导性于一体的经典之作。

　　丛书针对目前乡村产业振兴面临的时代需求、发展需求和社会需求,层层递进、逐步升华、全面覆盖,为读者提供了贴近社会发展、实用直观的知识体系。丛书紧扣中央三农工作部署,组织编写专家和编辑人员深入生产一线调研考察,力求切实解决实际问题,为读者答疑解惑,并从传统农业向规模化、特色化、品牌化方向转变展开编写,更全面、精准地满足当今乡村产业发展的新需求。

　　发展壮大乡村富民产业,是一项功在当代、利在千秋、使命光荣的历史任务。我们要认真学习贯彻习近平总书记关于三农工作重要论述,贯彻落实党中央、国务院的决策部署,锐意进取,攻坚克难,培育壮大乡村产业,为全面推进乡村振兴和加快农业农村现代化奠定坚实基础。

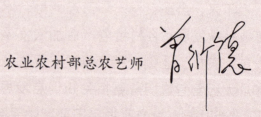

农业农村部总农艺师

前　言

　　当前，我国的经济已由高速增长阶段转向高质量发展阶段，我国社会主要矛盾也已转化为人民日益增长的美好生活需要和不平衡不充分的发展之间的矛盾。党的十九大作出了实施乡村振兴战略的重大决策部署，要求把乡村振兴作为中国特色社会主义进入新时代做好"三农"工作的总抓手，按照"产业兴旺、生态宜居、乡风文明、治理有效、生活富裕"的总要求，建立健全城乡融合发展体制机制和政策体系，统筹推进农村经济建设、政治建设、文化建设、社会建设、生态文明建设和党的建设，推动产业振兴、人才振兴、文化振兴、生态振兴、组织振兴健康有序进行，加快农业农村现代化步伐，走出中国特色社会主义乡村振兴道路。乡村振兴，产业兴旺是重点，必须坚持质量兴农、绿色兴农，以农业供给侧结构性改革为主线，加快构建现代农业产业体系、生产体系、经营体系，提高农业创新力、竞争力和全要素生产率。

　　乡村产业园是各地贯彻落实乡村振兴战略，推进农业结构调整、增加农民收入、改善生态环境、加速农业产业化与现代化进程、促进区域经济发展的重要助推器，也是农业技术组装集成、科技成果转化及现代农业生产的示范载体，是我国新阶段推进新的农业革命、实现传统农业向现代农业转变的必然选择。

　　我国乡村产业园建设发展起步较晚，面对乡村产业振兴发展的迫切需求，各地乡村产业园建设进入转型提升关键阶段。但是截至目前，关于乡村产业园的系统研究相对较少，中文版书籍内容多为传统农业园区某一类型或某一方面的研究与总结，难以满足乡村产业园理论研究、建设实践、借鉴总结等需求。

本书以新时代乡村产业振兴发展为背景，结合在各地乡村产业园不同类型的建设实践，通过系统总结乡村产业园内涵、理论依据、建设现状、建设重点、运营管理以及实践案例，以期为各地政府、企业、研究人员等乡村产业园建设参与主体提供参考。

全书共分九章，第一章和第二章是乡村产业园建设发展的理论基础，主要介绍乡村产业园内涵、理论依据、建设意义，以及我国乡村产业园发展历程、整体概况、建设成效和存在问题；第三章主要介绍乡村产业园规划设计方法，包括乡村产业园规划概论、规划管理、规划编制与实施；第四章至第八章，以如何建设好乡村产业园为思路，逐一介绍乡村产业园科技创新驱动措施、产业融合发展路径、绿色持续发展方式、组织保障措施、建设运营管理等重点建设任务与措施；第九章总结国内外乡村产业园建设实践案例，为各地产业园提供实践参考学习经验。

随着社会经济的高速发展和信息科学的研究进步，乡村产业园研究日渐增多，新理论假说、新研究方法和新经验模式日新月异、层出不穷。本书仅以目前理论及实践总结为基础，不追求"深奥"，注重实用性，力求语言通俗精炼、前后连贯，可读性强，便于自学。由于编者水平及能力有限，书中难免出现遗漏、疏忽及不足之处，敬请读者批评指正，提出宝贵意见与建议。

编　者

2021 年 1 月

目　录

第一章

乡村产业园概述

当前，我国总体上已进入加快改造传统农业、走中国特色农业现代化道路的关键时期。乡村产业园成为各地贯彻落实乡村振兴战略，推进农业结构调整、增加农民收入、改善生态环境、加速农业产业化与现代化进程，促进区域经济发展的重要助推器。乡村产业园作为农业技术组装集成、科技成果转化和现代农业生产的示范载体，是我国新阶段推进新的农业革命、实现传统农业向现代农业转变的必然选择，在创新发展模式和经济管理体制、积极利用资金技术等方面发挥了重要的作用，在区域经济与产业经济之间形成了产业联动的桥梁，承载着主导产业的合理链接与配套等功能作用。对乡村产业园内涵、建设理论依据、建设意义进行深化理解，是开展乡村产业园规划设计和建设运营的基础。

第一节 乡村产业园内涵

乡村产业园是适应新时期我国现代农业发展需求，提高农业供给质量和效益，培育农业农村经济发展新动能，探索农民持续增收机制、开辟新途径和推进农业现代化建设的重要载体。在建设过程中，要准确深刻地理解和把握乡村产业园定义、特征、类型等内涵。

一、乡村产业园定义

鉴于我国农业园（区）分类复杂、名称混乱，乡村产业园的兴起尚处于起步阶段，国内尚无乡村产业园的准确定义。笔者参考相关农业发展规划及国内已建各种农业产业园案例，结合国外农业综合体系（农业产业体系），并借鉴国际农业产业发展历史、经验和我国农业特点，对乡村产业园进行定义。乡村产业园是依靠当地独特的农业优势（包括农业资源优势、农产品加工优势、销售地理位置优势、科研优势或农业区域地理位置优势等），投建或引进有规模的、相互有密切关联的农产品生产、加工、销售、研发、金融等企业以及配套服务机构，形成集聚现代农业生产、农产品加工、电商物流、休闲农业等农村一二三产业业态的乡村产业集聚区域。乡村产业园具有良好的生态环境和较高的经济效益，能发挥集聚辐射效应，对当地和周围地区产生重要影响及带动效果。

从宏观角度看，乡村产业园有利于区域内合理布局和分工，提高农产品生产能力，提高生产效率，增加抵抗市场风险的能力，提升农业综合竞争实力；从微观角度看，乡村产业园建立在专业化的分工协作基础上，以优势产业为主导，形成复合型的产业网络，创造了独有的竞争优势。

乡村产业园在功能上除具备安全农产品供给的基本功能外，还兼具生态保护、生活休闲、科技示范、教育培训、促进就业、产业融合、农户带动、技术集成、就业增收等综合功能。

二、乡村产业园特征

1. 农业主导作用明显　乡村产业园发展的核心是优势主导产业，通过建设成品牌优势明显、业态布局合理、经济效益显著、生态环境良好的优势特色产业，打造一批规模化原材料生产基地。如北京市房山区现代农业产业园，以果蔬和花卉为主导产业，经过多年发展已逐步形成以果蔬花卉生产、农产品加工、仓储物流及销售的全产业链体系，并结合"现代农业、健康颐养、文化创意"城乡统筹的发展战略，围绕加快都市现代产业转型升级，着力建设成以康养园艺产品为特色的国家级都市现代农业产业园，带动当地农户发展。

2. 空间集聚效益突出　产业集聚是指某种产业大量集聚在某个

区域，追求规模经济的一种集群化效应。产业集聚是产业空间呈现的基本特征形式，是产业资本要素在空间范围内逐步汇聚的同时，同一产业在某个特定地理区域内高度集中的过程。产业集群具有空间效应，空间内的企业相互集聚，即可形成产业园。

3. 技术创新模式领先　乡村产业园是拥有先进技术、金融支持、设施配套的技术和装备快速应用的集合区，集聚了一批现代化生产要素，如市场、资本、技术、信息、人才等，推进农科教、产学研共同发展。如浙江省慈溪市现代农业产业园，园区土地资源集中连片，现代化水、气、管、网设施齐全，高标准农田占比达到77％以上，基本实现"智能工厂化"，且正大集团和中集集团等世界500强企业与国内知名农牧企业等25家国内外龙头企业均落户该产业园，逐步实现资本、技术、人才等现代生产要素集聚。

4. 绿色生态理念先进　乡村产业园内一方面要大力发展绿色生态农产品生产，另一方面要倡导绿色生活方式。如有的地区在产业园内因地制宜地组织实施以改厕、改厨、改圈为主要内容的"一池三改"或"一池两改"（改厕、改厨）户用沼气建设；同时，结合规模化养殖场与养殖小区的粪污治理，实施了规模化畜禽养殖场大型沼气工程建设；或是推广以沼渣、沼液为纽带的"四位一体""畜-沼-果（菜）"等绿色农业模式；坚持"疏堵结合，以疏为主"的方针，采取各种措施推动秸秆资源化、能源化等多元利用，综合利用率达到了98％。有的乡村产业园建立了绿色无公害有机奶业、有机蔬菜、有机茶和特色农产品等生产基地，减少施肥量、降低农药等农用物质的数量，有效减少土壤中重金属的含量，促使水体富含养分，改善种植业的土壤及周边的生态环境，提高地上产出物的食品安全。

5. 组织保障措施有力　各地现有乡村产业园的健康有序发展，离不开强有力的组织保障措施。发展较好的产业园，通常政府扶持措施有力、基础设施完备、政策针对性和可操作性明显，除了财政专项、基本建设等有相应资金投入外，用地保障、金融服务、科技创新、人才支撑等方面一般均会出台相关措施。如河北省邯郸市滏东现代农业产业园，整合各种专项资金优先用在基地建设和龙头企业的发展，截至 2017 年 9 月共投入 4.6 亿元资金用于水电路林四网建设，产业园 100 平方公里内实现了"九通一平"；在土地等方面有政策倾斜，保障力推产业园高效运转；此外，还建立了完善的管理机制、招商引资机制和社会化服务机制，职能明确且制度健全。

三、乡村产业园类型

1. 按创办主体划分

（1）政府主导。当前，国内的各类产业园主要以政府为创办主体。各级政府主办的产业园，着眼于提升当地农业现代化水平，通过整合各类农业发展资金，促进政策性资金由分散使用转向集中使用，主要投向农业产业发展中的短板领域，发展壮大现代农业，从而更多融入或带动区域经济发展，促进农民增收致富。政府主导的产业园根本目的是农民增收，因此注重建立园区和农户的利益共同体，实现产业化经营，不求园区本身利益最大化。

（2）企业主导。企业主导成立的产业园，以企业产业类型为主要的发展方向，围绕利益最大化进行设计和布局，与当地农业结构和主导产业有一定的联系，但没有必然联系。企业主导的产业园主要服务于企业发展，因此在功能上通常没有政府主导的产业园全面、侧重点突出。企业为实现其社会责任，通常也与当地农民或企业形成利益联结，或进行合作，对带动地方农民增收和经济发展贡献了重要力量。

（3）政企合办。政府创办的产业园，离不开企业的参与；企业创办的产业园，离不开政府的支持。政企合办是当前国内绝大多数乡村产业园的管理运营模式。在职责上，政府主要负责园区的规划、基础设施建设、招商和管理服务；入驻的企业自主经营，其产品生产符合园区发展方向，使政府的经济目标和企业利益目标相结合。在园区管理方面，通常采取成立运营平台公司的方式，或引入专业化运营企业，政企分开、职责分明，更有利于园区的长期发展。

2. 按照产业类型划分

（1）种植养殖主导类。农业生产活动是产业园的基础，多数鲜食类农产品生产和产地初加工基地构成了种植养殖主导类的产业园。

种植类产业园，从种植作物类型上包括粮油园区、蔬菜园区、花卉苗木园区、种子园区、特色果品园区、经济作物园区等；从种植形式上包括大田种植类、设施农业类、林果类等。种植类园区一般面积较大，十万亩*到几十万亩，标准化、机械化耕作水平较高，农民的组织化、规模化程度较高，形成现代农业生产景观。

养殖类产业园，包括大型牲畜类（猪、牛、羊等）园区、禽类养殖园区、水产养殖类园区（淡水养殖、海水养殖）、特色养殖类园区等。与普通农户小规模、零散养殖相比，产业园的养殖设施标准化水平、技术装备水平较高，废弃物处理配套设施齐全，并与种植业相结合形成种养循环模式。高水平养殖设施通常由企业来承担建设，与农民签订合作协议，起到带动农民的作用。

种植养殖类主导的产业园除生产基地外，还建有与之配套的产地初加工和仓储设施、集中的农产品加工区、农产品仓储物流集散区、农产品展示交易场所、科研支持单位建设项目等，是产业园产业链延伸的重要组成部分。

（2）农产品加工物流主导类。一些农产品在加工后才能进入消费市场，如粮食类产品、茶叶类产品；一些农产品加工原料种类多，上下游产业链条范围广，如泡菜类产品。一些地区依托其资源优势、地方特色产品形成加工物流企业的集聚区，汇聚一大批农产品加工企业，并通过农产品加工产业的发展，带动周边地区生产基地的建设和仓储物流行业的发展。如柳州螺蛳粉产业园就是一个典型的例子，螺蛳粉在成为"网红"产品之后，其加工业迅速发展，因螺蛳粉加工原料包括酸笋、酸豆角、木耳、米粉、螺蛳等10多种，带动了当地及周边地区竹笋产业、水稻产业、蔬菜产业、螺蛳养殖等多种不同类型的农产品生产，并在加工企业集聚区内汇聚了酱菜加工、米粉加工、袋装螺蛳粉加工等多种不同类型的企业。

（3）产业融合类。产业融合是当前我国农业发展的重要方向。有些地区农产品类型多样、产品地域特色突出、文化历史资源丰富，有

---

*　亩为非法定计量单位，1亩＝1/15公顷。

利于形成产业融合类的乡村产业园。产业融合类的乡村产业园除种植养殖基地、加工物流区外，在休闲农业和乡村旅游方面发展较好。休闲农业和乡村旅游是乡村产业园重要的三产类型，也是很多地区农村带动地方经济发展的重点产业。在发展过程中，要充分与地方特色农旅资源相结合，通过吸引人流，带动农业产业园的发展。这类产业园的农业生产除作为农产品进行加工、销售外，还有一定比例作为旅游纪念品、特色体验产品等成为休闲农业的一部分。这类农业园区的主要盈利是参观园区门票、住宿、餐饮等收入（张天柱，2009）。

3. 当前我国主要的产业园区类型

（1）国家农业高新技术产业示范区。2018年国务院办公厅印发《关于推进农业高新技术产业示范区建设发展的指导意见》，首次以农业高新技术产业为主题，从国家层面系统指导农业高新技术产业示范区（以下简称农高区）建设发展。农高区的建设重点是科技创新，通过集聚各类要素资源，推动农业高新技术转化为现实生产力，服务农业农村发展（张天柱，2018）。截至2019年11月，全国已批准建设4个农高区：陕西杨凌农业高新技术产业示范区、山东黄河三角洲农业高新技术产业示范区、山西晋中国家农业高新技术产业示范区、江苏南京国家农业高新技术产业示范区。

（2）国家农业科技园区。国家农业科技园区开始于2001年，科学技术部、农业部等6部委联合批准建设全国首批21个国家农业科技园区（试点）。农业科技园区以技术密集为主要特征，以科技开发、示范、辐射和推广为主要内容，以体制创新和机制创新为动力，以促进区域农业结构调整和产业升级为目标，是现代农业发展的有效模式，区域代表性和引导、示范与带动作用强，其目标是培育和孵化一批具有国际竞争力的科技型农业产业集团。截至2019年底，经科学技术部批准的国家农业科技园区（试点）共有8批272个，并启动了第九批的申报工作。国家农业科技园区通过围绕创新不同类型的农业科技成果转化模式及其相应的产业化运行机制，强化了农业科技成果转化和孵化功能，使国家农业科技园区成为在不断打造创新链和创业链中实现农业科技成果转化的重要平台，成为发展现代农业、建设新农村和建立区域科技创新体系的一项基础性、公共性和战略性工作，为解决我国"三农"问题、实现农村小康、推动农业结构调整、增加农民收入起到了重要作用。

（3）国家现代农业示范区。国家现代农业示范区是农业农村部为贯彻《中共中央　国务院关于加大统筹城乡发展力度进一步夯实农业农村发展基础的若干意见》（中发〔2010〕1号）精神，引领现代农业发展，带动社会主义新农村建设，促进城乡一体化发展而开展的创建工作。目前一共认定3批283个国家现代农业示范区。创建示范区是中共中央、国务院推进中国特色农业现代化建设的重大举措，对实现现代农业发展在点上突围、进而带动面上整体推进具有重要意义。各地的示范区以率先实现农业现代化为目标，以改革创新为动力，主动适应经济发展新常态，立足当前强基础，着眼长远促改革，加快转变农业发展方式，建设我国现代农业发展"排头兵"和农业改革"试验田"，示范引领中国特色农业现代化建设。2017年，农业部以构建农业产业、生产、经营三大体系为重点，推进粮食绿色高产高效创建、畜牧业绿色发展示范县创建、水产健康养殖、主要农作物生产全程机械化、"互联网＋"现代农业、农业经营体系升级、新型职业农民培育、农村一二三产业融合发展、农产品质量安全提升和财政支农资金统筹使用十大主题示范，更加丰富了现代农业示范区的示范内容。

（4）国家现代农业产业园。国家现代农业产业园最早提出于《中共中央　国务院关于深入推进农业供给侧结构性改革加快培育农业农村发展新动能的若干意见》（中发〔2017〕1号）。《意见》指出，建设现代农业产业园，以规模化种养基地为基础，依托农业产业化龙头企业带动，聚集现代生产要素，建设"生产＋加工＋科技"的现代农业产业园，发挥技术集成、产业融合、创业平台、核心辐射等功能作用；科学制订产业园规划，统筹布局生产、加工、物流、研发、示范、服务等功能板块。农业部、财政部2017年启动第一批国家现代农业产业园创建工作，到2019年底，共批准创建114个（其中7个为纳入国家现代农业产业园管理的省级产业园）、认定49个。国家现代农业产业园按照"一年有起色、两年见成效、四年成体系"的总体安排，经过 3 年建设，已经基本形成了"国家-省-市"三级产业园体系，在做大做强优势特色主导产业、推进全产业链建设、聚集现代生产要素、创新联农带农机制、促进产村融合发展、示范引领乡村产业振兴等方面发挥了重大作用（郑坤，2019；柳志华，2019）。

（5）农村一二三产业融合示范项目。为深入贯彻落实 2015 年中央 1 号文件关于"实施农村产业融合发展试点示范工程"部署和《国务院办公厅关于推进农村一二三产业融合发展的指导意见》（国办发〔2015〕93 号），国务院各部门分别开展了相关项目的推进工作。

如国家发展改革委牵头开展的农村产业融合发展试点和国家农村产业融合发展示范园项目。农村产业融合发展试点示范项目启动于 2016 年，按照"百县千乡万村"分级负责的实施方式，中央层面重点抓好"百县"试点示范工程，乡级、村级试点示范参照县级方式，分别由省级、县级有关部门负责，在全国层面共评选 137 个试点示范县。试点示范县结合地方资源优势，通过推进农业内部融合型、产业链延伸型、功能拓展型、新技术渗透型、产城融合型、多业态复合型等多种形式，探索并总结一批适合不同地区的农业产业融合商业模式，努力构建农业与二三产业交叉融合的现代农业产业体系。国家农村产业融合发展示范园是在农村产业融合发展试点示范项目基础上发展而来，启动于 2017 年，首批共创建 100 个，并于 2018 年通过了认定；2019 年开展第二批创建，共批准 110 个，于 2020 年开展认定。国家农村产业融合发展示范园以完善利益联结机制为核心，以要素集聚和模式创新为动力，着力打造农村产业融合发展的示范样板和平台载体，充分发挥示范引领作用，深化发展 6 种产业融合模式，起到多模式融合、多类型示范，并通过复制推广先进经验，加快延伸农业产业链、提升农业价值链、拓展农业多种功能、培育农村新产业新业态。

如农业部 2017 年牵头开展的全国农村一二三产业融合发展先导区项目。融合发展先导区是指已经形成成熟成型的可复制可推广融合发展模式和业态，具有引领和率先引导作用的特定区域。先导区的建设以农产品加工园区为主要依托，兼顾现代农业园区、休闲农业园区等，高起点、高标准、高水平创建融标准化原料基地、集约化加工园区、体系化物流配送市场营销网络"三化一体"，并与推进新型城镇化、新农村建设结合，实现镇（城）区、园区、农区"三区互动"的发展格局。目前共创建 153 个融合发展先导区。

（6）田园综合体。田园综合体最早由企业探索，形成了若干个有影响力的项目。2016 年中央 1 号文件提出"三区、三园、一体"作为农业供给侧结构性改革的抓手项目，将田园综合体写入了国家项目。田园综合体是指以农民合作社为主要载体，让农民充分参与和受益，集循环农业、创意农业、农事体验于一体的农业园区形式（白春明，2018）。2017 年，由财政部牵头，开启了田园综合体项目的实施，首先在 18 个省份开展田园综合体建设试点，围绕农业增效、农民增收、农村增绿，支持有条件的乡村加强基础设施、产业支撑、公共服务、环境风貌建设，实现农村生产生活生态"三生同步"、一二三产业"三产融合"、农业文化旅游"三位一体"，积极探索推进农村经济社会全面发展的新模式、新业态、新路径。2017 年，多省份出台了支持田园综合体的省级政策，田园综合体项目的实施逐步转移到地方政府。田园综合体注重"农业＋文旅＋社区"的发展模式，龙头企业起到关键作用，带动农村社区发展、农民增收是根本目的，是乡村振兴实施的一种新的路径，目前仍在探索之中（张天柱，2018）。

（7）产业强镇。自 2018 年开始，农业农村部、财政部决定深入推进农村一二三产业融合发展，开展产业兴村强县示范行动，拟 5 年内建设 1 500 个农业产业强镇，支持打造"一村一品、一乡一业"的镇域产业集群，每年 300 个左右的创建名额。到 2019 年底，全国共建设 552 个（其中，2018 年获批 254 个，2019 年获批 298 个）农业产业强镇。产业强镇的重点包括培育乡土经济和乡村产业，规范壮大产业生产经营市场主体和创新农民利益联结机制。产业强镇的建设立足镇域经济，放到构建现代农业产业体系、生产体系、经营体系中去系统谋划，是落实推动产业兴旺、城乡融合发展的重要措施。产业强镇打造成为引领乡村振兴的样板田，将促进乡镇经济发展，推动农业大县向农业强县迈进，促进乡村全面振兴（张天柱，2018）。

第二节　乡村产业园建设理论依据

一、产业发展理论

产业园建设发展，以内部产业发展为基础。因此，产业发展理论也是产业园建设理论依据之一。产业发展理论主要是研究产业发展过程中的发展规律、发展周期、影响因素、产业转移、资源配置、发展政策等问题。产业发展规律主要是指一个产业的诞生、成长、扩张、衰退、淘汰的各个发展阶段需要具备一些怎样的条件和环境，从而应该采取怎样的政策措施。对产业发展规律的研究，有利于决策部门根据产业发展各个不同阶段的发展规律采取不同的产业政策，也有利于企业根据这些规律采取相应的发展战略。例如，一个新兴产业的诞生往往是由某项新发明、新创造开始的，新的发明、新的创造又有赖于政府和企业对其研究与开发支持的政策及战略。一个产业在各个不同发展阶段都会有不同的发展规律；同时，处于同一发展阶段的不同产业也会有不同的发展规律。所以，只有深入研究产业发展规律才能增强产业发展的竞争能力，才能更好地促进产业的发展，进而促进整个国民经济的发展（苏东水，2010）。产业集聚、区域分工、产业链等理论类型均属于产业发展理论。

二、产业结构理论

产业结构是指产业与产业之间的数量关系结构及技术经济联系方式，其变化主要是由需求结构、生产结构、就业结构和贸易结构及其关联机制的变化体现出来。产业结构理论主要研究产业结构的演变及其对经济发展的影响，主要包括雁行形态理论、经济结构、封闭型产业结构理论和开放型产业结构理论。它主要从经济发展的角度研究产业间的资源占有关系、产业结构的层次演化，从而为制订产业结构的规划与优化的政策提供理论依据。产业结构理论主要包括产业结构演变、二元经济结构、发展阶段等理论。

三、产业布局理论

产业布局理论主要研究一国或地区的产业布局对整个国民经济的影响。一国或地区的产业发展最终要落实到特定经济区域来进行，这样就形成了产业在不同地区的布局结构。产业布局是一国或地区经济发展规划的基础，也是其经济发展战略的重要组成部分，更是其实现国民经济持续稳定发展的前提条件。所以，产业布局也是产业经济学研究的重要领域。产业布局理论主要研究影响产业布局的因素、产业布局与经济发展的关系、产业布局的基本原则、产业布局的基本原理、产业布局的一般规律、产业布局的指向性以及产业布局政策等（苏东水，2010）。产业布局的主要理论有农业区位理论、工业区位理论、成本学派理论、市场学派理论、成本-市场学派理论等。

四、区域经济发展理论

区域经济发展理论是研究生产资源在一定空间（区域）优化配置和组合，以获得最大产出的学说。生产资源是有限的，但有限的资源在区域内进行优化组合，可以获得尽可能多的产出。正是由于不同的理论，对于区域内资源配置的重点和布局主张不同，以及对资源配置方式选择不同，形成了不同的理论派别。区域经济学是由经济地理学逐步演化而来的，从其发展趋势看，它以空间资源配置的合理性为基础，形成了日益规范的空间分析经济学，主要包括区域经济发展梯度、区域经济发展辐射和区域经济发展增长理论等。

五、系统工程理论

1978年9月27日，钱学森亲自撰写的万余字专稿《组织管理的技术——系统工程》在《文汇报》全文刊发，这被认为是开创系统工程"中国学派"的奠基之作。系统工程理论的基本观点：①系统本身与系统周围的环境有物质的交换、能量的交换和信息的交换。由于有这些交换，所以系统是开放的。②系统所包含的子系统很多，成千上万，甚至是上亿万，所以是"巨系统"。③子系统的种类繁多，有几

十、上百，甚至几百种，所以是"复杂的"。开放的复杂巨系统广泛存在于现实世界。例如，人脑系统、人体系统、社会系统、地理环境系统和星系系统等。开放的复杂巨系统涉及生物学、医学、生态学、天文学和社会科学等领域。

系统工程的理论与方法，可以研究解决产业生产和科研组织管理问题。产业园是一个综合社会、经济、文化、环境等的复合系统，内部各子系统协调运行，各个子系统与外部环境相互作用。系统工程理论可以指导产业进一步深化改革，向专业化、商品化、现代化迈进。系统工程理论指导产业现代化实践，要强调整体性，强调总体功能的提高、产业结构合理和各子系统的协调发展。系统工程理论指导产业园发展，可以赋予园区自我调节的能力，提高抵御市场风险的能力。

第三节　乡村产业园建设意义

建设乡村产业园，是顺应农业发展新趋势、培育发展农村新动能的重要举措，是有力促进产业融合发展、拓宽农民就业增收的重要渠道，是实施乡村振兴战略、推动产业兴旺的重要抓手。

一、贯彻落实乡村振兴的重要载体

乡村振兴的根本是产业兴旺，产业是承担农村各项事业可持续发展的载体和基础，产业兴旺是乡村振兴的根本出路。产业振兴的一二三产业融合发展是缓解农村资源环境的刚性约束、推动城乡一体化发展、促进农业现代化的必然要求。

乡村产业振兴的一二三产业融合发展是乡村振兴战略的主要抓手。不同国家乡村发展进程和面临的问题有所不同，但都经历很多共性问题，包括农村基础设施落后、农业经济地位下降、年轻劳动力持续外流、生态环境破坏等；实施乡村振兴有利于解决农村发展过程中的问题，而乡村振兴计划关键要抓住"人、地、钱"，一二三产业融合发展可以有效地将"人、地、钱"结合在一起。

乡村产业园作为乡村产业振兴发展的重要载体，通过推进农业全产业链和产业集群发展，能够真正把区域资源优势、要素优势转变为产品优势、市场优势和竞争优势，引领带动农业产业兴旺，有利于促进农民富、农业强、农村美，支撑乡村振兴发展（赵之枫，2013）。近年来，在我国农业农村政策中，各种产业发展的载体建设日益引起重视。作为产业发展区域载体包括粮食生产功能区、重要农产品生产保护区、特色农产品优势区、现代农业产业园、农村产业融合发展示范园、农业科技园区、电商产业园、返乡创业园、特色小镇或田园综合体、涉农科技创新或示范推广基地、创业孵化基地等，这些产业发展的载体都是乡村产业园的典型代表。通过产业园建设，整合资源、集成要素、激活市场，甚至组团式"批量"对接中高端市场，实现农业农村产业的连片性、集群化、产业链一体化开发（刘然然、王梁，2019）。

二、引领农业供给侧结构性改革的重要平台

推进结构性改革是兴农之要。当前，农业面临的诸多矛盾和难题，表现各不相同，但"病根"都出在结构方面。着力加强农业供给侧结构性改革，实现农产品由低水平供需平衡向高水平供需平衡跃升，既能解决当前农业发展的突出问题，更有利于农业健康可持续发展，是今后一个时期农业农村工作的重要任务（周录红、李春，2018）。

乡村产业园建设，深化了农业供给侧结构性改革。建设乡村产业园，有利于在更高标准上促进农业生产、加工、物流、研发、示范、服务等相互融合，激发产业链、价值链的重构和功能升级，促进产业转型、产品创新、品质提升，创造新供给、满足新需求、引领新消费，提高农业供给质量和效益。

三、推动农业高质量发展的助推器

质量发展是兴国之道、强国之策。在 2017 年中央经济工作会议上，习近平总书记强调，推动高质量发展，是我们当前和今后一个时期确定发展思路、制定经济政策、实施宏观调控的根本要求；要推进

农业供给侧结构性改革，坚持质量兴农、绿色兴农，农业政策从增产导向转向提质导向。这一重要论断，深刻指出了推进高质量发展的重要意义，指明了农业农村经济发展的努力方向（韩长赋，2018）。

当前，我国经济已由高速增长阶段转为高质量发展阶段，农业农村经济发展也到了这个阶段。近年来，我国农业综合生产能力显著提高，我们有条件有能力推进农业转型升级、朝着高质量发展的方向迈进。同时，加快农业转型升级，推进农业高质量发展也是形势所迫、发展所需。实现农业高质量发展，大力推进质量兴农、绿色兴农，既是中央的明确要求，也是农业自身发展的内在需要，更是推进农业供给侧结构性改革、提高农业国际竞争力的紧迫任务（韩长赋，2018）。

实现农业高质量发展必须加快推进产业全面转型升级。建设乡村产业园，有利于在更广领域集中政策资源，加快改善农业生产条件，加速科技推广应用，推进专业化、集约化、标准化生产，提高土地产出率、资源利用率、劳动生产率，促进农业转型升级，示范带动区域农业高质量发展。

四、推进城乡融合发展的示范区

2019 年 5 月 5 日，中共中央、国务院发布了《关于建立健全城乡融合发展体制机制和政策体系的意见》。这是党的十九大作出的重大决策部署，根本目的是重塑新型城乡关系，走城乡融合发展之路，促进乡村振兴和农业农村现代化。

要实现城乡融合发展，要坚持以实施乡村振兴战略为总抓手，紧扣产业兴旺、生态宜居、乡风文明、治理有效、生活富裕的总要求，探索建立健全城乡融合发展体制机制和政策体系，推进农业农村经济高质量发展、绿色发展，以农业供给侧结构性改革为主线，着力在改革创新、功能区建设、产业融合、要素供给、农民增收等重点领域下功夫，推动农业农村现代化，走出一条富有特色的城乡融合发展新路。

乡村产业园作为城乡经济社会一体化新格局的重要载体，以乡村振兴为最高目标，打破城市和乡村相互分割的壁垒，推动城乡要素双向自由流动、平等交换，逐步实现城乡经济和社会生活紧密协调与发展。

五、培育农业农村发展新动能的重要抓手

近年来，发展农村新产业新业态、推进农村一二三产业融合发展已成为中央推进农业供给侧结构性改革的重要内容，是培育农业农村新动能的突出亮点（朱隽、常钦，2017）。2017 年中央 1 号文件对"壮大新产业新业态、拓展农业产业链价值链"作出重要部署。

建设乡村产业园，有利于在更深层次上吸引和集聚土地、资本、科技、人才、信息等现代要素，充分利用这些园区发展休闲旅游、农产品加工和农村电商等新产业新业态，加快改革举措落地，创新发展体制机制，打通先进生产力进入农业的通道，全面激活市场、激活要素、激活主体，促进产业集聚、企业集群发展，发挥引领辐射带动作用，形成农业农村经济发展新的动力源。

六、拉动县域经济的新引擎

郡县治，天下安。习近平总书记指出，在我们党的组织结构和国家政权结构中，县一级处在承上启下的关键环节，是发展经济、保障民生、维护稳定的重要基础，也是干部干事创业、锻炼成长的基本功训练基地。县域不仅是统筹我国城乡发展的基本单元和区域经济发展的基石，也是打好精准脱贫攻坚战的主战场。县域经济发展，是我国推动经济转型升级和高质量发展、实施乡村振兴战略的着力点和落脚点（郭爱君、毛锦凰，2018）。提升县域经济发展水平，既是筑牢国家发展根基的需要，也是实现"两个一百年"奋斗目标的基本保障。在推进乡村振兴过程中，借助县域经济的带动作用，助推农业农村现代化。

乡村产业园是县域经济高质量发展的重要抓手和支撑。依托产业园壮大特色产业，形成产业的集聚效应，产业集群可带来规模经济优势、交易成本优势、基于质量的产品差异化优势、区域营销和品牌优势、创新优势、市场竞争优势、生产率优势、增加就业优势等竞争优

势（迈克尔·波特，2000）。产业聚集本身可以带来外部经济，企业可以分享公共基础设施和专业劳动力资源，大大节约生产成本，并促进企业之间的分工、提高生产的灵活。乡村产业园有利于产业集群发展，而产业集群的发展增强了县域经济的活力和竞争力，从而成为拉动县域经济的新引擎。

七、创新利益联结机制的先锋队

党的十八大后，我国扶贫开发事业进入精准扶贫精准脱贫的新阶段，产业扶贫的重要性更加突出，对精准的要求更高。产业扶贫是一种建立在产业发展和扶植基础上的扶贫开发政策及实践，强调产业发展对贫困人群的目标瞄准性和特惠性（刘杰，2017）。在产业发展过程中，分散的贫困户在市场中通常处于弱势地位，利益难以得到保障。只有通过建立农户与市场的利益联结机制，把千家万户的小生产与千变万化的大市场联结到一起，才能实现精准施策稳定脱贫。不断创新实践模式、组织形式、利益联结机制，对贫困地区和贫困人口的带动作用更加显著。

产业园要坚持为农、贴农、惠农，完善利益联结机制，带动农民就业增收，让农民分享产业园发展成果。通过乡村产业园建设，可以变园区优势为扶贫优势。园区扶贫作为脱贫攻坚的重要方向，各地应着力培育壮大扶贫产业，打造特色突出、规模经营的扶贫产业园区。建设乡村产业园，有利于在更大范围上发挥政策优势和服务优势，为中高等院校毕业生、农民工等开展规模种养、农产品加工、电商物流等创业创新提供"演练场"和"大舞台"，为农民通过股份合作等方式参与分享二三产业增值收益，构建利益联结、共享机制提供有力保障，为农民增收提供最坚实的保障。

八、践行绿色发展理念的排头兵

在党的十八届五中全会上，习近平总书记提出创新、协调、绿色、开放、共享"五大发展理念"，将绿色发展作为关系我国发展全局的一个重要理念。2019 年 6 月国务院印发《关于促进乡村产业振兴的指导意见》，在基本原则中特别强调，践行绿水青山就是金山银山的理念，严守耕地和生态保护红线，节约资源，保护环境，促进农村生产生活生态协调发展。

　　绿色发展理念为我国产业转型升级指明了方向、规划了路线。要践行绿色发展理念，走可持续的路子，让乡村产业成为撬动"绿水青山"转变成"金山银山"的"金杠杆"。乡村产业园的绿色发展是实现产业绿色发展的重要引领和示范。通过产业园建设，可率先实现资源利用绿色化、基础设施绿色化、产业发展绿色化、生态环境绿色化，以绿色标准体系引领乡村产业绿色发展，以标准化生产推进乡村产业绿色发展，强化资源保护利用促进乡村产业绿色发展。

第二章
乡村产业园建设现状分析

第一节 乡村产业园发展历程

以现代农业园区为代表的乡村产业园，其建设始于 1994 年。经过多年的发展，在提升农业现代化水平、推动城乡一体化发展上发挥了重大作用。综合赵之枫（2013）、张天柱（2016）以及刘然然、王梁（2019）等学者的研究，按现代农业园区发展轨迹进行追溯，我国乡村产业园的发展历程可归纳为 4 个阶段：第一阶段（1994—2000）为初创探索阶段；第二阶段（2001—2009）为规范发展阶段；第三阶段（2010—2016）为跃变升级阶段；第四阶段（2017 年至今）为转型提升阶段。

一、初创探索阶段

1994—2000 年为初创探索阶段。该阶段的农业园区一般是由各级政府投资兴办。以 1994 年前后建立的北京中以示范农场、上海孙桥现代农业开发区为标志，各地纷纷建立以农业技术推广为目标、以设施农业生产为主体的农业科技园区或示范园区（王树进，2011）。以展示和应用世界先进农业设施与农业高新技术为主要内容，主要任务是新品种、新技术的引进示范和农业新技术的培训及服务。随着我国农业生产方式逐步由传统向现代集约型方向过渡，作为现代集约型农业示范窗口的农业科技园应运而生，并呈快速发展的势头（杨其长，2001）。

1. 基本情况　从 20 世纪 80 年代开始，随着世界农业科技革命的迅速发展，农业生产方式逐步由传统粗放型向现代集约型转变，农业科技园作为现代集约型农业和高新技术应用示范的窗口应运而生，呈现快速发展趋势。

进入 20 世纪 90 年代，农业高科技园区在政府政策的主导下纷纷成立。当时中央政府致力于构建新的科技投入转化机制，实现高新技术成果向农业领域转移，在全国创办了农业高新技术开发区、农业科技园区和农业现代化示范基地，加快高新技术改造传统农业的步伐。高新技术对农业的渗透与扩散日益成为农业生产中最活跃的因素和最重要的推动力量。北京于 1993 年建立了以展示以色列设施农业和节水农业为主题的示范农场，此后又出台了《现代化农业科技工程(1996—2000 年)纲要》，在北京市范围内建立了 17 个市级星火技术密集区，培养形成了 8 个产值超亿元的星火产业集团。上海在 1994 年投资 2 400 万元建设了 10 个市级农业示范区，其中就有著名的引进荷兰全套玻璃温室和工厂化生产技术的孙桥现代农业示范区，形成了现代化大农业的初步格局，在全国开创了农业科技园区建设的先河。1997 年，国务院进行重大工程立项，与地方政府共同投资创办了我国第一个国家农业科技园区——陕西杨凌农业高新技术产业示范区。同时，在湖南长沙马坡岭建立了国家农业高新科技园——隆平农业高科技园；原国家农业综合开发办公室设立了 17 个农业高新技术示范区。根据农业部的调查统计，到 1997 年底，我国各地创办的农业高新技术开发区、农业科技园区、农业现代化示范基地达 405 个，其中国家级农业高新技术产业开发区 1 个，即国家杨凌农业高新技术产业开发区，省级农业高新技术开发区 42 个，地市级农业高新技术开发区 362 个。

在此阶段，各类园区结合当地的自然资源和种植业、养殖业、加工业特点，依靠科技进步，促使潜在的生产要素转化为现实生产力，取得了明显的经济效益和社会效益。

在初创阶段，在全国产生了较大影响的园区还有北京锦绣大地、苏州未来农林大世界、珠海农科中心等。这些园区分别由国资企业、外资企业、农业科技单位等投资开发和运营，丰富了我国农业园区的内容，并为农业园区的健康发展提供了有益的经验或教训。

2. 阶段特点

（1）园区定位。以展示和应用世界先进农业设施与农业高新技术为主要内容。我国乡村产业园始建于 20 世纪 80 年代末，当时受全国高新技术产业开发区热潮的影响，一些地区开始尝试在原有农业科技推广示范基地的基础上建立农业科技园区。这一时期主要是展示和推广国外农业高新技术，北京、上海、广东、江苏、浙江等发达地区率先启动了农业科技园区项目。

（2）基本目标。园区的主要任务是针对当地农业生产的实际需求加强新品种、新技术的引进示范以及农业新技术的培训和服务，吸引有一定实力的企业入驻园区，扩大园区的知名度和影响力。因此，以实现科技示范和推广为目的，园区要为我国现代农业的发展作示范，通过引进先进的农业科学技术并在园区内进行转化，再对外推广示范，最终实现自己的目标。引进科学技术成果的重点在于设施农业、优良品种等，重在增产的科技成果。

（3）运行机制。政府在园区建设和发展过程中起主导作用。园区投资和建设主体以政府尤其是中央和省级政府为主，也有一定的民营企业投资农业科技示范园区。多数园区的管理体制和运行机制带有浓厚的政府色彩：重在社会效益，辅之以经济效益，园区领导由政府委派担任等。农业园区体现了政府在农业现代化中的主导作用，借鉴了工业园企业化管理的特点，园区管理委员会以企业化运作。

（4）与农户关系。园区内直接引进国内外农业高新技术、先进设备、从事企业化生产，运用高新技术对优质农畜产品进行精、深加工或储藏保鲜，与当地农户基本上没有合作关系。

二、规范发展阶段

2001—2009 年为快速发展阶段。该阶段以 2001 年国务院委托科学技术部和农业部牵头，联合 6 部委实施农业科技园区国家项目为标志，相继出台了一系列系统政策和措施，农业园区逐步步入规范化发展的轨道。

1. 基本情况　本阶段从 2001 年开始，以国家农业科技园区建设为标志。自 2001 年起，主要以重视经济效益、投资主体多元化、单一功能逐步向多功能方向发展的农业园区为主。2001 年 7 月，科学技术部颁布了《农业科技园区指南》和《农业科技园区管理办法》。通过总体定位、理顺关系、创新以及加强指导等措施，引导园区正常发展，并计划用 5 年时间在全国陆续建立 50 个具有区域代表性和引导、示范、带动作用的国家农业科技园区。2001 年 8 月和 2002 年 5 月，科学技术部分别正式批准了 21 个和 15 个国家科技园区为试点园区，进一步刺激地方各级政府发展农业园区的热情。

随着我国农业进入新的发展阶段，推进农业结构调整、提高农业整体效益、增加农民收入、改善生态环境、加速农业产业化与现代化进程，必须加强科技引导与示范。农业园区作为农业技术组装集成、科技成果转化及现代农业生产的示范载体，是我国新阶段推进新的农业科技革命、实现传统农业向现代农业跨越的必然选择。农业园区市场与农户连接的纽带，是现代农业科技的辐射源，是人才培养和技术培训的基地，对周边地区农业产业升级和农村经济发展起示范与推动作用（张天柱，2016）。同一时期，其他园区，如观光农业园、果蔬采摘园、畜牧产业园、农副产品加工园、休闲农业园、度假村、民俗观光村、生态农庄、农产品物流园等也大量出现。现代农业园区的建设与发展成为各地依靠科技进步调整农业产业结构、引导农民增收致富的有效途径，推动了当地农业结构的优化和升级，促进了农村经济的全面发展。农业园区的建设进入了规范化、制度化的新阶段。该阶段是全面运作阶段，通过培育品牌、扶植龙头企业和地方特色支柱产业，不断带动农业和农村经济结构调整。

2. 阶段特点

（1）园区定位。本阶段更加注重园区多种功能的开发。从发展趋势来看，农业园区已成为我国农业现代化、产业化和标准化的示范样板区，以品牌产业或支柱产业为主导，以生产基地为依托，以骨干企业为龙头，以市场需求为导向，对农业生产进行产前、产中、产后的有机组织和衔接，实行专业化生产、规模化经营、产加销一体化管理。园区利用其技术密集和资金密集的特点，按照现代农业产业化要求建立起优质农产品规模化、安全化、标准化的生产及管理体系。农业园区逐步成为现代多功能农业和新型农业产业的开发基地，逐步显现出现代农业体系中的高效生产、生态服务及传统农业文化传承等多功能特性。

（2）基本目标。以开发高新技术和开拓新产业为目标。园区努力产生以下效应：产学研组织机构的集聚效应、多种学科融合的集成效应、科研开发的孵化创新效应、现代产业的增值增收效应、合理人才结构的优化效应以及对农业现代化建设的辐射示范效应。

（3）运行机制。一是政府指导、市场化运作、企业化管理、科教单位参与，把农民受益放在首要位置。二是以企业为运作主体，项目实行产业化开发。园区产业化水平较高，能促进区域结构调整和主导产业的形成。建设主体清晰，管理机构明确，内部制度健全，并成立了园区建设发展公司。市级以上龙头企业、列入当地政府优先扶持名录的农民专业合作社等竞争主体可入园创业，鼓励农科教单位在园区创业。对基地性质的园区建设，一般成立专门协调领导小组，有技术依托单位参与，有较强的示范转化能力，建立多渠道、多层次、多元化的投融资机制。

要求园区带动当地农户生产，不再局限于园区内产业基地的成长。建设符合优质高效农业和特色农业发展，且有比较明显的示范带动作用的园区，能够转化和推广一批农业科技成果，培育发展特色主导产业，带动和促进农业增效及农民增收。对园区引进的项目，要求经济效益明显，符合环保要求，能促进农产品生产基地化、规模化、标准化发展，提高农产品科技含量和农业综合生产能力。

（4）与农户关系。入驻园区企业拥有相应的自主权，企业在园区中进行农业技术成果的开发、引进、转化，并获取相应的利润。通过土地的反租倒包或直接承包，吸纳园区农户参加园区建设与生产，并通过订单农业等方式与农户直接联系。

农户是园区建设的参与者与生产者，一般采用两种形式与企业合作：一种是以土地、劳动力、资金等入股形式参与园区建设，另一种是通过与企业签订产品供销合同进行各种优质农产品的生产。

三、跃变升级阶段

2010—2016 年是跃变升级阶段。该阶段各级农业园区的网络体系逐步完善，各类农业园区定位更加合理，运行与管理机制趋于规范，效益更加显著，并逐渐成为各级农业科技推广的新型样板和农业现代化的先导示范基地。

1. 基本情况　该阶段从 2010 年开始，以创建国家现代农业示范区为标志。

从 2010 年开始，主要以构建现代农业产业体系、示范推广现代农业技术、培养新型经营主体、创新体制机制、拓展农业功能的现代农业示范区为主。现代农业示范区是在传统农区确定一定区域，由政府、企业、合作组织及农户等生产经营主体参与投资建设，依托一定的农业科研、教育和技术推广机构，引进新品种、新技术，开展集约化生产、产业化规模化经营，实现农业增产增效、农民增收，示范、辐射和带动周边及同类地区的现代农业建设（柳金平，2013），具有产业布局合理、组织方式先进、资源利用高效、综合效益显著等特征。

"十二五"时期，我国总体上已进入加快改造传统农业、走中国特色农业现代化道路的关键时期。我国农业的开放度不断提高，城乡经济的关联度显著增强，气候变化对农业生产的影响日益加大，农业农村发展的有利条件和积极因素积累增多，各种传统和非传统的挑战叠加凸显。农业部在 2009 年底正式启动了国家现代农业示范区创建工作。国家连续多年重视推动现代农业示范区建设：2010 年中央 1 号文件明确提出"创建国家现代农业示范区"；2010 年 3 月，国务院总理在《政府工作报告》中再次强调"积极推进现代农业示范区建设"；2012 年中央 1 号文件再次提出"加快推进现代农业示范区建设"；2015 年中央 1 号文件提出"扩大现代农业示范区奖补范围"。2010 年 8 月，农业部印发了《关于认定第一批国家现代农业示范区的通知》，认定北京市顺义区等为首批国家现代农业示范区；2012 年和 2015 年分别认定了第二批和第三批。目前，全国共认定国家现代农业示范区 283 个。

国家对现代农业示范区的要求是能够代表区域内现代农业发展先进水平，要求园区在基础设施、产业发展、组织管理，特别是农业科技水平、科研创新能力和技术推广运用等方面在当地处于领先地位。区域优势和产业特色突出，以粮棉油糖、畜禽、水产、蔬菜等大宗农产品生产为主导产业，体现提高农业综合生产能力、保障国家粮食安全的国家意志。示范区既可以在种植业、畜牧业和渔业中某一产业发展较好的地区，也可以在种养加协调发展的地区，要求生产布局合理、产业体系完善，要避免非粮离农的倾向。在农业组织经营方式、科技进步、新型农民培养、服务体系建设、多元化投入和体制创新等方面进行探索。

2. 阶段特点

（1）园区定位。园区的主导功能以示范为主向以带动区域产业发展为主转变，园区逐渐发展成多样化的建设类型以及多元化建设主体的局面。要求功能齐全、产业化发达、组织化程度高，能够带动规模范围更大区域的农业经济和社会的发展。

一方面，要求园区规划功能齐全，含农产品生产、科技推广、种子种苗繁育、教育培训、综合服务等不同功能区；另一方面，要求有较高的产业化和组织化程度。在农业产业化发达地区，区域化布局突出，在总体生产布局集中的情况下，根据不同地区各自的优势进行差异化发展。积极发展大型龙头企业，以便有效地开拓市场、组织生产和进行综合服务。在龙头企业的建设上，主要倾向于依靠产后处理加工和销售企业的带动，使农产品经过适度加工和包装后进入市场，促使农业与国内外市场联结起来。

（2）基本目标。以带动区域产业的整体发展为主要目标。一方面，强调综合效益，包括园区生产基地亩均效益、加工与流通企业效益、辐射带动农民增收的效益；另一方面，注重各利益相关主体的利益均衡。

（3）运行机制。本阶段发展的现代农业示范区自我发展能力较强，市场化经营机制、利益分配机制和社会保障机制等均比较规范。有完善的园区企业与项目的引入机制和退出机制，确保园区产业水平及其带动能力的持续提高。

本阶段的园区管理更加注重农业产业化组织和企业化经营。通过农业产业化组织，引导分散的农户由小生产转化为社会化大生产，由多方参与者自愿结成利益共同体，进行自我积累、自我调节、自主发展。农业的企业化经营，将生产、加工、储运、销售、管理等紧密结合在一起，不仅保证了产品的有序供应和质量，还组成了一个能实现不同群体最大利益的共同体。农民不再以势单力薄的形象出现在市场，而是以平等贸易伙伴的身份参与市场竞争，分享市场交易成果。企业化经营提高了农业在市场竞争中的地位，使农业产业由弱变强，降低了农业经营的风险性，提高了农业经济效益，保证了农民的稳定收入。

（4）与农户关系。本阶段发展的园区，更突出农民的主体地位。农民通过多种形式的合作组织参与园区的建设和发展。园区在政府指导、企业运作、农民受益的总方针的要求和指导下，其实是一种市场导向的农业生产经营组织载体。这一组织载体承担着两方面的重要职责：一是向农民传达政府信息，二是为农民提供市场信息。

四、转型提升阶段

2017 年至今是我国现代农业园区的转型提升阶段。该阶段主要是以产业特色鲜明、要素高度集聚、设施装备先进、生产方式绿色、一二三产业融合、辐射带动有力的国家现代农业产业园建设为标志。现代农业产业园除具备安全农产品供给功能外，还兼具生态保护、生活休闲、科技示范、教育培训、促进就业等综合功能。

1. 基本情况　该阶段从 2017 年开始，以创建国家现代农业产业园为标志。

"十三五"时期，我国农业现代化全面推进，进入发展动力升级、发展方式转变、发展结构优化的时期，综合生产能力迈上新台阶，农业物质技术装备达到新水平，适度规模经营呈现新局面，产业格局呈现新变化，农民收入实现新跨越。2016年底，中央农村工作会议提出现代农业产业园是优化农业产业结构、促进三产深度融合的重要载体。在我国农业供给侧结构性改革的新形势下，传统农业园区的发展模式已经出现明显的瓶颈。2017年中央1号文件正式提出建设"生产＋加工＋科技"的现代农业产业园，并且提出在"十三五"期间要创建300个国家现代农业产业园。为突出现代农业产业园产业融合、农户带动、技术集成、就业增收等功能作用，引领农业供给侧结构性改革，加快推进农业农村现代化，农业农村部、财政部决定2018年、2019年继续开展国家现代农业产业园创建工作。截至2019年7月，农业农村部、财政部已批准创建国家级现代农业产业园107个，其中已认定授牌20个，另有7个省级现代农业产业园纳入国家现代农业产业园创建管理体系。

2. 阶段特点

（1）园区定位。本阶段的园区更加注重融合发展。现代农业产业园的建设思路清晰，发展方向明确，突出规模种养、加工转化、品牌营销和技术创新的发展内涵，突出技术集成、产业融合、创业平台、核心辐射等主体功能，突出对区域农业结构调整、绿色发展、农村改革的引领作用。

（2）基本目标。以推进农业现代化进程、增加农民收入为目标。园区应实现产业特色鲜明、要素高度集聚、设施装备先进、生产方式绿色、经济效益显著、辐射带动有力，加快补齐农业现代化短板，构建"三农"发展动力结构、产业结构、要素结构，形成农民收入增长新机制，推动农业农村经济向形态更高级、分工更优化、结构更合理阶段演进。

（3）运行机制。本阶段的产业园建设主体清晰，管理方式创新，在产业园建设过程中必须有适应发展要求的管理机构和开发运营机制。龙头企业、农民合作社等新型经营主体广泛参与产业园建设运营，形成了政府引导、市场主导的建设格局。

（4）与农户关系。本阶段的乡村产业园以农民增收为目标，园区带动农户增收效果好。发挥农业产业化龙头企业带动作用，积极创新联农带农激励机制，通过构建股份合作等模式，建立基地与农户、农民合作社"保底＋分红"等利益联结关系，实现产业融合发展，让农民分享产业增值收益。

第二节　乡村产业园建设整体概况

一、我国乡村产业园建设总体情况

乡村产业园的建设，推进了区域现代农业的快速发展及农业产业的转型升级，加快了农业新技术的示范推广，保障了农产品的有效供给，促进农业增效、农民增收和农村稳定，获得了较高的经济效益、生态效益和社会效益，促使地区农业可持续发展，为乡村振兴提供了产业支撑。近年来，我国乡村各地兴建起一批农业产业园区、农业高新技术园区、现代农业产业园、农业科技园、农产品加工园、农村产业融合示范园等，乡村产业园呈现丰富多样的发展态势。

这些产业园既有省、地（市）政府组织建设的，也有农村自发建设的，如北京市房山区韩村现代农业园区；既有企业集团投资建设的，如江苏鹏鹞生态农业科技示范园，也有民营企业家个人创办的，如河南驻马店亚世达国际农业高科技示范园；还有政、企、科联合兴办的，如广西玉林五彩田园现代特色农业示范区。其中，规模小则不足 10 公顷，通常是一片耕地、园田、水面、一个养殖场或一个小型的复合生态系统；大则数十平方公里，通常是区域综合资源型的，如贵州水城国家现代农业产业园（水城县猕猴桃产业示范园区），涉及全县猕猴桃产业 10.4 万亩，打造了百里猕猴桃产业带。

产业园的运作因地制宜，大部分会有农作物良种繁育与高效生产、设施化高档蔬菜瓜果花卉生产、优质畜禽鱼集约化养殖、食用菌生产、农产品加工、成果展示、农业技术培训等内容。也有少数单一专业型的，如江西省南昌市水产工程高新技术开发区。还有一些地区如江苏省无锡市、山东省昌邑市和甘肃省张掖地区，根据区内资源特点和产业布局，规划建设了一批各具特色的专业性科技示范园区，共同组成一个现代农业园区的有机整体。

尽管各地产业园的名称和层次、规模有所差异，功能和运作内容也不尽一致，但有其明显的共同特点。一是产业园大多有科研单位参与共建或以科研单位为技术依托，广泛吸引科技人才和科技项目，进行高新技术开发，提高园区规划、运作的科技含量；各地园区建设都按社会主义市场经济体制的要求进行运行机制大胆变革创新。二是按照现代农业特征组织区域化布局、专业化生产、一体化经营、社会化服务、企业化管理；科学规划，进行园区功能的合理布局和组合，全面展示现代农业的产业结构、科学技术、设施装备、组织管理、生态环境和社会文明。三是建设标准高、投资大、周期较长，但经济效益、社会效益显著；各级领导高度重视，作为带动本地农业和农村经济上新台阶的重点工程给予精心组织、积极指导，并制定相关政策和具体措施予以热情扶持；政府、企业、农民、社会多元化投资，并通过项目吸收内外资，产权明晰，职责分明，利益共享，风险共担，具有较强的经济功能。

二、不同类型乡村产业园建设情况

1. 农业科技园区建设情况　农业科技园区是一类以农业高科技示范、辐射推广、科普教育为主要功能的园区，将新农业技术、新农业装备、新管理体制和经营理念应用到园区，并进一步示范推广。农业科技园区的建设和发展是解决我国农业问题的一种重要手段，在农业的生产和可持续发展方面起到重要作用。

进入21世纪以来，科学技术部联合农业部、国家林业局、中国科学院、中国农业银行等部门，开启了国家农业科技园区的建设与规划。园区发展经历了试点建设（2001—2005）、全面推进（2006—2011）、创新发展（2012年至今）3个阶段。批准建设的国家级农业科技园区，已经基本上涵盖了全国所有省份，初步形成了具有鲜明特色、模式典型、科技示范效果显著特征的格局。近年来，园区基于自身发展模式和区域特色等，为适应创新驱动发展的需要，在功能定位、规划布局上出现了一系列新变化，向农业高新技术产业培育和

"产城"产镇""产村"融合,向科技服务和成果应用方向发展(梁文芳,2018)。

农业科技园区的建设仍处于初级阶段,需要不断地提高与完善,仍存在一些问题有待研究解决。例如,园区功能没有准确清晰的定位,发展方向没有与当地农业及经济的建设发展紧密联系,类似"形象工程"只关注政绩而忽视实效的现象时有发生。目前,我国有些园区在尚未进行科学规划的情况下盲目效仿,以昂贵价格购买与园区条件不相匹配的设施与系统;一些园区对科技自主创新不够重视,一些高新技术开发和超前性技术研究还基本处于空白状态,农业科技创新体系不完善,农业科技创新能力薄弱,科技产业化发展缓慢;科研、开发与生产环节间缺乏紧密关联甚至有些脱节,使得整个创新过程受到影响,多数科研成果停留在纸面;农业方面科技创新人才匮乏,制约了农业高新技术成果的产生。

2. 现代农业示范园区建设情况 作为解决"三农"问题的新尝试,现代农业示范区模式是探索农业现代化道路的重要载体和建设现代农业的有效途径。自2010年中央1号文件提出"创建国家现代农业示范区"以来,全国各地被列入示范区的地方,都将其作为探索现代农业发展新途径的重点工作来抓,掀起了加快推进建设的热潮。截至目前,我国已创建现代农业示范区283个,形成集种苗繁育,农业高新技术示范,农产品生产,绿色农产品加工、配送,技术培训与服务和观光休闲旅游等多功能于一体的融合格局。但在发展过程中还存在着一些困难:一是产业发展提升难。现代农业示范区主导产业的选择需要进一步突出区域优势,坚持少而精,集中力量做大做强,形成特色、形成品牌。二是土地流转难。大面积土地流转是现代农业园区建设的必要前提,尽管园区土地流转和规模经营在逐年扩大,但农业经营散、乱、小的状况没有根本改变。农民参与土地流转的积极性不高,土地集中连片流转难,而且短期内难以改变。三是园区经营业主引进难。特别是缺乏理念先进、实力雄厚的经营业主参与现代农业园区开发,园区规模较小、带动力不强。目前,功能仍停留在单一的生产型层面,规模和档次提升缓慢。四是政策扶持力度不够。近年来,财政支持现代农业园区建设的力度不断加大，并出台了一系列推进现代农业发展的奖励扶持政策，但仍不能满足现代农业园区发展需要，存在基础设施标准不高、发展后劲不足等问题（吴亚荣等，2008）。

3. 农产品加工园区建设情况 农产品加工园区的建设对于推进农业园区转型升级，大力发展特色农产品产地商品化处理和加工，进一步延伸产业链、价值链，全力提升产业综合效益，持续推进特色农产品加工转化增值具有重要意义。

全国农产品加工产业园区发展态势良好，作用明显。一是数量规模扩大。全国农产品加工业园区约 1 600 个，入园企业约 3.5 万家，其中规模以上企业约 1.5 万家，龙头企业约 5 000 家。二是区域特色明显。发挥资源、区位、资金和技术等优势，形成了河北小麦加工、河南方便食品、湖南辣味、四川豆制品等特色产业集群。三是集聚效应显著。大量企业入园，形成了显著的规模经济和分工效应。据对 10 个省份的调查统计，入园企业固定资产达 4 300 亿元，研发投入超过 60 亿元，营业总收入超过 1 万亿元。四是带动能力增强。园区往往是本行业和当地先进生产力的代表，是本地优秀农产品加工业流通龙头企业的聚集地，是当地吸纳劳动就业的主渠道，有力地促进了农民就业，并通过带动主导产业发展增加了农民收入。

4. 休闲观光园区建设情况 休闲观光农业园区的建设主要以观光和休闲作为主体，在种植业、渔业、畜牧业、林果业等一些高科技现代化农业生产的基础上，将旅游观光、休闲游乐、科学教育、技术辐射、科技示范等多种功能融为一体，推动现代农业向集约化、商品化和专业化方向发展的一种非常有效的形式。当前，在我国各地已经有不少成功的实例。我国的观光农业是在 20 世纪 80 年代后期兴起的，首先在深圳开办了一家荔枝观光园，随后又开办了一家采摘园，随后一些大中城市如北京、上海、广州、武汉、珠海、苏州等地也相继开展了观光休闲活动。到 1998 年底，仅国家、省级农业科技园区和各类示范区就达 600 余个；到 2004 年底，我国有农业高新技术园区和现代农业示范区 4 000 多个，各类观光休闲农园更是不计其数，并取得了一定效益，展示了观光农业的强大生命力（赵航，2012）。

休闲观光园区在发展过程中的问题具体表现在两个方面：一是观光休闲农业园区景观规划现状堪忧，缺乏规划的技术规范和理论指导，规划单位和成果内容较为混杂，导致园区景观杂乱无章或是出现"千篇一律"。二是观光休闲农业园区基础设施建设差，配套服务不完善，其"晴天一身土，雨天一脚泥"的环境常常让游人乘兴而来、败兴而归。

三、不同地区乡村产业园建设情况

初步统计，目前已有河北、江苏、浙江、江西、陕西、贵州、四川等 20 多个省（自治区、直辖市）专门开展了农业园区建设工作。例如，浙江省政府 2010 年印发了关于开展农业产业园区建设意见，要求"十二五"期间建设 100 个现代农业综合区、200 个主导产业示范区、500 个特色产业精品园；江西省政府 2013 年下发农业园区相关建设意见，决定用 3～5 年的时间建设 100 个现代农业示范园区；陕西省政府 2012 年下发农业园区相关建设意见，在"十二五"期间建设 300 个省级现代农业园区。各地在推进产业园建设上，主要有以下 5 个方面做法：

1. 强化组织推动　如河北、陕西、贵州等省份成立了由分管副省长牵头的产业园建设协调机构。如广东省委、省政府把建设现代农业产业园作为乡村振兴的重要抓手，省委书记、省长多次召开专题会议，亲自研究、部署推动工作，省农业农村厅将产业园建设作为全厅的中心工作，举全厅之力抓产业园建设，成立了工作专班，从各部门抽调人员专职负责产业园工作；各市、县政府也制订了市级工作方案，建立县长担任"园长"的园长制，形成省、市、县三级共同推进的局面。

2. 做好顶层设计　省政府制定意见、编制规划，各县、市细化政策、落实规划任务。例如，2010 年初，浙江省政府专门下发《关于开展现代农业园区建设工作的意见》，明确全省园区建设的指导思想、目标任务、基本原则、支持政策、推进措施。同时，以县为主体，县级政府根据《浙江省农业主导产业发展规划》，统筹做好园区建设规划编制工作。陕西省政府先后出台了《关于深入持续推进现代农业园区建设的意见》《关于推进现代农业园区提质增效建设的通知》两个指导性文件，带动市、县出台了 28 项扶持政策，极大地促进了园区建设工作。

3. 加大扶持力度 制定有力度的财政支持政策，整合撬动各方资源支持产业园建设。例如，河北省 2015 年以来整合各类项目资金 48.3 亿元用于园区建设。广东省统筹整合省级财政资金，实施现代农业"十大工程、五大体系"，重点支持现代农业示范区、粤台农业合作园区、农产品加工园区、农业综合体和农业公园建设。3 年多来，财政投入农业园区建设的专项资金累计达到 13 亿元。

4. 打造产业集群 培育一批优势特色产业，推进一二三产业融合发展。如四川省眉山市打造出"大基地＋大加工＋大销售"的泡菜产业园，将小泡菜做成产值超百亿的大产业。江苏省无锡市锡山台湾农民创业园是无锡现代农业博览园、无锡高科技农业示范园、中国农业科学院太湖水稻示范园、无锡锡山生物农业产业园和无锡锡山精品蔬菜产业园"五园一体"的综合园区，以加工业带动农业"接二连三"，以旅游业带动农业"跨二连三"，以互联网和人工智能技术带动农业"加二连三"，延长了农业产业链，拓展了农产品价值链，创新了多方利益联结，培植了农村新型业态。

5. 优化营商环境 配套制定了人才、科技、用地、金融等服务政策。例如，陕西省出台了现代农业园区条例，通过不断加大要素投入整合力度，强供水、供电、道路、网络等基础设施建设，为园区发展创造良好外部环境。江苏省建立了开发建设主体与行政管理主体相分离的管理体制，分别成立园区管理委员会和园区发展有限公司，管理委员会负责园区发展的规划、政策和日常管理事务，公司负责园区投资和开发建设。

各省级产业园建设工作与中央新要求相比，既有共同点，也有不同之处。从共同点来看，注重推动资本、信息、人才等现代生产要素向产业园集聚，激活发展动力；注重科技立园，强化技术集成、示范展示、转化应用；注重培育壮大新型经营主体，推动新型经营主体主导园区发展；注重体制机制创新，以企业为主体，市场化运营；注重绿色发展，打造生态农业园区、循环发展园区等绿色园区；注重加强政策支持与管理服务，提升服务保障能力。从不同点来看，2017 年中央强调的现代农业产业园，重点突出规模化生产、加工、营销协调发展，强调的是产加销一体化、全环节升级、全链条增值，以及农民分享二三产业增值收益机制，与传统的园区差别较大。例如，江苏省 2010 年在推进现代农业产业园区建设的通知中就强调，要统筹谋划发展农产品精深加工和流通服务业，有条件的可以在园区内配套建设农产品加工、物流设施，并没有把加工作为园区建设的必要条件。

第三节 乡村产业园建设成效

一、生产带动能力增强

我国传统的农业生产模式是家庭经营的小农模式，导致农业生产中存在生产面积小、科技水平低、质量低等问题。而乡村产业园为农业生产提供了良好的生产条件、规模化种植和养殖形式以及农业科技和信息化服务形式。

乡村产业园依托乡村特色资源发展优势特色主导产业，以农民为主体，以一二三产业融合发展为路径，发展壮大乡村产业，发挥村镇农业资源和自然生态比较优势，因地制宜发展特色种养、特色食品、特色编织、特色制造和特色手工业等乡土产业。要求做强现代种养业，做精乡土特色产业，提升农产品加工流通业，优化乡村休闲旅游业，培育乡村新型服务业，发展乡村信息产业，培育壮大乡村支柱产业。建设过程中要形成规模化原料生产大基地，促进产业融合发展，促进农业生产的专业化和规模化，并要促进农产品加工流通稳步提升，农产品产地初加工稳步推进。

目前，全国近 10 万个种养大户、3 万个农民合作社、2 000 个家庭农场、4 000 家龙头企业，建设了 15.6 万座初加工设施，新增初加工能力 1 000 万吨，果蔬等农产品产后损失率从 15%降至 6%。农产品精深加工快速发展，加工产能向主产区和优势区布局，重心向大中城市郊区、加工园区、产业集聚区和物流节点下沉，推动加工企业由小到大、加工层次由粗（初）向精（深）发展，加快改变农村卖原料、城市搞加工的格局。2018年，规模以上农产品加工企业7.9万家、营业收入14.9万亿元。副产物综合利用水平不断提升，引导加工企业生产开发安全优质、营养健康、绿色生态的各类食品及加工品，促进资源循环高值梯次利用。

通过建设产业园，培育优势特色产业，推进一二三产业融合发展。例如，四川省眉山市打造出"大基地＋大加工＋大销售"的泡菜产业园，将小泡菜做成产值超百亿的大产业。全国已建成甘肃定西马铃薯、江西赣南脐橙、陕西洛川苹果、湖北潜江小龙虾、重庆涪陵榨菜等一批特色产业集群。部分产业园已成为品牌突出、业态合理、效益显著、生态良好的乡村产业兴旺引领区，不断增强乡村产业持续增长力，有效地促进了乡村农业综合生产能力的提升。

二、科技创新能力提高

创新是农业经济发展的战略支撑，聚焦乡村产业振兴的重大科技需求，积极拓展打造科技样板平台，抢占农业科技创新战略制高点。乡村产业园是将农业科技成果转移转化成功的实践，聚集市场、资本、信息、人才等现代生产要素，推进农科教、产学研大联合大协作，配套组装和推广应用现有先进技术和装备，探索科技成果熟化应用有效机制，成为技术水平先进、金融支持有力、设施装备配套的现代技术和装备加速应用的集成区。通过建设乡村产业园，可为农业高新技术产业集群发展提供现实样板。

乡村产业园的建设围绕主导产业发展的科技需求，加快科技创新，形成专家联合攻关局面，与科研团队建立紧密合作关系，成为新品种、新技术、新模式落地试验、示范、推广的场所。以现代农业展示为核心，突出现代农业特色，加速现有农业科技成果转化。大力推进和发展生态农业、设施农业、循环农业、无公害农业、休闲观光旅游农业。以产业园为窗口，将先进的农业科技成果组装、集成、示范和转化，形成集成创新的产业和产品。依托这个平台，让农业技术应用主体，以更加直观的形式接受先进农业技术，切身感受农业科技成果的应用价值。产业园内建设完善的种苗繁育中心、农产品冷藏中心、物流中心、加工中心等，将农业科技纵向延伸到农业生产全过程。体现园区的辐射带动作用，通过产业园现代农业科技的展示，有效地促进当地农民素质提高。

此外，通过加强与农业高校、科研院所合作，使其科研成果率先进入园区进行试验、生产和推广，建设园区科技人才队伍。借助园区的力量变为培训基地，充分利用园区可视、可学、可操作的特点，培养一批农民技术骨干和农民企业家。提升产业园的科技能力，提高园区引进、推广高新技术的能力，提高园区对区域经济发展、引导农民增收和科技示范的贡献率。例如，江苏省级园区已与414家科研教学单位建立合作关系，引进应用科技项目486项，吸引1 417名高校科技人员入驻园区，约占专职农业科技人员的30%，园区自主创新成果130项，从高校等科研单位引进新品种626个，平均每个园区5.6个，新技术1 967个，每个园区约引进17.6个，共建立8.83万平方米的培训中心，开展农业科技的培训，已培训约46.8万人次，使园区平均持证农业劳动力占有率达到37.7%，促进农业科技成果的应用，科技创新能力明显提高。

三、产业集聚效益显现

发展产业化是实现农业现代化的必由之路，规模化生产是农业产业化的内在要求。一家一户的分散经营、农业企业的单打独斗已不适应新阶段农业发展形势的要求，发展现代农业，必须打破区域界限，突破规模优势，走农业区域化布局、一体化经营、合作化生产的路子。产业园通过大力发展产业化经营，为发展现代农业增添了新的注脚；通过实施品牌战略，不断提高农产品的质量和市场竞争力；通过龙头企业带动，不断凝聚农业产业化发展的驱动力，促进产业升级，不断吸纳农民成为产业工人。

乡村产业园通过集聚现代化生产要素，如市场、资本、技术、信息、人才等要素集聚产业发展，拓展产业链条。围绕主导产业引进农产品加工、仓储、物流等企业，统一配套基础设施，降低企业运行成本，形成产业集聚效应，促进产业园"产加销、贸工农"一体化发展，有力地推进农业全产业链升级和高质量发展。例如，广东农垦湛江垦区农业产业园是一个以甘蔗为主产业、畜禽养殖和其他作物轮作相结合、一二三产业融合发展的现代农业产业园，着力打造集蔗糖规模生产、加工转化、科技示范、品牌营销、现代服务、文化旅游融合互动发展的"中国糖谷"，形成以蔗糖为核心的企业集群。蔗糖产业产值占园区总产值的75.7%，聚集相关企业超10家，实现蔗糖产业从育种到种植、生产加工、仓储物流及销售的产加销、贸工农一体化，拥有国家级农业龙头企业1家、省级农业龙头企业3家，形成蔗糖产业的集聚效应。浙江省慈溪市现代农业产业园，园区土地资源集中连片，现代化水、气、管、网设施齐全，高标准农田占比达到77%以上，基本实现"智能工厂化"，且正大集团和中集集团等世界500强企业以及国内知名农牧企业等25家国内外龙头企业均落户产业园，资本、技术、人才等现代生产要素集聚。

四、经营组织发展迅速

新型农业经营主体的培育是主动适应经济发展、补齐农业发展短板、推动农业转型升级的重要举措，是推进农业供给侧结构性改革、构建现代农业"三大体系"、加速推进"三产"深度融合的重大举措，也是实现农业现代化的必然要求，对带动农民创业就业增收、增强农业农村发展新动能具有十分重要的意义。产业园是新型经营主体的主战场，是一个重要的发展平台。各地大力支持新型经营主体到产业园、科技园、创业园发展农产品加工流通、电子商务、农机装备租赁等新产业新业态。

乡村产业园通过创新联盟、研发平台、交易平台建设和校企联合攻关、成果孵化输出，支持农业产业化龙头企业发展，引导其向粮食主产区和特色农产品优势区集聚。积极鼓励引导家庭农场、农民合作社、农业产业化龙头企业等新型经营主体通过股份合作等形式入园创业创新，发展多种形式的适度规模经营，支持发展产业关联度高、辐射带动力强、多种主体参与的融合模式，实现优势互补、风险共担、利益共享。产业园可成为新型经营主体"双创"的孵化区，其内可搭建一批创业见习、创客服务平台，降低创业风险成本，提高创业成功率。例如，江苏省很早就确定现代农业产业园区建设"政府搭台、多元投入、市场运作、产业兴园"的思路，基本完成从"政府主导、企业运营"向"政府、企业、合作社、家庭农场、种养大户等各类主体共同开发、多元经营"的转变，种养大户、家庭农场和农民合作社，农业技术装备制造和服务企业，还有各类农业社会化服务组织，已成为园区的建设主体、经营主体和成果共享主体，并按照开发与管理分离、企业与政府分离的"两分离"原则，建立了开发建设主体与行政管理主体相分离的管理体制，分别成立了园区管理委员会和园区发展有限公司。管理委员会负责园区发展的规划、政策和日常管理事务，公司负责园区投资和开发建设。产业园的建设给各种经营组织的快速发展提供良好的平台。

五、富民增收效果显著

乡村产业园通过探索建立利益联结合作模式，引导农业企业与小农户建立契约型、分红型、股权型等合作方式，把利益分配重点向产业链上游倾斜，促进农民持续增收，构建龙头企业、合作社、农户之间相互依存、紧密协作、共融共生的现代经营体系，完善农业股份合作制企业利润分配机制，推广"订单收购＋分红""农民入股＋保底收益＋按股分红"等模式，开展土地经营权入股从事农业产业化经营试点。产业园建设过程中，充分挖掘农业农村资源的价值优势，盘活农村资源，激活农民资产，促进普通农户与新型经营主体之间结成风险共担、利益共享的经济共同体，有效带动小农户与现代农业的有机衔接，拓宽农民收入途径，促进农业增效、农民增收。

例如，陕西省太白县农业园区积极探索园区带动农户的体制机制，健全订单生产方式，由农民与龙头企业或合作社签订订单购销合同，农民根据合同为园区组织生产。以"园区＋龙头企业＋农户"的

"煜群模式"为例，农民与公司直接签订订单合同，确立保护价格，农民自行组织生产，公司在规定期限内按保护价格收购蔬菜。不仅保障了群众利益，而且满足了企业的需求，实现了双赢。"朝邑模式"则由龙头企业领办农民合作社，发挥联动效应，与桃川、鹦鹆镇145户农户签订冬瓜、甜玉米、万寿菊、番茄等1000亩的8个品种制种订单，实现了由合作社"指导农民种、帮助农民卖、带动农民富"的目标。

六、生态环境日益改善

现代农业产业园强调的是一种生态环境，一种低碳环保、有机乐活的理念。为城市输送新鲜的空气，建立人与自然、城市与农业和谐的生态环境，使乡村充满生机和活力，主要是通过质量兴农、绿色兴农增强乡村产业持续增长力。针对过去一些乡村企业生产的产品"披头散发、赤身裸体、没名没姓、来路不明"的问题，吸取粗放经营、浪费资源、污染环境的教训，积极发展乡村绿色产业。乡村产业园注重绿色发展，打造生态农业园区、循环发展园区等绿色园区。产业园建设促进该地区健全绿色标准体系、推进标准化生产、培育提升产品品牌、强化资源保护利用、促进循环发展，推动形成绿色发展方式，改善乡村生态环境，让乡村产业成为撬动"绿水青山"转化为"金山银山"的"金杠杆"。

例如，江苏省泰州农业开发区充分挖掘和利用农垦文化、良好生态的潜在价值，不仅构建了种子种苗供应服务、农机装备制造服务、农业生产智能化管理服务"三服务"融合的农业产业链和农产品价值链，而且构建了现代农业园区、美丽生态景区、幸福生活社区"三区"融合的农村发展建设新格局，在发展产业的同时大大改善了乡村的生态环境。

七、新产业新业态井喷

乡村产业园的建设跨界配置农业和现代产业要素，促进产业深度交叉融合，形成"农业＋"多业态发展态势。各地融合主体大量涌现，目前，全国农业产业化龙头企业 8.7 万家，其中国家重点龙头企业 1 243 家。融合载体集群发展，建设农产品加工园 1 600 个，创建农村产业融合先导区 153 个、农业产业强镇 254 个、各类乡村产业园 1 万多个。新主体的大量涌入、新技术的广泛应用、新功能的持续拓展，推动农业纵向延伸、横向拓展，呈现"农业＋"态势。"种植＋"林牧渔，催生鸭稻共生、蟹稻共生、渔稻共生等内部循环型农业，稻渔综合种养面积超过 3 000 万亩。"农业＋"加工流通，催生中央厨房、直供直销等外部延伸型农业，2018 年主食加工业营业收入达 2 万亿元。"农业＋"文化、教育、旅游、康养等产业，催生乡村休闲旅游业，2018 年接待游客 30 亿人次、营业收入超过 8 000 亿元。"农业＋"信息产业，催生在线农业、数字农业等智慧型农业，农村网络销售额突破 1.3 万亿元，其中农产品网络销售额达 3 000 亿元。乡村服务业创新发展，各类社会机构开展农资供应、代耕代种、统防统治、烘干收储、批发零售、养老托幼、环境卫生等生产性和生活性服务业。2018 年，农村生产性服务业营业收入超过 2 000 亿元。

各地通过产业园建设，促进新产业新业态井喷泉涌。如四川省眉山市以"小泡菜、大产业"为核心，协同推进农产品生产与加工业发展，发展农业新型业态，推展农业多种功能，推动一二三产业高度融合。一产方面，依托眉山泡菜产业园打造万亩绿色泡菜原料基地，优化完善种植经营模式，采取"稻菜轮作"高效种植模式，采用"公司＋基地＋农户""公司＋专业合作社＋农户""公司＋家庭农场＋农户"等形式，开展绿色蔬菜规模化、标准化生产。基地年产优质蔬菜 7.5 万吨以上，泡菜原料 6.5 万吨以上。眉山市建成原料基地 42 万亩，带动 21 万户基地农户增收 8.6 亿元。二产方面，本着"产业集中、企业入园、集群发展"的思路，建成全国首个"中国泡菜城"，聚集吉香居、川南、惠通等泡菜龙头企业及上下游企业 30 余家。2015 年泡菜产业销售收入达到 136 亿元，2019 年超过 150 亿元，已成为当地支柱产业。三产方面，加强品牌建设，以"东坡泡菜"整体形象参与全国市场竞争，连续举办 8 届全国泡菜展会，成为中国泡菜展销会永久会址和独有会节品牌。

八、城乡融合发展加快

城乡融合发展的基本特征之一，就是城乡要素实现双向流动。由于各种原因，在很长一段时期内，大量农村人口、资金和人才等要素不断向城市聚集，而城市人才和资本向农村流动却处于较低水平。乡村产业园的建设，加速了城乡要素融合互动和资源优化配置，让农村地区自身发展更有特色、更有生命力，为解决城乡发展不平衡、乡村发展不充分的问题提供了源源不断的动力。乡村产业园按照"生态优、村庄美、产业特、农民富、集体强、乡风好"的总体要求，推进产业园与农村社区同步发展，改善生态环境，建设生态宜居美丽乡村，促进乡风文明建设，构建城乡一体的基础设施体系和城乡融合的公共服务体系，促进农民生活方式和生产方式"两个转变"，实现农村社会的可持续发展，有效地促进了城乡融合发展。乡村产业园一头连着工业、一头连着农业，一边接着城市、一边接着农村，是城市人才、技术、资金等要素流向农村的重要载体，是返乡下乡人员干事兴业的重要平台。据统计，截至 2018 年底，62 个国家现代农业产业园共吸引返乡下乡就业人员 14.2 万人，撬动金融社会资金近 1 800 亿元。

第四节　乡村产业园建设存在问题

一、基础设施建设尚需完善

我国乡村产业园数量呈快速上升的趋势，但在建设过程中往往忽视了基础设施的重要性，为保障产业园今后能够平稳快速地发展，基础设施的建设是不可缺少的。

目前产业园区建设投入严重不足，产业园用于基础设施建设的资金主要由园区自筹解决，加之自身财力有限，用于基础设施建设的资金捉襟见肘，各项配套设施建设滞后于产业园发展的步伐，产业园内水、电、路、气、通信、环保等基础设施建设滞后，公共资源的综合配套水平较低。另外，一些产业园建设尚停留在形式上，有些产业园农田基础设施和生产设施标准不够高，灌溉排水设施不够完善，温室设施档次有待提升，抵御自然风险能力有限，需要进一步完善和提高，制约产业园产业的发展。此外，服务功能的完善也将是园区发展的助力之一，但部分园区只看到眼前利益，只注重发展核心产业本身，为整个产业集群发展服务的基础设施不够完善，没有配套加工、营销、广告等产业发展，使得园区发展根基不稳，约束了产业园的长远发展（卜善祥、郑敏，2003）。

二、科技研发水平相对较低

乡村产业园是将农业科技成果转移转化成功的实践凭条，乡村产业园的建设为农业高新技术产业集群的发展提供现实样板。但是，目前乡村产业园的科技研发水平整体来说相对较低。主要表现在以下几点：

1. 许多产业园区高新技术产业集群比例太低　产业集群多以低成本为基础的聚集，不少产业集群还停留在模仿、装配低价竞争阶段，产业结构的总体层次、水平仍较低，创新能力和参与国内外竞争的能力不强；园区主要是靠吸引一些技术人才入园以引进高新技术，产业园自身技术创新严重不足；园区对自身高新技术研究与开发的支持力度不够，技术原创性较差（闫杰等，2014）。

2. 对农业生产和农村经济发展有重大影响的科技成果少，成果整体水平较低，部分成果的实用性不强　农业科技研发人员不仅总量少，而且学科结构、专业结构均不适应现代农业发展需求，专业技术人员年龄偏大，知识结构老化，尤其是乡镇农业技术推广站人员出现断层现象，仅有的农业技术人员又从事乡镇其他工作，很难满足当前农业科技创新推广和现代农业发展的需要。

3. 基层农业科技服务体系不健全，管理体制不顺，运行机制不活　政府及科技部门对农业科技成果的转化应用表彰奖励少，难以激发广大农业技术人员在试验、示范、推广农业新技术方面的积极性，农业科技人员和科研投入难以适应研究推广的需要。

4. 对于产业园农业科技研发和推广的投入保障机制还不够完善　农业科技投入总体偏小，产业园流动资金用于农业科技发展的很少。

由于农业科技投入周期长，商业银行在这一领域的资金投放几乎空白。因此，产业园对农业科技研发投入不足，缺乏科技创新。

三、要素集聚作用发挥不足

乡村产业园通过吸引资本、土地、科技、人才、信息等现代要素，促进研发、生产、加工、物流、品牌、营销等相互融合，将产业园建设成为农业质量效益高、综合竞争力强、农民分享成果多的现代农业建设样板区，是各地发展的需求之一。但是，目前现代农业产业园在资金、土地、人才等要素方面还存在一些问题，未充分发挥作用。

1. 资金制约　农业产业园建设资金不足，国家支持力度小且使用管理分散。目前，农业园区建设资金主要来源于地方财政支持、金融贷款和企业投资，投资规模普遍较小。国家投资力度较小，并且分散在多个部门，难以集中资金安排实施一些对我国农业发展具有前瞻性、全局性的产业开发项目支撑产业园的发展，且农业项目投入大、时期长、回报慢，吸纳社会资金比较困难。政策、技术、管理等方面的制约不仅影响产业园自身的快速、健康发展，而且严重阻碍了整个农业现代化进程。目前，产业园建设融资渠道不宽，一些龙头企业、农民专业合作社在前期投资后，不同程度地存在资金短缺问题。

2. 土地制约　据调查数据显示，多数园区认为整片土地流转困难。农村土地流转机制不够顺畅，呈现自发性、随意性、分散性的特点，单块零散流转多、整村连片流转少，规模流转难度较大。

3. 人才制约　调查显示，超过50%的农业产业园农业专业技术人才缺乏，从业人员中具有中级和副高职称及以上的较少。受此影响，产业园现代科技成果应用水平低，生产科技含量不高，严重制约了科技推广和技术创新，制约了现代农业的有效推进。而且，产业园农村青壮劳动力有外流趋势，产业园中爱农业、懂技术、善经营的高素质农民相对较少，留守劳动力呈现高年龄、低文化特征，影响推进农业现代化进程和农村社会发展，一定程度上也会影响产业园重大工程与项目的推进实施效果。另外，多数产业园目前的招商、建设和管理团队都由机关工作人员组成，市场化运营的知识和能力还不足，现有的运营团队还远远不能满足产业园建设和发展的要求。

四、辐射带动效应凸显不够

乡村产业园具有试验示范、生产销售、辐射带动等多种功能，让农业成为有奔头的产业，让农民成为有吸引力的职业，让农村成为安居乐业的美丽家园，但目前辐射带动效应凸显不够。

全国的乡村产业园存在老、小等问题，建设较早的产业园管理比较粗放，特色不明显，因时代局限和条件所限，原有规划定位起点较低、规划理念滞后，已不适应新时代农业农村发展的新形势、新要求；规划范围较小，先规划的核心区、示范区不足以支撑现在园区的发展需要，但生产品种较多，存在"样样有一点、样样仅有一点点"现象，散而小的局面比较突出，未能形成规模化效应，示范效应不明显，带动作用不强。原有规划多侧重于技术引进、示范、推广，功能较为单一，对新形势下农业发展的引领带动作用不够明显。

此外，经营主体不强，入园企业、合作社等规模小、实力弱，园区经营主体与农户联结机制不健全，农业龙头企业与农户大多是松散的合作关系，很少从技术、资金上支持农户发展。大多数组织化程度不高，缺乏有拉动力的产业和品牌，加工转化能力、示范带动能力和市场拉动能力不强。

五、组织管理机制有待完善

目前，乡村产业园管理体制不畅，存在职能交叉的问题。各园区管理委员会是园区开发建设的直接责任主体，其职能类似于一级政府。由于目前主要采用行政手段运行模式，加之促进园区发展的专项配套措施还不完善，仍然存在"以地引资、以地养园区"为主的粗放发展模式。各部门从政策、资金、制度上聚焦园区发展的局面还未形成，行政审批、服务效率和社会信用相对滞后，地方性的信用体系及管理制度尚未建立，技术、管理人员匮乏，阻碍了园区发展步伐。由于不具备依法行政主体资格，缺乏应有的规划、建设及相关审批权限，在入驻企业、上级主管部门之间需要做大量的协调工作。一旦协调不到位，将贻误有利的建设时机，与产业园发展高效、优质的服务要求不适应。

针对组织管理机制的问题，可借鉴江苏省农业产业园组织管理模式。江苏省农业园区按照开发与管理分离、企业与政府分离的"两分离"原则，建立了开发建设主体与行政管理主体相分离的管理体制，分别成立了园区管理委员会和园区发展有限公司，管理委员会负责园区发展的规划、政策和日常管理事务，公司负责园区投资和开发建设。

六、三产融合深度仍需加大

乡村产业园的产业集聚并不是指产业扎堆，而是指产业互补发展、协作发展。而目前产业园内项目布局分散、以主导产业为核心的产业集群没有形成，其产业链还未形成，产业发展缺乏整体合力，要步入三产融合协调健康发展轨道尚需时日。另外，目前很多乡村产业园区在吸引产业方面似乎过于盲目追求数量，而忽视了它们之间的关联性和相互渗透性，没有适当引进上下游产业，导致园区内无法形成有效的产业链，因而无法产生企业聚集带来的规模效应和聚集效应，园区也就难以形成持续发展的动力。

除此之外，很多产业园区建设停留在种养生产基地初级层面，发展规划不清，起点水平不高，缺乏精深加工，综合效益较低，二、三产业带动效应不明显。完整的农业产业链是提高现代农业产业园综合利益的重要途径，目前产业园的产业链条较短，一二三产业融合深度不够，既不能适应市场的需求，也无法带来较高的利润。

国内成功的农业产业园区，无一例外都有良好的产业定位和协调的主辅产业关系。如无锡市锡山台湾农民创业园，就是无锡现代农业博览园、无锡高科技农业示范园、中国农业科学院太湖水稻示范园、无锡锡山生物农业产业园和无锡锡山精品蔬菜产业园"五园一体"的综合园区，园区之中涉农行业和服务应有尽有。园区以加工业带动农业"接二连三"，以旅游业带动农业"跨二连三"，以互联网和人工智能技术带动农业"加二连三"，延长了农业产业链，拓展了农产品价值链，创新了多方利益联结，培植了农村新型业态。

第三章

乡村产业园规划设计方法

第一节　乡村产业园规划概论

一、乡村产业园规划概念

乡村产业园规划是对乡村产业园系统的发展愿景所作的科学、切实可行的设计。通过规划，使乡村产业园的发展纳入有序和有规律的运动轨道上，使其按照预先设计，达到或超过既定目标。乡村产业园的规划具有方向性、战略性、准确性，规划过程中需要对乡村产业园包含的资源、环境、空间、社会等全局问题进行深入细致的分析研究。因此，乡村产业园的规划内容更具有严肃性、科学性和可行性。乡村产业园规划的制订、实施主体一般是群体性组织，如国家、地区、机关单位、企业等，不会是个人。

二、乡村产业园规划意义与作用

乡村产业园的规划可使乡村产业园建设有目标、有序地发展，从而带动农业可持续发展，使乡村产业园达到高的经济效益，使农业发展提升到国家规划的目标（王泉，2017）。

1. 制订乡村产业园规划是政府部门统筹管理产业园发展的基本要求　党的十六大报告中指出："加强农业基础地位，推进农业和农村经济结构调整，保护和提高粮食综合生产能力，健全农产品质量安全体系，增强农业的市场竞争力。"近年来，从中央到地方都从农业结构调整入手，作了大量工作，促进了农业的发展，增加了农民的收入。乡村产业园的合理建设与理性规划已经成为实现新阶段农业的跨越式发展、加速农业结构调整、增加农业整体效益、增强国际竞争力的有效途径。

2. 合理的规划是保证乡村产业园项目成功和回避风险的关键
乡村产业园的项目设置存在一定的投资、经营风险，如果乡村产业园前期分析不全面、规划缺乏科学性或是风险回避措施不得力，都有可能影响乡村产业园的长期快速发展。乡村产业园规划凭借一定的技术手段和丰富的经验，基本能够对项目的风险作出比较准确的估计。经过慎重的考虑，提出切实可行的项目及可能存在的风险回避措施，是避免乡村产业园发生损失的重要环节。

3. 乡村产业园规划有利于乡村产业园内部统一思想，增强凝聚力　目前，乡村产业园的经营管理机制不够完善。科学合理的乡村产业园规划有利于各级政府及管理单位高度统一思想，保持战略定力，不动摇、不懈怠、不折腾，根据规划一张蓝图干到底，持续发力，久久为功，真正把"产业主导、全面发展"总战略落到实处，确保各项目标任务如期完成。

4. 乡村产业园规划有助于节约集约用地、保护耕地　"十分珍惜和合理利用土地，切实保护耕地"是我国的一项基本国策，我国已经实行了世界上最为严格的耕地保护制度。乡村产业园的合理规划发展能提高土地的利用效率，在有限的地、山、水、田单位面积上和空间里开展综合农业生产，充分发挥边际优势，提高经济效益、生态效益和社会效益，从而有效缓解耕地保护的压力。

5. 科学的乡村产业园规划可保证乡村产业园内产业的可持续发展，提高科技应用水平　乡村产业园是农业科技创新的实践基地、农业高新技术的转化基地、先进农业装备的推广基地。新装备新技术的应用是其重要的实施抓手，也是加快农业现代化的措施保障。在目前城市还不能为被技术挤出的富余农业劳动力提供足够的非农就业岗位的客观现实上，通过产业园建设，可挖掘农业内部潜力，是一条适应我国国情的有效路子。

6. 优秀的乡村产业园规划是实现社会效益、生态效益、经济效益和谐发展的保障 农业是社会文化与生活系统的组成部分，对传承文化、美化景观、增加就业和收入具有重要作用。同时，它还是生态系统的组成部分，对保育自然生态、涵养水源、调节微气候、改善人类生存环境具有重要作用。保护和改善生态环境是乡村产业园建设的根本要求之一。乡村产业园规划在区域布局和发展的过程中，通过推行合理的生产方式和生产技术，能够有效保护好大气环境、水环境、土壤环境等，有效处理好资源开发利用与资源、生态环境保护的关系，在环境保护与农业发展之间建立起一种相辅相成的良性关系，积极拓展农业的功能，实现从生产功能向经济、社会、生态等多种功能延伸，推进农业的健康、可持续发展。

三、乡村产业园规划特征与分类

乡村产业园规划以主导产业为核心，主要对产业发展思路、功能布局、发展策略、发展重点、组织结构进行规划，并且制定乡村产业园的运行模式和运行机制。

1. 按行政级别分类 乡村产业园规划包括国家级规划（国家部委立项批准的乡村产业园）、省级规划（省级主管部门审批的产业化乡村产业园）、地市级规划（各地、市级政府立项、审批的乡村产业园）和区县级规划（各区、县级政府立项、审批的乡村产业园）。

2. 按照规划年限分类 按照乡村产业园规划实施、完成的期限可分为短期规划、中期规划和长期规划3类。一般3～5年的乡村产业园规划为短期规划，5～10年的乡村产业园规划为中期规划，10年以上的乡村产业园规划为长期规划。

3. 按照规划的深度分类 按照规划的深度可分为概念性规划和技术性规划。

概念性规划主要侧重于研究并确定某项目或某区域的目标愿景和发展方向。一般适用于面积较大的区域，且该区域存在发展方向和投资目的均不明确的情况。

技术性规划又可以分为总体规划和详细规划。其中，乡村产业园总体规划是为了实现一定时期内的经济发展目标，确定乡村产业园农业的发展性质、规模、发展方向，合理利用农业土地，协调其他用地空间，进行各项建设内容的综合布局和全面安排，还包括选定规划发展指标、项目功能定位和发展内容，制定乡村产业园近远期发展目标、实施步骤和保障措施等工作，重点是确定发展方向，研究明确发展目标。

乡村产业园详细规划主要用于指导农业生产和农业工程的具体实施，一般适用于规模在万亩及以下的园区，通常以总体规划为依据，对产业园的功能定位、发展目标、土地利用、建设项目的规模和内容、生产技术等进行具体安排，并按照总体规划要求和标准规范，对道路、水电暖、景观绿化、游憩组织、综合防灾、管理架构和运营模式进行详细规划布置，同时对产业园建设投资和效益进行估算，并对建设实施过程中的保障措施进行设计建议。

4. 按照产业性质分类 乡村产业园的产业规划主要是在现有范围内对现有产业发展现状进行评价分析，进行产业发展机会研究分选比较，确定近远期农业发展目标策略、近期重点产业发展布局和重点项目库，发展措施及实施配套策略等内容。按照产业性质不同，可分为综合型产业园规划和主导产业园规划等。综合型产业园规划是以多种形式并举的产业发展为主线，以多元化生产经营单位为建设主体进行的产业园规划；主导产业园规划是在园区内以1～2种产业为主导产业进行规划，主导产业的发展能带动整个产业园的经济发展。

第二节　乡村产业园规划管理

一、立项管理

贯彻执行上级有关政策和具体规定，结合乡村产业园所处地区的经济发展和社会生活实际要求，在不同发展阶段，履行特定的审批程序，确立相应的规划编制任务，进行规划编制机构和人员的筛选与确定，进行规划立项。乡村产业园规划可以由政府相关部门独立完成，或者委托第三方智库进行合作完成，委托完成程序一般包括规划前期洽谈、明确任务与需求、编制单位提交执行方案、招投标或者直接委托、双方签约、立项材料编制提交、规划立项完成。

乡村产业园的建设立项应该满足几个条件：一是乡村产业园项目立项的申报单位或者建设管理单位具有独立的法人资格，有一定的经营规模和经济实力，有较强的自筹资金能力；主导产业市场潜力大，竞争优势明显；带动能力强，与农户存在紧密合理的利益联结机制，建立符合市场经济要求的经营管理机制；二是产业园内农产品生产项目有明显的资源优势和特色，农产品加工项目以生产基地作依托，能够为生产和加工农产品提供仓储流通、保险等相关服务。

二、规划编制

乡村产业园规划项目立项后，开始进行项目的规划编制工作。

第一步，项目的洽谈签约，确定任务。相关部门负责进行项目的招标等工作，对规划编制团队、规划任务进行初步审核后，经政府会议讨论通过，以书面形式上报政府主管部门领导审核认定后，与规划编制团队签订规划合作协议。

第二步，项目的启动及进行环节。主要包括前期调研、方案编制、方案审核、方案修改、方案沟通等系列环节。经过多轮反复沟通、修改，保证项目规划工作的顺利完成。

第三步，规划方案编制完成后，由相关主管部门、行业专家进行评审。通过评审后，可组织项目设计施工建设。

三、规划审批

乡村产业园规划由政府相关部门独立完成，或者委托第三方进行合作完成，由相关部门进行审批，一般是由当地农业农村部门及财政部门等进行审批认定。例如，申请创建国家级乡村产业园，则需要根据建设相关文件要求，逐级进行规划审批。

目前在乡村产业园建设过程中，存在审批程序过繁、工作量大、规划稍显滞后等问题，导致部分产业园主体心存顾虑，造成产业园建设进度较慢，且有些项目的规划审批、设计、用地审批、报建、财审等前期手续繁杂，报批过程中存在反复现象，导致项目前期手续办理时间较长。应在下一步工作中尽量简化项目规划审批程序，相关职能部门开辟绿色通道，精简程序。下放园区行政审批权限，加强园区审批事项流程再造，逐步规范和减少审批事项，简化办事流程，落实政务公开、权责统一、限时办理等制度，推动"帮办"服务和"一站式"集中审批。探索创新园区政务服务方式，赋予园区项目审批、土地、规划、建设、财政、环保、工商管理等方面更加灵活的自主权，提高审批效率和服务水平。产业园管理委员会行使部分县级行政审批权，发改、建设、规划、国土、财政、环保、商务、工商、税务、人社等部门，将涉及产业园建设和管理的职能采取机构延伸或委托授权等方式，交由产业园管理委员会统一管理，其业务在区内独立完成。产业园要建立充分授权、封闭运行、精干高效的运行机制，有专门机构或部门负责产业园内项目建设和经营审批、登记、办证等全部手续的全程代理，并限时办结，提高行政管理效率，降低项目经营运作的行政成本。

四、规划重点项目评估

乡村产业园规划中需要对重点项目进行评估。评估分为投资估算和效益分析两部分。投资估算的范围包括项目区空间布局上的各个功能分区重点项目的建设投资、公共基础设施投资、具体项目类型分别估算；效益分析分别从经济效益、社会效益及生态效益进行估算，对产业园建设产生的未来效益进行评估估算。经济效益是根据主导产业的发展，对预计产生的一二三产业产值进行估计；产业园项目具有试验示范、生产销售、辐射带动等多种功能，项目的成功实施能够充分发挥农民在乡村振兴中的主体作用，让农业成为有奔头的产业，让农民成为有吸引力的职业，让农村成为安居乐业的美丽家园，为此产生社会效益；产业园内构建的绿色循环农业体系，考虑资源与生态环境的承载能力，实现节约发展、清洁发展、安全发展，控制农业污染，调整农业产业结构，提高园区内的土地产出率、资源利用率和劳动生产率，能够在确保农产品安全的同时，节约出耕地、水和劳动力等农业资源，缓解农业发展与耕地紧张、水资源短缺、劳动力不足的矛盾，为可持续发展起到示范带动效应，促进农业生产力的发展，具有重要的战略意义，产生一定的生态效益。

第三节　乡村产业园规划编制

一、规划基本内容

乡村产业园规划基本内容涉及上位规划政策形势分析、区域现状条件分析、发展目标定位、实施策略与建设项目、重点工程与举措、基础设施专项和投资效益评价等内容（张天柱，2015）。具体可分为以下 8 个部分：

1. 项目背景　在项目规划文本的开篇通常会简要地介绍项目的基本情况和规划建设背景，如规划背景、规划范围、规划期限、规划依据和规划原则等，还需要对规划的一些基本文件进行梳理，包括上位规划、区域政策、标准文件等，使读者对规划的缘由、区域位置、时间跨度、规划依据等有所认识。

2. 现状基础资料分析　收集到的基础资料可以分为以下 3 种类型：①乡村产业园所在区域的上位规划成果，对乡村产业园的发展有一定的引导作用；②乡村产业园范围内的现状资料，包括自然条件现状、社会经济现状、产业发展现状和配套基础设施现状等，可以通过现状条件分析，找出乡村产业园的发展优势与存在的问题，明确主要矛盾和关键问题；③典型案例借鉴，通过选取研究国内外已建成的优秀乡村产业园案例，借鉴其发展模式、路径和方法，为规划建设找到实践参考依据。

3. 规划目标定位　根据乡村产业园的具体情况，分析各种发展制约因素，为乡村产业园的发展制订出科学合理且具有前瞻性的发展纲领，从而指导乡村产业园有序稳步实现战略目标和发展指标。

4. 功能布局及空间结构　功能布局及空间结构是乡村产业园规划的重要内容之一，是从空间上对乡村产业园进行的全面统筹。在研究透彻乡村产业园现状条件和发展方向后，根据土地利用现状、产业关联程度、乡村产业园的目标定位等方面，将功能相近的区块进行整合，形成空间上的聚集，确定景观及经济轴线，划分若干的功能区。另外，根据实际情况，还需要对土地利用情况进行空间划分，确定出各类土地的范围与大小，如耕地、林地、园地、水域、居住用地、道路、广场等，并且绘制用地平衡表反映用地的变化情况。

5. 产业项目设置与布局　乡村产业园的项目设置主要指产业规划以及与产业规划内容密切相关的其他项目设计。其中，产业规划是乡村产业园规划的主要内容，需要明确如何通过选择适宜的优势农业产业来实现乡村产业园产业化发展，获得经济、社会、生态三种效益和谐统一的重要举措，主要包括支柱产业选择、产业规模、产业目标、产业链发展思路、产业组织、保障措施、效益分析等内容，涉及种植业、养殖业、加工业、销售业、科技服务、物流和观光旅游业等领域。

6. 基础设施和专项规划　服务于乡村产业园产业规划、项目规划的其他配套规划，如招商引资专项、科技培训专项、品牌策划与营销推广专项、绿地系统规划、乡村产业园配套基础设施规划、乡村产业园社会化服务体系建设等；基础设施规划包括道路规划、灌溉和给排水规划、电路通信规划、景观游憩系统规划、环境评价规划等。

7. 投资估算与效益分析　对乡村产业园的投资情况和资金筹措方式进行简要阐述，同时从经济效益、社会效益、生态效益等方面对乡村产业园产生的效益进行分析，为实施主体提供参考依据。

8. 保障措施与发展建议　简要介绍保障乡村产业园按照规划要求完成既定目标的办法。根据园区具体情况，主要从组织、政策、人才、土地、科技等方面提出保障措施和建议。同时，对乡村产业园未来的发展有可能面临的风险提出发展建议和规避措施。

二、乡村产业园基础条件研究

对乡村产业园的分析研究是根据实地调研收集回来的文字、数据、图件、问卷等原始资料进行整理、分析和归纳总结，并结合产业园发展的背景条件、现状基础，梳理分析乡村产业园发展的需求，分析乡村产业园发展现状、所处的发展阶段、发展优势和存在问题，类似地区的成功案例分析等，分析结果将成为产业园发展战略制定的重要依据。基础条件分析的内容主要有以下 5 个方面：

1. 政策解读和上位规划衔接　梳理乡村产业园所在区域所做的该区域乡村产业园宏观布局规划的成果，或相关的文件或导向性政策以及现有的相关研究成果。以现有规划编制为基础，研究国家供给侧结构性改革等一系列相关政策背景和区域政策，研究全球、国家经济形势和发展趋势，做好乡村产业园规划与区域现代农业农村总体规划的衔接。

2. 乡村产业园内外部农业发展条件分析　外部农业发展条件主要包括乡村产业园隶属的镇、县、市、省等外围区域的农业生产力水平、技术水平、主要产业发展现状等，具体尺度和范围，根据不同产业园规模和等级确定；内部农业发展条件主要包括乡村产业园规划范围内的农业发展自然基础条件、社会经济条件、产业发展现状等。通过对乡村产业园农业现状条件的整体水平进行分析研究，为乡村产业园的定位提供依据。

3. 市场需求分析（包括地区、全国乃至相关的世界市场）　对乡村产业园的市场研究主要研究主导产品的需求总量、需求结构、需求变化趋势，进而说明产业园提供所规划的农产品的原因。市场研究可以通过需求变化趋势预测和市场细分来明确产业园建设的目标定位。

4. 乡村产业园农业产业目标和技术需求　分析和评价国内外先进的相关科技成果及应用趋势，并对产业园实施主体的技术队伍现状进行分析评价。因为技术研究将决定产业园在园区建设和运营中拟采用的技术种类与水平，在进行规划前，应研究产业园现有的技术条件及应采取的主要技术措施。

5. 乡村产业园农业结构调整方向　对市场需求以及乡村产业园农业产业目标和技术需求进行分析，以确定乡村产业园的优势产业。

通过客观分析和评价产业园的自然条件、社会经济条件、历史文化背景等基础资料，明确产业园发展的竞争优势和劣势，为产业园的目标定位、项目设置及组织管理模式的选择奠定基础，能够对乡村产业园有个整体的把握，有助于制定乡村产业园的指导思想和战略目标。

三、乡村产业园产业定位分析

在完成外部环境和内部资源的分析后，应先确定乡村产业园的总体功能定位和产业发展的总体目标，据此来进行产业定位的分析。产业定位是指某一区域根据自身具有的综合优势和独特优势、所处的经济发展阶段以及各产业的运行特点，合理地进行产业发展规划和布局，确定主导产业、支柱产业以及基础产业。产业定位分析是乡村产业园规划中极为重要的一环，它关系到乡村产业园后期的建设和配套体系的构建。产业定位分析主要进行主导产业、产业组合和辅助产业的确定等。

1. 确定主导产业　在进行产业定位分析时，最重要的就是要确定主导产业，因为其他产业的定位都是围绕主导产业展开的。主导产业是指在某一经济发展阶段中，对产业结构和经济发展起着较强的带动作用以及广泛、直接或间接影响产业部门。它能迅速有效地利用先进技术和科技成果满足不断增长的市场需求，具有持续的高增长率和良好的发展潜力，处于生产联系链条中的关键环节，是区域经济发展的核心力量。主导产业具有5个显著的特征：一是具有较强的创新能力，能够实现"产业突破"。二是具有持续的部门增长率，并高于整个经济增长率。三是具有很强的扩散效应，能广泛地采取多种手段带动或启动其他产业的增长，对其他产业的增长产生广泛的直接和间接影响。四是具有显著的产业规模和良好的发展潜力，是区域经济发展的支柱和主导。五是在时间上具有阶段性，随经济发展的不同阶段而不断转换。

确定主导产业应遵循的原则：一是资源优势原则。主导产业的选择应建立在深刻认识本区域自然条件、资源优势、劳动力优势的基础上，具有相对集中的自然资源、经济资源和良好的社会发展基础，才能在区域经济中发挥主导作用，在同其他区域的竞争中取得良好的效益。二是因地制宜原则。确定主导产业项目不能脱离当地的客观情况，要从实际出发，科学论证，充分考虑到原有产业基础、产业结构和产业布局，充分发挥资源、土地、资金、技术、人才等优势，扬长避短，拾遗补缺，统筹规划，突出特色。三是市场供求原则。主导产业选择必须以市场为导向，做好市场预测。在社会主义市场经济条件下，一切经济活动都要围绕市场展开，面向国内外大市场，积极发展适销对路、潜在需求量大的产品。四是技术进步原则。主导产业应该是区域内具有技术领先或具有较大的技术储备，并且能够顺应当今技术发展的潮流，在地区产业的高级化中具有推进作用的技术含量较高的产业。五是可持续发展原则。可持续发展强调的是环境与经济的协调发展，追求的是人与自然的和谐。因此，在选择主导产业时，首先要强调把环境保护作为一个重要的衡量标准。

2. 确定产业组合方案　产业组合分析是将产业生命周期的不同阶段与某个具体产业的技术经济特征结合在一起，也就是将某个产业定位在矩阵中并加以研究分析的一个架构。产业组合分析的目的，主要是描述某个产业在生命周期的不同阶段竞争力的来源。从策略分析的观点来看，产业组合分析对于乡村产业园把握不同阶段与不同环境条件下产业的特殊需求，帮助产业园在农业产业内重新定位，洞察产业演变规律和变动趋势，利用现有资源减少不利因素，具有重要意义。产业组合需要在特定的主导产业的特定阶段，选取一些合理的产业进行组合，以便发挥该主导产业的最大效用。遴选时，需要考虑产业的同质性、派生性、上下游关系，以及技术、资金、市场的相关性等。

3. 确定辅助产业　当确定好产业组合方案时，应围绕主导产业去选取恰当的辅助产业作为支撑，以便更好地发挥主导产业的引导作用。辅助产业是在产业结构系统中为主导产业和支柱产业的发展提供基本条件的产业，由于它是主导产业和支柱产业发展的基础，因而辅助产业一般要求得到先行的发展。否则，它将可能成为整个地区经济发展的瓶颈。辅助产业的产品一般是主导产业和支柱产业的投入品。一般而言，辅助产业分为前向关联产业、后向关联产业和侧向关联产业等组成部分。

（1）前向关联产业又称上游产业，指由于主导产业的"上"行联系而形成的产业部门。这些产业主要是为主导产业部门提供基础性服务的，如种植类产业中的育苗产业。

（2）后向关联产业又称下游产业，指利用主导产业的产品作原料或者加工利用"三废"所形成的产业，以及产品流通服务业。

（3）侧向关联产业与主导产业部门无直接联系，它是以满足当地居民消费需要为目的，由于其参与提高乡村产业园内人民生活水平，因此对主导产业有间接影响。

四、乡村产业园发展要素解析

乡村产业园在农业科技创新、技术集成、示范与推广、农业产业化发展、农户带动、就业增收等方面取得了一定的成效，也证实了产业园对于升级产业形态、促进产业创新技术的推广应用具有极其重要的功能性作用。乡村产业园也因此成为创新资源集聚的平台，成为区域创新体系的重要支撑。然而，在实践层面，不少产业园沦为"面子工程"，表现为运行成功率低、经营效益不高、综合投资收益率跌入负值。原因在于缺少持续发展的要素和机制，如建设模式雷同、科技支撑不足、示范带动作用不强等。

乡村产业园在农业生产规模化的条件下，依据当地特色优势，将各类不同生产要素结合起来打造的一种新的现代农业平台，承担着现代农业创新孵化、技术培训推广和农业产业链综合效益提升的多重职能。为实现这些功能，农业产业园需要充分吸收和融合相关产业发展的优势要素。在要素构成上，乡村产业园的发展要结合先进科学技术，借助政府的力量，根据市场环境变化的特点对其发展规划不断进行合理的调整，将科技、生产、市场融于一体，将产前、产中、产后建成一条龙，通过加大科技支撑力度，促使科研成果逐步转换为生产力，进而带动周边地区的经济发展。覆盖科技研发、示范和推广的多要素集聚与融合机制是乡村产业园得以持续发展的根基，而要实现这种要素集聚，需要产业园做好中介平台的创新搭建、与产业链不同经营主体的创新合作、产业新技术的发现培育以及嵌入融合工作（俞美莲、张莉侠，2015；彭汉民，2017；何志文、唐文金，2007；赵秀红、安秀芝，2016；姚梦月，2014）。

产业园规划的成功需要注重科技创新要素对全产业链环节的嵌入，嵌入过程中应注重市场与政府的作用。科技要素应该覆盖产业链发展的所有环节，即只要能提升产业链局部或综合效益的创新技术，都应充分吸纳，这是产业园得以存在的重要价值源；产业相关主体要素宜覆盖产业链相关经营环节的尽可能多的主体，因为其对产业园相关技术和平台的使用，直接影响到产业园发展的规模效益；自身组织平台要素宜覆盖组织发展所有的金融资源、人力资源和物质资源等要素，这是支撑组织活动正常运营的基础要素。

第四节　乡村产业园规划实施

一、明确实施责任主体

产业部门和乡村产业园承建单位要按照规划方案狠抓落实，明确乡村产业园建设、管理、招商、服务等相关责任主体，制订详细的实施计划表，围绕主导产业发展重点，鼓励支持各类主体投资，吸引更多的社会资源参与乡村产业园建设，使乡村产业园建设早见成效、早出效益。

乡村产业园建设的责任主体一般是县（市、区）人民政府，负责本辖区产业园建设统筹推进和组织管理工作。建立园长制，实行一园一园长，由县（市、区）长或省农垦总局、省供销社、省级农业教学科研院所负责同志担任园长。实施主体一般是大型农业企业、产业化联合体、农民合作社、农业科研和技术推广单位等，主要职责是按照产业园建设绩效目标和任务清单，负责产业园的项目建设和运营，联结带动农民广泛参与，与农民建立紧密的利益联结机制，自觉接受各级人民政府和业务主管部门的监督和指导。监督主体一般是各级人民政府和业务主管部门。省农业农村厅负责指导全省产业园建设工作，牵头制订方案、绩效目标和支持政策措施，开展规划指导、督促落实和绩效评价等工作。地级以上市人民政府负责制订工作方案、统筹规划、督促落实，市、县（区）农业农村部门负责统筹协调产业园管理工作。各级财政部门负责组织对财政资金使用开展监督检查和绩效评价。各级审计部门负责对补助资金的分配管理使用进行审计。市、县（区）人民政府、农垦总局、供销社、农业教学科研院所等部门共同负责本辖区（本系统）产业园建设监管工作。

二、落实重点任务

乡村产业园建设相关各级部门应把产业园建设作为重要任务来抓，真正从战略上给予高度重视，各部门要把产业园确定的目标任务，落实到经济社会发展规划、行业规划和专项规划当中；要对照本方案的要求，进一步细化任务分工，明确具体措施，落实项目建设责任主体，强化产业园建设任务的落实，按照分配的任务落实配套资金，强化监督检查，确保各项工作落到实处，专人专职，统筹整合多项规划和各部门资源、发动社会资本和群众参与，有效加快产业园建设步伐，确保各项工作的顺利完成。

切实落实乡村产业园管理委员会职责，完善行政管理与引导职能。具体包括：负责产业园的组织、领导和协调工作；落实产业园总体规划、实施方案、管理办法与规章制度的制定及监测评价；对产业园的规划、建设及发展给予统筹指导和实施监督；负责协调产业园招商引资、项目促进以及土地、人力等资源要素保障；协调各政府职能部门，负责产业园行政审批"一站式"服务工作，营造高效、精简的行政服务环境；根据市政府授权，对产业园建设开发公司的财政投入资金履行出资职责，依法对国有资产进行监督管理，并加强业务指导，在资源配置上给予倾斜支持，引导产业园建设的快速、有序、健康发展。

三、健全规划体系

根据产业园规划基本情况，乡村产业园规划已经由单纯的农业产业经济规划转变为多学科复合的系统规划，可以从不同的切入点对园区进行规划。例如，用产业经济规划方法着重对园区项目和产业进行规划,用城市规划的方法重点对土地利用和空间布局进行规划,用景观生态规划方法强调景观格局配置,用生态整体规划方法研究基于生态安全空间基础之上的土地利用情况。但是,对于如何把不同的思路整合成一个体系的研究却十分缺乏。因此,建立起宏观和微观图表结合、可以切实指导园区规划实践操作的理论体系架构是十分迫切而有必要的(王树进,2016)。通过查阅大量规划编制案例和相关的文献资料,梳理、归纳、总结后将规划主要的构成要素概括为基底研究、发展战略、发展谋略、发展评估四大部分,各个要素由相关的规划内容作为支撑,最终形成规划成果体系。

四、营造实施氛围

按照"统一规划、统一形象、统一推介"的原则,政府搭台、企业参与,办好产业园主导产业相关活动。

围绕主导产业、核心企业和产业链上下游配套,积极开展大招商和招大商,营造产业园内外上下亲商、重商、安商、富商的浓厚氛围。坚持引资、引技、引智相结合,突出招大引强和全产业链招商,提高招商项目质量和层次。积极开展与央企、国际知名企业、全国知名民企合作,引进培育区域性总部、生产基地和研发中心。强化招商引资针对性和有效性,依法依规完善招商政策体系,大力实施精准招商、产业招商和区域招商,提高招商引资质量和成效。健全招商项目评估机制、调度督查机制、考核奖惩机制,更加注重环境承载、产业关联、税收和就业贡献度等因素。利用互联网、微信、微博等新媒体平台,广开渠道开展项目推介。加强对外宣传,提升园区的知名度和美誉度。在主要城市干道、各种平面和电视主流媒体广泛开展区域性公共品牌和企业品牌宣传。在有基础的地区设立展示展销中心,作为推介窗口。通过自建平台或利用国内外知名电子商务平台,筹建网上商城,促进网上销售。紧抓行业组织联盟、产品故事的展示、文娱活动的策划、传播渠道创新、产品的包装设计等要点,形成一套独特的品牌营销方式,对产业园的建设进行广泛品牌宣传,为产业园的规划实施营造良好的氛围,保障产业园规划的顺利实施。

五、强化实施监测评估

规划监测评估指在实施过程中或实施结束后，对规划目标、执行过程、效益、作用和影响等所进行的系统、客观分析。通过对规划实施活动的总结和评价，确定规划的预期目标是否达到、规划是否合理有效、规划的主要任务是否实现；通过分析评价找出成败的原因，总结经验教训；通过及时有效的信息反馈，提出后续规划的实施方向、重点和措施，同时也为未来规划的编制提出改进建议。规划实施评估首先是一种反馈机制。通过规划实施评估，可及时发现规划实施过程中出现的问题，找出产生问题的原因，提出解决问题的方法，及时调整规划的相关内容，保障规划的有效实施。同时，在规划实施的不同阶段，规划实施的重点、方向和任务不尽相同，通过规划评估可进一步明确这些问题，使这一阶段规划实施的措施更有针对性。规划监测评估也是一种监督机制。规划监测评估中发现的问题，部分是规划实施部门执行不力造成的。通过规划监测评估，明确相关部门在规划实施过程中的地位和作用，明确相应的责任，形成规划实施的监督机制，从而避免规划编制完成后就束之高阁，或者规划与实施相脱节的情况发生（秦诗立，2012）。

产业园的规划综合反映了政府管理国家或地区的产业发展意志和政策取向，是政府为推动社会农业经济发展、实现目标任务而作出的谋划和安排，是体制创新、政策实施的重要工具。在产业园规划实施过程中，当发展环境和条件发生预测之外的变化，或者工作实际推进与规划间出现较大差异时，应按程序对规划加以调整，找出预测与实际发生的差距，作出科学和准确的判断。目前，相关政府对产业园规划实施和监测评估的重视度不断提高，但仍缺乏对规划评估的科学认识、原则坚持，亟待加强规划监测评估制度的完善，定期做好产业园各项指标的自评工作，针对产业园发展较弱的指标，制定措施加以强化。建立经济指标统计制度，定期收集产业园企业、合作社、种植大户等经营主体的销售额、纳税等情况，综合分析其经营状况、存在的问题，以便及时解决问题。对市级以上龙头企业进行监测，对不合格的企业实行淘汰，对达到标准的可申请省级、国家级的企业予以扶持，支持、鼓励企业做大做强，充分发挥辐射带动作用，有力保障规划的顺利实施和及时、动态调整，推进产业园科学、健康发展。

第四章
乡村产业园科技创新驱动措施

科学技术是第一生产力，是推动农业和农村经济发展的强大动力。党的十九大报告指出，"创新是引领发展的第一动力，是建设现代化经济体系的战略支撑"。深化供给侧结构性改革，加快建设创新型国家，实施创新驱动发展战略和乡村振兴战略，将有力推动农业农村发展进入"方式转变、结构优化、动力转换"的新时期。

按照农业农村未来发展的阶段性特征和新的任务要求，乡村产业园作为乡村振兴的重要载体，加强乡村产业园的科技创新能力，在产业园建设运营发展中起着关键作用。乡村产业园应继续以创新驱动发展战略为动力源，强化科技先发优势，推动农业科技成果直接转化为新技术、新产品，形成新产业、新业态，推进园区产业转型升级，培育农村发展的新动能，激发农村产业提档升级的新活力。

第一节　提高科技研发水平

一、加大科技研发投入

根据 2018 年科学技术部、农业农村部等部委出台的《国家农业科技园区管理办法》和《国家农业科技园区发展规划（2018—2025年)》，实施创新驱动发展战略为园区发展提供新动源。不仅是国家农业科技园区相关建设文件，各地区出台的关于支持各类乡村产业园建设的文件中，均有涉及科技研发投入方面的措施与意见。这些文件为乡村产业园科技投入方式提供了很好借鉴。整体来看，乡村产业园建设过程中，可通过"后补助"等方式支持农业科技创新，深入推进科研成果权益改革试点，加快落实农业科技成果转化收益、科技人员兼职取酬等制度规定，完善政策、金融、社会资本等多元投入机制，着力优化投入结构，创新使用方式，提升支农效能。产业园科技研发投入方式具体如下。

1. 增加财政投入　农业是有限非排他性和非竞争性的具有外部效应的混合性产业。由于非排他性和非竞争性的存在，农业领域"搭便车"的现象比比皆是，造成农业投资效益不易分割，投资成本、效益之间的测算不准确，导致对农业投资主体的激励不足。同时，农业的正外部性造成"三农"领域资金投入不足。客观上，农业应该成为政府财政重点支持的对象，财政资金应起到引导资源配置的作用，达到"四两拨千斤"的效果。

（1）增加财政直接投资与补贴额度。在经济飞速发展时期，政府研发投入对全社会 R&D（研究与开发）投入强度（即 R&D 占 GDP 的比例）起着重要的带动和引导作用。加大政府在农业 R&D 经费中的份额，以财政农业科技投入带动全社会对农业 R&D 的投入，将有利于改变中国目前对农业 R&D 投入水平偏低的状况。乡村产业园是区域农业振兴的重要抓手，在建设过程中，政府应该将农业 R&D 经费向产业园集中倾斜，优先支持产业园内科技研发投资及补贴。近几年，中国公共财政力量日趋增强，国家财政对农业科技的投入首先应在总额上有大幅度增加。在此基础上，再根据财政收入增长幅度和财政用于农业支出增长幅度确定财政对农业科技投入的增长幅度。就财政用于农业的投入总额的 0.8% 左右提高到 2% 以上，适当减少政府财政对具有竞争性项目的直接投资，可以为农业自主创新提供物质支撑和资金储备，引导农业自主创新的方向，刺激农业自主创新经费的增长。

（2）调整税收优惠政策。要把乡村产业园税收优惠政策落实到农业科技创新全过程，明确税收优惠作用点，提高政策效力。首先，对农业科研单位通过农业科技成果转让、技术培训、技术咨询、技术服务、技术承包等方式的经营性活动和农业科技型企业予以免税、信贷担保等政策优惠，对个人实行提高纳税额度计征起点等政策优惠；其次，对经营性推广服务体系的创收活动，要给予税收、信贷方面的优惠，实行免税和低息贷款，帮助他们完善经营机制，拓宽服务领域，积极参与和推动农业产业化经营，不断提高技术的到位率和普及率；最后，要通过税前抵扣、税收减免和加速折旧促进涉农企业进行科技自主创新。

对自主研发的各项开支加大税收抵扣，如允许企业按当年实际发生的技术开发费用抵扣当年应纳税所得额，对企业购买农业科技创新所需的仪器设备按照其价值的一定比例进行税前抵扣等。对自主研发的农业新产品单列税收抵免政策；对涉农企业技术中心进口开发用品，免征进口关税和进口环节增值税；对企业化转制的农业科研机构免征企业所得税；允许农业科研单位与企业加速研究开发仪器设备折旧，扩大加速折旧范围；实行设备清单管理，替代现行的逐级审批，从而增强企业设备加速折旧的可行性。

（3）完善财政支持自主创新的预算管理模式和制度规范。财政对乡村产业园科技自主创新投入的资金管理要按照预算编制、执行、监督相对分离的要求，在公共财政框架内实施改革。一是要按照早编细编预算、实行综合预算、编制部门预算、硬化预算约束的要求，严格预算管理与执行。二是实行国库单一账户管理制度，加强财政性乡村产业园科技资金的收支管理。科技部门的所有政府性资金全部直接缴入国库账户，科技支出在实际使用时从国库账户直接划入商品和劳务提供者账户，以解决目前科技单位在银行开户过多而造成的资金分散和监督不力等问题。三是要在乡村产业园科技经费使用的事前、事中和事后，完善公示制度和公共监督机制，在资金运用的全过程施以预算监督、内外审计监督和外部公共监督，通过公开性与透明度的提高，促进乡村产业园科技投入资金的合理统筹、节约使用。

（4）建立健全财政科技投入的绩效考核评价机制。首先，要确定科学的评价方法和指标体系。根据不同性质的评价对象和科技活动的不同阶段，确定相应的评价方法，对现阶段客观上无法量化描述的某些基础科研活动投入，侧重采用公共选择排序法。其次，对基础研究、应用研究和基础设施投入应分类进行绩效评价。评价政府基础研究支出绩效应把视角放在中、长期社会效益上。评价应用研究投入绩效必须紧密跟踪当期乡村产业园科技发展态势和经济发展战略以及公共政策的变动，评价视角的选择要与近中期各大宏观政策相对应，评价指标的调整要与产业政策、就业政策、乡村产业园科技政策等的阶段性重点相呼应，同时还要注重测评研究项目的中长期经济回报率。

（5）合理规划农业科研项目经费。第一，对于乡村产业园中影响到国计民生的重大科技创新，国家通过制定中长期规划，做到集中重点投向，长期稳定支持。第二，对于国家鼓励的乡村产业园科技发展方向，各地要建好相应的投入机制，进行指导性投入。在实际操作中，可以考虑先投入项目启动费，在项目初出成果时加大投入力度，在最终成果成熟时根据投入和效益情况对项目进行回购。对于此类项目，要进行成本核算的投入，在项目执行过程中，建立合理的评审机制和退出机制。

2. 金融组织增加投入 随着我国市场经济的不断发展，乡村产业园科技创新主体多元化的特征日趋明显，除了农业科研机构、高等院校和技术推广部门外，涉农企业和农户也逐渐参与到乡村产业园科技创新的过程之中，成为推动乡村产业园科技进步和农业产业化的重要力量。乡村产业园科技创新主体的日趋多元化，对资金的需求格局产生了重要的影响，单纯依靠财政投资已经满足不了乡村产业园科技创新的资金需求，加强金融支持成为促进我国乡村产业园科技创新的必然要求。

（1）健全农村金融组织体系，增加科技创新资金供给。各地乡村产业园建设过程中，可有效借助区域农业金融组织体系建设资源，增加产业园内科技创新资金来源。各地可通过明确各金融机构的市场定位，构建分工合理、服务全面的农村金融组织体系。首先，要积极拓展中国农业发展银行的业务范围，增强其对农业及其技术进步的金融支持。2006年，中国银行业监督管理委员会已经批准中国农业发展银行开办农业科技贷款业务，中国农业发展银行总行也确定了贷款范围，并制定了相应的贷款管理办法。根据规定，对属于《国家中长期科学和技术发展规划纲要（2006—2020 年）》中科技优先发展主题领域的，经省级及以上科技主管部门鉴定批准的科技成果转化或产业化项目，均可以列入科技贷款的范围。这项政策的出台，表明政策性金融机构在支持科技创新方面迈出了实质性的一步，对一些规模较大的乡村产业园科技项目的实施必将起到重要的促进作用。其次，加大中国农业银行的支农力度。对于农村地区保留下来的中国农业银行分支机构，政府可以考虑通过银行新增存贷款用于农业的比例作为考核指标，以加强其对农业的支持。再次，深化对农村信用社和邮政储蓄的改革，强化其为农服务功能。最后，扶持民间金融的发展，逐步使其纳入合法化的轨道。

（2）加快农村金融创新，建立多元化科技创新融资体系。除继续加强银行信贷支持外，农村金融应在以下两个方面加大创新力度。一是加快直接融资的发展。针对农业上市公司数量少、证券融资比例低的现状，国家可通过行政或法律的手段，对涉农企业提供更多上市融资和发行债券融资的机会，增加涉农企业直接融资的比重。二是完善农业信贷支持体系，有效缓解科技活动贷款难问题。金融机构要适当降低对乡村产业园内涉农企业和农户的贷款要求，包括降低对贷款对象资产规模的要求，适当放宽对贷款抵押物的限制，允许企业和农户以实物资产及其他票据进行贷款抵押或质押，并根据乡村产业园科技企业的实际情况，考虑允许其用技术专利或其他知识产权作抵押。加大对乡村产业园科技信贷的优惠政策。例如，政府部门直接向乡村产业园科技活动提供低息贷款，对其他商业性金融机构提供的相关信贷业务，政府可采取利息补贴、贷款担保和税收减免等优惠政策加以鼓励和引导，从而使更多的信贷资金能够投入乡村产业园科技创新过程中。建立完善的乡村产业园科技贷款担保体系，贷款担保体系的建立是缓解中小企业贷款难的根本保证措施。针对我国贷款担保体系存在的问题，今后应在增加担保机构数量和扩大担保基金规模方面下功夫。在发展初期，担保机构的设立需要政府出面，担保基金以财政拨款为主，待取得一定经验后，可不断吸引社会资金参与，逐步形成政府担保、企业互助担保和商业性担保相互补充的多元化贷款担保机构体系。

（3）积极扶持农业风险投资业的发展。风险投资虽然有助于科技创新和成果转化，但是由于农业自身的风险性较大，一般的风险投资往往不愿投资于乡村产业园科技项目。为此，农业风险投资的发展需要政府的大力支持。政府财政可以拨出专款，用于建立农业风险投资公司和农业风险投资基金，并在此基础上带动民间资本的参与，逐步形成完善的风险投资机制。

二、建设科技服务平台

建设资源共享与服务平台，是加强乡村产业园科技研发、强化科技驱动的重要支撑。通过平台建设，可吸引汇聚农业科研机构、高等学校等科教资源，在乡村产业园发展面向市场的新型农业技术研发、成果转化和产业孵化机构，建设农业科技成果转化中心、科技人员创业平台、高新技术产业孵化基地，引导科技、信息、人才、资金等创新要素向乡村产业园集聚，促进科技创业苗圃、企业孵化器、星创天地、现代农业产业科技创新中心等"双创"载体，培育一批技术水平高、成长潜力大的科技型企业，形成农业高新技术企业群。当前，乡村产业园科技服务平台可以引入以下 5 种模式：

1. 现代农业产业科技创新中心 现代农业产业科技创新中心是新型乡村产业园科技创新平台，是贯穿产业链、创新链的协同创新综合体。创新中心试点建设工作于 2016 年正式启动，由科学技术部牵头实施，首批布局了国家作物生物育种产业科技创新中心、国家农机装备产业科技创新中心、国家肉类加工产业科技创新中心和国家竹产业科技创新中心 4 家试点单位。除科学技术部外，农业农村部也在布局建设一批区域性现代农业产业科技创新中心。目前，已批复江苏南京、山西太谷、四川成都三地国家现代农业产业科技创新中心。

2. 国家农业科技创新联盟 国家农业科技创新联盟是我国农业科技创新的主体力量，于 2014 年 12 月 22 日在北京成立。该联盟是由国家级、省级和地市级三级农（牧）业、农垦科学院共同参与的全国科技创新协作平台。主要承担 4 个方面的重点任务：一是加强基础性长期性科技工作，夯实农业学科发展基础；二是加强农业核心关键技术攻关，突破制约发展的技术瓶颈；三是加强农业学科前沿与基础研究，抢占战略制高点；四是加强不同生态区重大科技工程技术研发，促进区域农业转型升级和可持续发展。同时，组织开展农业科技发展重大问题调研，提出重大战略咨询报告和政策建议。

3. 现代农业产业技术体系　现代农业产业技术体系由产业技术研发中心和综合试验站两个层级构成。针对每一个农产品，设置一个国家产业技术研发中心和一个首席科学家岗位。每一个国家产业技术研发中心由若干功能研究室组成，每个功能研究室设一个研究室主任岗。其主要职能是：从事产业技术发展需要的基础性工作；开展关键和共性技术攻关与集成，解决国家和区域的产业技术发展的重要问题；开展产业技术人员培训；收集、监测和分析产业发展动态与信息；开展产业政策的研究与咨询；组织相关学术活动；监管功能研究室和综合试验站的运行。根据每一个农产品的区域生态特征、市场特色等因素，在主产区设立若干综合试验站，每个综合试验站设一个试验站站长岗位。其主要职能是：开展产业综合集成技术的试验、示范；培训技术推广人员和科技示范户，开展技术服务；调查、收集生产实际问题与技术需求信息，监测分析疫情、灾情等动态变化并协助处理相关问题。

现代农业产业技术体系每5年为一个建设周期，每5年周期的前一年，由各产业技术研发中心和主产区政府部门、推广部门、行业协会、学术团体、进出口商会、龙头企业、农民专业合作组织提出需要解决的技术问题，经执行专家组讨论梳理后，提出本产业技术体系未来5年研发和试验示范任务规划与分年度计划，报经管理咨询委员会审议后，由农业农村部审批后下达。作为我国农业科技领域的一项重大管理创新，产业技术体系显著提高了我国农业科学研究水平和产业技术供给能力，有力支撑了国家粮食连年丰产、创新规律的科研组织模式，在促进技术进步和推动农业转型升级方面发挥了重要作用。各地产业园可以根据主导产业类型，对接引入相应产业技术体系资源，依托现有技术体系，建立分支机构、分中心、分站等。

4. 农业基础性长期性科技工作网络　为长期系统地对农业生产

要素及其动态变化进行科学观察、观测和记录，阐明内在联系及发展规律，以促进农业科技创新、指导农业生产，农业部于 2017 年 3 月发布《关于启动农业基础性长期性科技工作的通知》，决定构建以国家农业科学实验站和国家农业科学数据中心为实施主体的工作网络，持续开展农业基础性长期性科技工作。观测监测任务主要包括作物种质资源、土壤质量、农业环境、植物保护、畜禽养殖、动物疫病、农用微生物、渔业科学、天敌等昆虫资源、农产品质量安全 10 个方面。2020 年，建立由 1 个国家农业科技数据总中心和 10 个国家农业科技数据中心等构成的农业基础性长期性科技工作网络，按照统一规范的数据标准，构建土壤质量、农业环境等 10 个学科领域的基础数据库，研究提出一系列的专业性、综合性分析报告，为科技创新、政策制定等提供服务和支撑。各地国家级乡村产业园建设过程中，可积极争取建设国家农业科技数据总中心和国家农业科技数据中心，当地已建成的中心，要充分发挥其在产业园发展过程中的作用，促进产业园科技创新驱动力提高。

5. 农业农村部重点实验室 农业农村部重点实验室是国家农业科技创新体系的重要组成部分，是组织农业科技协同创新、汇聚和培养优秀科技人才的重要基地。其主要任务是开展农业应用基础研究和前沿技术创新，解决制约产业发展的重大、关键和共性科技问题，承担基础性农业科技工作。

农业农村部重点实验室按照学科领域、产业需求和区域特点进行规划布局，以学科群为单位进行建设，包括综合性重点实验室、专业性（区域性）重点实验室和科学观测实验站 3 个层次。基本组织思路是以综合性重点实验室为龙头，专业性（区域性）重点实验室为骨干，科学观测实验站为延伸，建立层次清晰、分工明确、布局合理的学科群，逐步形成支撑和引领现代农业发展的重点实验室体系。

根据农业农村部公布的"十三五"重点实验室及科学观测实验站建设名单，期间将形成由 42 个综合性重点实验室、297 个专业性（区域性）重点实验室和 269 个科学观测实验站组成的 37 个学科群农业农村部重点实验室体系，相关的建设工作已陆续开展。农业农村部重点实验室的建设，为各地乡村产业园科技服务能力提升奠定良好基础，也为产业园科技创新发展提供机遇与资源。

三、提高科技研发能力

1. 加强农业基础研究　农业基础研究是农业科学的技术基础，其不仅可以促进乡村产业园科技进步和创新，而且可以推动农业和农村经济持续稳定协调发展。我国的农业基础研究起步较晚、发展滞后，同发达国家相比较，存在较大的差距。乡村产业园建设过程中，要认真贯彻全国科技大会和《国家中长期科学和技术发展规划纲要（2006—2020年）》精神，组织精干的科研队伍，选择有基础、有优势，又是国际学科前沿，对影响国际民生、具有全局性、前瞻性、基础性的重点领域和急需解决"三农"的重大技术理论问题，进行联合攻关，早日实现农业农村现代化。

农业基础研究需要瞄准国际前沿，强化生物遗传改良、土壤演变规律、资源高效利用等基础研究，重点突破农业合成生物学、作物高光效育种、物联网等前沿颠覆性技术。深入实施转基因生物新品种培育重大专项，加快基因组编辑、多基因聚合等新技术研究，培育突破性重大产品。瞄准制约产业转型升级的重大瓶颈，攻克劳动替代型与自动化、农业废弃物循环利用、农业绿色投入品等核心关键技术，支撑引领乡村产业兴旺。瞄准大宗农产品、名特优新产品等提质增效，集成应用先进技术模式与装备，培育一批新产业、新业态。依托已创建的"三区三园"、美丽休闲乡村等，集聚优势资源，将产业园打造成科技引领乡村振兴示范样板。

2. 提升农业新技术研发能力　当前，我国农业农村经济发展已经到了更加依靠科技实现创新驱动，实现内生增长的历史新阶段，以往通过精耕细作、增加人力资本投入等来提升农业产出的传统方式的边际效率逐渐降低。通过提升技术研发能力，实现技术对传统要素的替代，是推进农业供给侧结构性改革的重要途径。乡村产业园要结合特色农产品优势区建设，支持地方开展特色优势产业技术研发，加强特色优势产业共性关键技术研究，增强创新能力和发展后劲。各地产业园要根据园区主导产业特点，有针对性地进行技术研发能力提升。例如，以蔬菜产业为主导的产业园，当前要重点加强设施蔬菜连作障碍综合治理，推广轮作倒茬、深翻改土、高温闷棚、增施有机肥等技术，改善产地环境；以林果及茶叶为主导的产业园，应引导优势区加快老果（茶）园改造，集成推广优质果树无病毒良种苗木和茶树无性系良种苗木；以马铃薯为主导的产业园，应加快实施马铃薯主食开发，完善主食产品配方及工艺流程。

3. 提升农业新工艺研发能力　随着生物、化学、物理等自然科学的发展，传统农艺已经逐渐成为一门系统学科，并形成了土壤、肥料、农田水利、耕作栽培、农业气象、农业工程等许多独立的专科门类。农业工艺使得农业生产更加精细、科学，农业工艺的创新对于农业的发展至关重要。当前，乡村产业园应重点加强农业新工艺研发能力，即加强中低产田改良、经济作物、草食畜牧业、海洋牧场、智慧农业、农林产品精深加工、仓储物流等相关新工艺技术研发。

4. 提升农业新装备研发能力　农业机械装备是发展现代农业的重要物质基础。推进农业机械装备发展是提高农业劳动生产率、土地产出率、资源利用率的客观要求，是支撑农业机械化发展、农业发展方式转变、农业质量效益和国际竞争力提升的现实需要。当前，我国农机装备存在着产品品种不全、品质不高、中高端产品供给不足、关键零部件受制于人、共性技术研究基础薄弱、农机农艺融合不紧密等诸多问题，与我国现代农业建设需求的矛盾突出，亟待转型升级。乡村产业园的建设，为以上问题解决提供了很好的平台及抓手。

乡村产业园是推动农业供给侧结构性改革的助推器，需要加快研发产业园内适宜丘陵山区、设施农业、畜禽水产养殖的农机装备；同时，加快关键零部件试验研究与生产制造过程质量检测检验系统等试验计量检测设施与设备的建设，提升农机核心零部件自主研发能力；通过建立健全农机装备可靠性环境试验测试体系、质量技术基础平台、智能工厂和数字化车间等方式提升农机产品可靠性；加快建设农机领域制造业创新中心，推动"产学研用"协同创新；完善农机产品质量标准体系，用标准提升推动产业升级。

四、加强政产学研联系

农业生产力的发展依赖于农业科技的进步，但现实情况往往是科研选题偏离于市场需求。我国农业高校90％左右的科研项目来自于政府的各种基金资助，多为基础研究，应用研究的比例较少，直接运用于生产的应用开发研究则更少。而世界发达国家研究开发项目70％~80％来源于市场与生产需求，能直接运用于生产。造成这种差距的原因：一是农业科研人才和设备资源的分布现状使科研与市场没有形成交叉互补。一方面，大学和科研机构往往只注重技术指标的先进性，由于研究过程没有或很少有企业或农户参与，忽视了市场竞争的需求，结果是验收指标很高，成果的适用性不强，科研成果被束之高阁；另一方面，随着企业建立自己科研中心步伐的加快，由于缺乏基础理论与关键共性技术的支撑，技术创新进展缓慢，甚至研究失败。二是缺少科学合理的分工，导致研究效率十分低下。如同独家独户式的小农经营模式，由于缺少专业分工和外来先进技术的引入，研究成果的高低全凭个人"天分"和即时的体力、精力和能力状态，难以分享合作和交流带来的层次提升。

政产学研一体化发展是农业科技有效转化、高效转化为生产实践应用的重要方式。在政产学研一体化发展中，需要明确各主体关系。其中，政是基础，通过政府部门的有效调和，构建和谐融洽的制度环境以及政策环境；产是教学的切入点，培养多方面的优秀人才；研则是教育的推动力，充分发挥研究部门以及教育部门的专业研究能力，能够为多方合作交流提供技术支持。产学研各自为战等于资源浪费，我国农业科研体系是世界上最大的科研体系，但也是世界上最分散的农业科研体系之一。我国农业科研体系的整体现状问题，也在乡村产业园中有所体现。园区内科技资源难以得到合理配置和充分利用，缺乏总体的规模效益，影响了整体科研效率和国际竞争力。今后的改革方向应该是，大学和科研机构将逐步转向基础理论研究及关键共性技术的开发，而将应用技术和一般性技术的创新空间留给企业。乡村产业园应构建以"政、产、学、研、用"为核心，以科技金融、科技服务为支撑的农业科技创新体系，提高创新效率。

第二节　加强科技推广力度

科技推广是乡村产业园科技创新的重点任务，是现代农业发展中提升农业发展水平和质量的重要促进措施与方法，是推动科技创新成果走出实验室、转化为农业发展现实动力的有效保障。

一、构建科技推广体系

农业技术推广体系是传播科技创新成果和促进创新成果转化为实际生产力的重要组织，在确保农业技术从实验室到达田间地头的过程中起到关键作用。党的十九大报告和连续 16 年的中央 1 号文件均把农业技术推广工作放在突出的地位。2006 年，《国务院关于深化改革加强基层农业技术推广体系建设的意见》出台，对基层农业技术推广体系改革作出全面部署。2009 年 7 月，农业部印发了《农业部关于加快推进乡镇或区域性农技推广机构改革与建设的意见》，将农业技术推广体系改革推向深入。

我国的农业技术推广体系主要包括国家农业技术推广机构、农业科研单位、有关学校、农民专业合作社、涉农企业、群众性科技组织和农民技术人员等主体。其中，各级国家农业技术推广机构面向农业劳动者和农业生产经营组织推广农业技术，实施无偿服务。国家农业技术推广机构以外的单位及科技人员以技术转让、技术服务、技术承包、技术咨询和技术入股等形式提供农业技术的，可以实行有偿服务，其合法收入和植物新品种、农业技术专利等知识产权受法律保护。此外，各级人民政府可以采取购买服务等方式，引导社会力量参与公益性农业技术推广服务。以上科技推广主体及推广方式在乡村产业园中均可以进行引入和借鉴，通过产业园平台作用，进行先行示范创新，逐渐形成完善的科技推广体系。

二、完善科技推广机制

农业技术推广服务体系是我国农业社会服务的重要组成部分，经过长期建设，农业技术推广体系建设稳步推进，形成了相对稳定的农业技术推广服务机构与队伍，培养了一大批新型农民。推广体系建设离不开完善的科技推广机制。目前，各地乡村产业园中，具有推动现代农业发展的新型科技创新与推广体系机制尚未真正建立起来。

我国农业技术推广体系的发展历程可分为 6 个阶段：

第一阶段（1949—1957）是初步发展时期。新中国成立之初，党和政府就高度重视农业生产恢复工作，制定了一系列政策，推动了农业技术推广体系的迅速发展。这一阶段农业技术推广体系开始逐步创建与完善，但是体制机制建设并不健全，没有上层机构，还没有形成完整的推广体系。由于基层农业技术推广组织缺乏上级技术指导，加之生产条件、技术力量等方面限制，农业技术推广主要是总结和推广老农、劳模生产经验及农家品种，农业技术应用仍然维持在传统生产技术水平。

第二阶段（1958—1965）是综合性转变时期。该阶段国家经历了经济困难时期，同时也为了配合人民公社体制，各地农业技术推广机构开始精简。但 1962 年后，国民经济逐步恢复，农业技术推广体系再度受到重视，并开始由综合性向专业化转变。这一时期，农业技术推广机制得到了进一步加强与完善。一个突出的特点是专业分工更为细致，服务效果显著增强。省级农业厅、省级农业科学院、大专院校、地区农业科学研究所、县级农业技术推广部门等机构共同构成这一时期农业技术推广体系中的农业技术供给主体。

第三阶段（1966—1977）是停滞发展时期。1966 年后，大部分农业技术推广机构被撤销，技术人员被下放或被迫改行，农业技术推广工作处于停滞状态。但是，广大农民群众还在进行农业生产，仍然迫切要求技术指导。在当时特定条件下，由于不分层次地大搞群众性科学实验运动，混淆科研与推广的性质，简单地以群众运动代替专业农业技术推广队伍，不仅许多科研、推广队伍无法完成，也造成了大量的人力、物力浪费。但不可否认的是，这种由需求引发的自给制农业技术推广体系在传播农业技术知识、培训农民技术员、提高农业生产方面发挥了一定的作用。

第四阶段（1978—1989）是改革重构时期。改革开放后，农村普遍推行家庭联产承包责任制，农业技术推广机构由原来面向公社、大队转向直接面向千家万户，原有的四级农科网的农业技术推广机制已经不再适应农村经营形式的变化，而农业生产和农村经济的发展又迫切需要农业技术服务。在这种情况下，重构农业技术服务体系，完善科技推广机制，以适应农村改革后的新形式，便成为当时改革的主要任务。

第五阶段（1990—1999）是体系重建时期。随着商品经济向市场经济的转化，我国农业和农村经济已经进入一个新的发展时期，优质农产品供不应求。为此，农业在重视产品数量的基础上转向高产优质并重，以提高经济效益。农业技术推广机构在这一调整过程中被寄予厚望。与此同时，上一阶段遗留的问题成为这一阶段需要重视的问题。而从1993年起，我国重点进行的转变政府职能的政府机构与行政体制改革，对基层农业技术推广机构也产生了重大影响。这些改革措施极大地推动了农业技术推广体系的发展，初步建立了政府农业技术推广体系，并使之成为农业社会化服务的生力军。

第六阶段（2000年至今）是快速发展时期。21世纪以来，国家对农业技术推广体系改革的指导思想开始发生较大的变化，在引入市场型激励机制的同时，继续强调公共服务"非营利"性质，将乡镇一级农业技术推广机构建成技术推广、生产经营相结合的实体的思想逐步明确，主要任务是区分公益性服务和非公益性服务，建立新型的农业技术推广体系，规范和推动农业技术服务体系快速发展。

三、创新科技服务方式

经过30年的改革和发展，乡村产业园科技推广体系由政府独家承担的一元化局面被打破，乡村产业园科技推广的市场供给主体呈现多样化的发展态势，服务方式也越来越灵活，服务能力逐步增强。乡村产业园建设过程中，根据产业特性和科技服务主体发展现状，选择以下科技服务方式进行借鉴或模式创新。

1. 链式农业技术推广服务模式 以重大技术为主线，支持农业科研院校、推广机构、新型农业经营主体等优势互补、分工协作，组建技术指导服务团队，建设农业技术试验示范基地，开展农业重大技术集成试验和示范推广，完善"农业科研试验基地＋区域示范展示基地＋基层农业技术推广站点＋新型农业经营主体"的链条式农业技术推广服务模式，实现农业技术服务与生产需求有效对接。在这种模式中，农业科研基地是农业技术创新的重要突破口，利用各大高校、科研院所的智力资源，为农民的农业实践找到新的技术突破口，在示范基地把科研成果转化成具体的技术标准，再通过基层推广站与农民进行对接，最终在新型经营主体的实践当中，检验新技术的作用和效果。通过这样一种传导和转化，一项新成果就能够比较顺畅地到达实践当中。此外，农民和新型经营主体有什么需求和意见，也能够及时反馈，使得科研工作者及时改进相关技术，进而实现产学研的有效互动。

2. 科技特派员推广示范模式 科技特派员制度，旨在引导各类科技创新创业人才和单位整合科技、信息、资金、管理等现代生产要素，深入农村基层一线开展科技创业和服务，与农民建立"风险共担、利益共享"的共同体，推动农村创新创业深入开展。科技特派员制度在实践中有多种操作模式，科技特派员既可以直接向基层农户提供科技服务，又可以通过示范基地、创办公司、团队合作等方式向农户提供科技服务。在科技特派员制度中，既有高校、科研院所等事业单位通过选派科技特派员服务农业农村，从事公益服务支持农业生产；又允许科技特派员利用政策优惠和支持政策，创办相关企业和示范基地，整合市场资源，实现科技推广。科技特派员制度是一种成熟稳定、效果明显的服务模式，其将科技特派员与农户结成利益共同体，在特派员达成了自我发展目标的同时，通过推广普及先进的农业生产技术为当地农民带来实实在在的切身利益。

3. 依托现代技术的物联网推广模式　突出表现在智慧农业、智慧气象等业态，即通过物联网技术、云计算、大数据等现代信息技术手段，为农业生产经营者提供即时、准确、精细化的资讯，借以实现对农业生产环境的监控、农产品生产的溯源、农业气象灾害的监测预报预警等目的。物联网推广模式能够大大提高种植的精准化程度，减少人工和用水投入，使作物生长的环境更加科学生态，但也存在着设备费用高、售后服务水平参差不齐等问题。

四、培育科技推广主体

引入项目管理机制，推行政府购买服务，支持各类社会力量广泛参与乡村产业园科技推广。鼓励公益性农业技术推广机构与家庭农场、合作社、龙头企业开展技术合作，探索公益性农业技术推广机构与社会化服务体系有效结合途径。

加强人才队伍建设，在财政投入上，建立"地方养人、中央和省级养事"的农业技术推广投入机制。县级财政保障乡镇农业技术推广人员工资待遇，中央和省级财政承担乡镇农业技术推广工作经费的主要投入，保证乡镇农业技术推广人员能够切实履行农业技术推广职能。完善农业技术推广人员聘用制度，采取公开招聘、竞聘上岗、择优聘用等方式，选择有真才实学的专业技术人员进入农业技术推广队伍，规范人员上岗条件。

全面推行以公益性服务人员包村联户（合作社、企业、基地等）为主要模式的工作责任制度，逐步形成服务人员抓示范户、示范户带动辐射户的公益性服务工作新机制，不断增强乡镇公共服务机构的服务能力。大力开展农业技术推广人员素质培训，以短期培训、继续教育、远程教育等多种方式，大力提升农业技术推广人员的自身素质。建立农业技术推广人员工作考评制度，实行县级业务主管部门、管理单位、服务对象三方共同考核，农业技术推广人员的工资报酬、晋职晋级、业务培训等与考评结果挂钩。

第三节　完善科技创新激励机制

科学完善的科技创新激励机制，是加强乡村产业园科技研发、做好乡村产业园科技的重要保障。

一、落实科技创新激励政策

针对科技成果转化率低、科技人员积极性不足等问题，2015年8月29日，第十二届全国人大常委会第十六次会议表决通过了《全国人民代表大会常务委员会关于修改〈中华人民共和国促进科技成果转化法〉的决定》，自2015年10月1日起施行。2016年2月，《国务院关于印发实施〈中华人民共和国促进科技成果转化法〉若干规定的通知》印发。2016年4月，《国务院办公厅关于印发〈促进科技成果转移转化行动方案〉的通知》印发，明确要引导支持农业领域科技成果转化应用。2016年11月，中共中央办公厅、国务院办公厅印发了《关于实行以增加知识价值为导向分配政策的若干意见》，允许科研人员和教师依法依规适度兼职兼薪，包括允许科研人员从事兼职工作获得合法收入和允许高校教师从事多点教学获得合法收入。

为深入贯彻落实《中华人民共和国促进科技成果转化法》等有关法律文件精神，充分调动农业部属科研院所及科技人员转移转化科技成果的积极性，规范成果转移转化行为，推动农业科技源头创新，提升科技支撑现代农业发展的能力和水平，2016年6月，财政部、科学技术部、农业部联合下发了《关于印发〈中央财政农业科技成果转化与技术推广服务补助资金管理办法〉的通知》，明确了转化与技术推广资金的使用、分配、绩效评价等管理办法；农业部于2016年12月出台了《深入实施〈中华人民共和国促进科技成果转化法〉若干细则》，从科学界定成果权属、规范成果处置、建立健全科技成果转化奖励制度等方面，对农业部属单位科技成果工作作出了具体规定。

除了有关法律法规和中央文件，为了落实中央的有关政策，推动农业科技创新激励制度改革，辽宁、黑龙江、四川、陕西、湖北、上海和湖南等地也纷纷出台了配套的文件措施。这些政策的出台，大大提高了乡村产业园科技创新人员的积极性，取得了良好的成效。总体来看，主要做法有以下两方面：

1. 农业科研杰出人才培养计划　为贯彻落实《国家中长期人才发展规划纲要（2010—2020年)》和《农村实用人才和农业科技人才队伍建设中长期规划（2010—2020年)》，2011年起，农业部牵头实施全国农业科研杰出人才培养计划。农业科研杰出人才培养计划是国家人才规划中确定的12个重大人才工程之一——现代农业人才支撑计划的子计划。2011—2020年，在全国选拔培养300名农业科研杰出人才，建立300个农业科研优秀创新团队，建立一支学科专业布局合理、整体素质较高、自主创新能力较强的高层次农业科研人才队伍。

对选入农业科研杰出人才及其创新团队，给予人才培养专项资金支持。农业农村部各科研项目、现代农业产业技术体系的岗位专家及国家级科技计划申报均可以向农业科研杰出人才倾斜。农业科研杰出人才所在单位要高度重视其培养，优先提供科研条件，相关工作纳入本单位的人才队伍建设规划。积极支持农业科研杰出人才及其创新团队承担重大科研项目、参与国内外学术交流、加快科技成果转化等，充分发挥其在科技创新、人才培养、决策咨询等方面的作用。

2. 科研成果权益改革试点　2015年中央1号文件提出"积极推进种业科研成果权益分配改革试点"，2017年中央1号文件再次强调"深入推进科研成果权益改革试点"。为贯彻落实《中共中央　国务院关于落实发展新理念加快农业现代化实现全面小康目标的若干意见》《中共中央印发〈关于深化人才发展体制机制改革的意见〉的通知》《国务院关于印发实施〈中华人民共和国促进科技成果转化法〉若干规定的通知》的部署要求，2016年7月，农业部、科学技术部、财政部、教育部、人力资源和社会保障部5部门联合发布了《关于扩大种业人才发展和科研成果权益改革试点的指导意见》，确定了改革单位范围，鼓励科研人员到种子企业开展科技创新，并完善了种业科研人员的评价考核和培养引进机制，明确了种业科研成果权益。

农业科研成果权益改革试点已正式启动，遴选确定了江苏省农业科学院、陕西省汉中市农业科学研究所、山东省德州市农业科学研究院等 9 家省地级农业科研机构为 2017 年成果权益改革试点单位。分别界定成果权益类型、建立健全相关制度、正确处理各方关系、统筹推进分类评价、建立完善政策 5 个方面，明确了试点内容。

二、强化科技成果保护措施

依法保护科技成果不但能激发科研人员的工作潜力，创造出更多农业科技成果，提高农业综合生产能力，而且能够确保乡村产业园科技成果的转化工作有法律保障，有条不紊地前进。一是开展法律讲堂进农村的活动，向大众宣传知识产权的相关法律政策，不断修订、补充相关法律法规、政策文件。农业主导型企业及相关单位机构在定期开展员工法律知识培训的同时优化知识产权保护制度。二是加大对农业知识产权的保护和执法力度，严厉打击各种不端行为，依法保护农业科研人员的利益，确保乡村产业园科技成果的依法有序转化并安全推广到农村（祝旭红，2017；江苏科技信息编辑部，2010）。

为贯彻落实《中共中央、国务院关于加强技术创新，发展高科技，实现产业化的决定》精神，进一步加强技术创新活动与科技有关的知识产权保护和管理工作，推动科研机构和高新技术企业提高知识产权保护意识与管理水平，完善我国科技计划、成果管理各项科技管理工作中的知识产权内涵，科学技术部于 2000 年 12 月发布了《关于加强与科技有关的知识产权保护和管理工作的若干意见》。为了促进我国自主知识产权总量的增加，加速科技成果转化，保障国家、单位和个人的合法权益，2002 年 3 月，科学技术部、财政部经国务院同意发布了《关于国家科研计划项目研究成果知识产权管理的若干规定》，对以财政资金资助为主的国家科研计划项目研究成果的知识产权管理，作出了 9 项规定。该规定第一次明确：以财政资金资助为主的国家科研计划项目研究成果及其形成的知识产权，除涉及国家安全、国家利益和重大社会公共利益以外，国家授予科研项目承担单位。承担单位可以依法自主决定实施、许可他人实施、转让、作价入股等，并取得相应的收益。同时，在特定情况下，国家根据需要保留无偿使用、开发、使之有效利用和获得收益的权利。

三、扶持市场化科研机构

2016 年 5 月，中共中央、国务院印发《国家创新驱动发展战略纲要》，明确要"发展面向市场的新型研发机构"。2016 年 8 月，国务院印发《"十三五"国家科技创新规划》提出"培育面向市场的新型研发机构"，发展市场化的新型科技研发机构。在国家政策的指引下，广东、江苏、福建、内蒙古等地相继出台相关政策，鼓励当地的新型研发机构发展。

为发挥市场配置科技资源的作用，让新型农业技术研发、成果转化和产业孵化机构更加适应市场需求，中央提出要建立差别化的农业科技评价制度。2015 年 8 月，《农业部关于深化农业科技体制机制改革加快实施创新驱动发展战略的意见》出台，提出要"完善农业科技分类评价机制""开展农林科研机构和科技人员分类评价试点""探索建立政府、社会组织、公众等多方参与的评价机制"。2015 年 7 月，科学技术部编制了《农业科技成果评价技术规范》国家标准，针对应用开发、软科学、基础研究 3 种不同类型的乡村产业园科技成果，建立了一套科学使用的分类评价体系；对委托申请、材料审查、组织评价、评价报告等评价流程作了规范说明，制定了农业科研机构和科技人员评价指标体系。

第四节　发挥科技人才支撑作用

人才是科技创新的主体，是科技创新中不可或缺的要素，科技创新能力主要取决于人才。在科技创新中，需要发挥科技人才的支撑作用。乡村产业园应建设具有区域特点的农民培训基地，提升农民职业技能，优化农业从业者结构，培养适应现代农业发展需要的新农民。按照实施人才强国战略的要求，聚集一批农业领域战略科技人才、科技领军人才、青年科技人才和高水平创新团队，打造一支素质优良、结构合理的农业科技创新创业人才队伍。

一、搭建城市人才入乡平台

为鼓励社会各界投身现代农业发展和美丽乡村建设，2018 年中央 1 号文件提出，研究制定鼓励城市专业人才参与乡村振兴的政策。吸引支持企业家、党政干部、专家学者、医生、教师、规划师、建筑师、律师、技能人才等，通过下乡担任志愿者、投资兴业、包村包项目、行医办学、捐资捐物、法律服务等方式服务乡村振兴事业。人力资源部门也在研究制订管理办法，允许符合要求的公职人员回乡任职，吸引更多人才投身现代农业，培养造就新农民。通过乡村产业园建设，加强对下乡组织和人员管理服务，使之成为乡村振兴的建设性力量。包括建立城乡、区域、校地之间人才培养合作与交流机制，建立城市医生、教师、科技文化人员等定期服务乡村机制，建立自主培养与人才引进相结合，学历教育、技能培训、实践锻炼等多种方式并举的人力资源开发机制。

二、创新科技人才培养机制

科技创新的源头是人才，人才的能力和行为将影响科技创新的数量与质量。

1. 农业高等院校与科研院所　农业高等院校是我国乡村产业园科技创新的核心力量之一，承担人才培养和知识传播、基础研究和知识创新、组织技术攻关和技术开发、乡村产业园科技成果转化和高新技术产业化等功能。根据教育部统计，在农业高校从事教学科研的专业研究人员共有 30 000 人左右。其中，正高级研究人员 4 200 人，副高级研究人员 9 200 人，中级技术职称人员 9 200 人，初级技术和无职称人员约 7 000 人。

公益类科研机构是国家创新体系的重要组成部分。针对我国公益类科研机构数量偏多、公益目标模糊、产出效率低的问题，自 2001 年起，我国开始对该类机构的分类改革。目标有二：一是具有面向市场能力的部分机构从公益类科研机构内部剥离出去；二是推动公益类研究由事业型管理模式向高度社会化的非营利组织（NPO）管理模式转变。通过改革，农业科研机构中从事课题活动的人员比例出现明显上升趋势，有效提高了科研创新人才数量，有利于壮大我国科技人才队伍。

农业高等院校和科研院所以学科方向为纽带，注重教学与科研，拥有较齐全的、丰富的、具有明显异质性的人才资源，易于形成学科交叉，创造出新的知识及知识体系，具备强大的集成创新优势；学术氛围宽松、浓厚，比较自由；谋取短期利益的市场压力相对较小。这些特点为原创性乡村产业园科技创新提供了必备的条件。

对于高等院校来说，科研型人才和应用型人才是农业科技人才培养的重点方向。一方面，为农业科技研发和创新提供高水平科研人才，促进我国农业科研成果的产出，为科研的应用提供丰富的资源；另一方面，通过打破"唯论文"评价的人才培育机制，培育应用型人才，能够更好地与农业实践相结合，是加快科研成果转化为实践应用、解决农业生产和企业发展实际问题的重要基础。近年来，我国推行学术型硕士和专业型硕士培养机制，即可对应科研型人才和专业型人才，专业学位教育的突出特点是学术型与职业性紧密结合。在农业方面，农业推广硕士是国务院学位委员会 1999 年批准设立的专业学位，2014 年更名为农业硕士，培养领域从最初的 4 个拓展到 15 个（作物、园艺、农业资源利用、植物保护、养殖、草业、林业、渔业、农业机械化、农村与区域发展、农业科技组织与服务、农业信息化、食品加工与安全、设施农业、种业），培养方向涉及种植养殖技术类、农业与食品工程类、农村发展与服务管理类 3 个学科类别，培养了数以万计的高层次农业领域的复合型、应用型人才。

应用型人才培养一个突出的例子是中国农业大学张福锁院士在 2008 年创办的科技小院模式。从 2009 年夏天，第一个科技小院落户河北省曲周县白寨乡开始，到 2019 年先后有 23 个省份的 29 家科研院所参与合作，共建立科技小院 127 个。这些科技小院涵盖 45 个农业产业体系，采用"农业科研院所＋地方政府部门""农业科研院所＋农资生产企业""农业科研院所＋农业生产企业""农业科研院所支持的农业企业"等方式，实现了科研与生产、科研人员与农民、科研院所与农村的无缝链接（李成成、李晓林，2019）。研究生到科技小院驻扎，与农民同吃同住、打成一片，在完成自身研究试验之余，组织农民进行科技培训、文艺活动等，融入了我国乡村建设，真正做到了把论文写在大地上。科技小院模式是高校在探索解决"三农"面临的困境背景下的一次大胆尝试，通过组织高校教师、研究生深入田间一线，围绕农业产业发展急需解决的技术问题开展研究和攻关，采取驻地研究，零距离、零门槛、零时差和零费用地服务农户及生产组织，不仅在提高农民科技文化素质、推动高产高效现代农业技术传播和促进农民、农业企业增产增收方面发挥了重要作用，同时在"三农"人才的培养上也取得了很大进展（李成成、李晓林，2019）。

2. 农业职业学校　农业职业学校是培养高素质农民的重要载体。新中国成立以来，我国农业职业教育经历了不同的发展阶段，到2012年后开始进入质量提升发展时期。农业职业教育的办学方向主要是服务国家战略部署与新兴农业产业发展，培养高素质技能人才、高素质农民以及新型经营主体（董海燕、何正东，2019）。2014年，农业部、教育部联合成立了现代农业职业教育校企联盟，联盟包括中国现代畜牧业职教集团、中国现代农业职教集团、中国现代农业装备职教集团、中国都市农业职教集团和中国现代渔业职教集团5个成员，政企合作、多元主体参与的农业职业教育格局初步形成。一些地区性的农业职业教育组织也开始出现，如2019年京津冀现代农业职教联盟在河北唐山成立，汇集了82家现代农业领域的职业院校、科研院所和行业企业，为服务京津冀现代农业发展和乡村振兴提供了人才供给保障。据统计，2018年全国开设涉农专业的中职学校有3 222所、高职院校有237所，分别占全国中职学校总数的41%、高职院校总数的17%。截至2018年底，全国农业中、高职招生达297.1万人，在校生达868.3万人，毕业生达273.1万人（董海燕、何正东，2019）。

乡村产业发展需要大量人才，实施乡村振兴战略，新型经营主体和农村实用人才的地位更加重要，提出农村实用人才"职业素质和能力提升计划"，打造一支懂农业、爱农村、爱农民的"三农"人才队伍，面向广大农民、面向实际生产、面向社会需求的农业职业教育将起到更大作用。

3. 涉农企业　我国登记在册的涉农企业数量很多，大约有 190 万户（家）。但只有极少数大型加工企业或高科技型企业具有科研能力，并实际在进行乡村产业园科技创新活动。企业进行的科技创新几乎全是技术创新，商业价值高且应用率很高。涉农企业的研究开发过程一般分为 3 个阶段：技术引进、自主研发（内部研发）、合作研发。

与市场经济比较成熟的国家相比，国内涉农企业还没有成为科技创新的主体，整体上自主创新的能力薄弱。较多的涉农企业处于对外部依赖、内部研究开发支出较低的阶段。随着国内外市场竞争不断加剧，我国涉农企业逐步实现研究与开发支出内部化，研究开发的支出必然增大。企业科技创新活动的主要平台是企业设立研发机构，名称不一，多称为研发部、项目办、技术实验室、科研处、博士后流动站、技术联盟等。

设有研发机构的涉农企业具有双重身份：一是科技创新成果的供给方，为乡村产业园的发展提供科研成果；二是科技创新的应用方，推广和应用科技创新成果，并进行商业化运作，直到市场终端。乡村产业园科技创新是农业生产要素与生产条件的重新组合。企业的科技创新具有一定的私立性，会有一段时间的保密期和排他性。但由于其科技创新的应用，会大大提高企业的盈利水平，保持其持续发展的能力，对原料基地建设、农民收入增长和农村劳动力充分利用有很大的促进作用，涉农企业的研发活动有很强的正向外部性。

三、完善创新创业环境氛围

诱致性创新理论认为，发展中国家要获得农业生产率和农业产出的可持续增长，就要选择一条有效消除资源条件制约的发展途径。激励理论认为，激励机制是组织者为了使组织成员的行为与其目标相容，并充分发挥每个成员的潜能而执行的一种制度框架，它通过一系列具体的组织行为规范和根据组织成员生存与发展需求、价值观等而设计的奖励制度（法律、法规、政策、条例等）来运转。

2019 年，我国各类返乡入乡创新创业人员累计超过 850 万人，创办农村产业融合项目的占到 80%，利用"互联网＋"创新创业的超过 50%，在乡创业人员超过 3 100 万人。各地政府要创造有利于乡村产业园科技创新的制度环境，大胆借鉴国内外先进经验，大胆探索、试验和创新，建立适应乡村产业园科技创新体系要求的政策体系，形成统一的政策协调与保障机制，综合运用产权、宏观政策、市场等力量和手段来影响与推动技术创新活动，从根本上解决制约和影响乡村产业园科技与农业发展要求相结合的问题。

1. 研究开发 要根据国家农业科研创新的总体要求，改变没有基础研究就没有应用研究与试验发展的传统观点，统筹兼顾、系统协调、合理配置各种农业科研资源，形成从基础研究到试验发展互联互动的农业科研网络体系，从而为我国农业发展打造坚实的"科技源"与"研发链"。

改变现行乡村产业园科技投入的管理制度，逐步改革农业科研经费的投入方式，从对一般项目支持逐步转变为对农业关键技术研究与开发的支持。要建立跨学科和吸收多层次人才（包括企业家）参加的项目评估专家评审制度，提高科研投资的使用效率和科研成果的质量与效益。建立国家农业科研机构课题申请资格认证制度与科研事业类别制度，强化农业科研在不同科研机构间的专门化分工，克服小而全、大而散、任何科研机构都可申请任何课题的做法。调整农业区，根据优势产业重点立项。

建立和完善能激活广大农业科研工作者积极性、提高乡村产业园科技成果转化率、实现投资主体多元化的农业科研激励政策；要改革用人制度，营造有利于人才竞争与流动的良好环境，实现专业技术职称评聘分开、以项目为纽带的动态管理，从而改变为职称而研究、为兴趣而研究的状态；要赋予科技精英以持股权参与利润分配的权利，进一步探索多种产权的实现形式，使人才优势和科技优势有效转化为经济优势；要通过激励机制的调整，纠正农业科研机构普遍存在的"唯有基础研究才是高雅艺术"、试验发展难登大雅之堂的片面认识，给予从事基础研究、应用研究与试验发展的各类农业科研人员以同等地位、同等重视，并承认他们所付出的劳动和作出的贡献，从而改变农业科研人员长期存在的"唯政府、不唯市场，唯上天、不唯落地"的行为倾向，积极鼓励从事基础研究的农业科研人员从事应用研究与试验发展。

涉农企业具有双重角色，既是研发者，又是先进、实用乡村产业园科技成果的最先转化者，并向社会提供知识型或知识主导型商品。通过它们的实践，可为广大农民提供活生生的样板，从而使先进、实用的乡村产业园科技得以迅速推广。因此，要培育一大批在国内外市场具有较强竞争优势的涉农企业，并通过这些企业带动整个中国的农业现代化。要促使涉农企业建立现代企业制度，进一步完善法人治理结构，形成灵活高效的运行机制，自主创新决策、分享创新收益、承担创新风险，真正成为乡村产业园科技创新的主体。要积极推动涉农企业的技术中心建设，对无力建立技术中心的涉农企业，也要促进其与高等农业院校、农业科研院所建立合作研发和共享研发机制。要创造条件吸引涉农企业参与国家或地方有关农业科研项目，以逐步增强涉农企业的技术吸收能力和创新能力。

2. 推广服务 改革开放以来，我国的农业科技推广从形式来讲已从单一的行政型发展到了行政型、教育型、项目型、企业型、自助型等多种推广模式并存的状态，但与之相适应的农业技术推广的宏观管理体系却没有建立起来。因此，政府应该以全球化的视角重新审视我国农业技术推广管理体系，要建立一个多主体并存、既相互竞争又共同促进的乡村产业园科技推广体系，要从传统单一的政府行政推广模式向政府行政推动型、企业市场拉动型、政府企业互动型、中介组织协调补充型相结合的多元推广体系转型。

政府要增强发挥涉农企业在乡村产业园科技推广中的紧迫感和责任感，鼓励、帮助、支持涉农企业加大乡村产业园科技推广的投资力度，将涉农企业纳入我国乡村产业园科技推广体系范畴，对所有从事乡村产业园科技推广工作的组织和机构一视同仁，给涉农企业在乡村产业园科技推广中以平等的地位，以释放涉农企业从事乡村产业园科技推广的活力、创造力，从而使涉农企业真正依靠科技推广而不是单凭生产要素的低成本获得竞争优势。同时，要加强对涉农企业乡村产业园科技推广的管理与指导，从而使涉农企业分散零碎的推广活动走向自发、全面系统。

要大力发展农业专业经济组织，发展基层农民协会，以完善农业社会服务体系，推动农业产业化的健康发展。要形成农民互助、互救机制，保护农民的合法权利，保障农村公共产品的供给，从而缓解农村经济社会发展滞后的矛盾。现行由各级农业行政主管部门举办的各类非盈利性中介组织要与政府部门彻底脱钩，撤销或改组由政府机构创办的商业性中介组织，避免权力介入中介服务而导致寻租行为的发生，确保中介服务的客观性、公正性和合理性。

政府要依据乡村产业园科技的性质，明确乡村产业园科技与国计民生、生态环保、经济效益等的关联度等，对乡村产业园科技进行明确、系统、科学的分类，在此基础上进一步区分和确立乡村产业园科技推广类型，并由不同类型的推广组织承担相应的乡村产业园科技推广，从而最大限度地、最有效地发挥各种主体在乡村产业园科技推广中的作用。

3. 农村教育 物质上的城乡差别毕竟是有形而有限的，城乡差别的根本在于人们受教育的差别所导致的两者间知识的差别、观念的差别。终身受教育水平决定知识的存量与增量，知识存量的实际应用水平决定收入增长，收入增长对知识的再投入水平决定下一轮收入的增长水平。为此，要加快教育体制改革，使农村教育处于我国教育发展中的优先地位，让每一个中国农村居民都能接受最基本的教育。要形成各类培训网络，大力发展技术培训，充分发挥全社会办学的积极性，培育和造就高素质的创新人才，从根本上改变广大农民的知识结构。

农村教育还包括农村干部培训，可分为村级干部培训、乡镇干部培训、县级涉及"三农"的干部培训。农村干部素质和社会责任心的高低以及具体管理能力的强弱对农村发展至关重要，应重视加强对农村干部素质尤其是社会责任感的培养。由市、省甚至更高级别的单位进行，主要是观念培训。

涉农企业家始终在寻求变革，对变革作出反应，并把变革作为机会予以利用，这就是企业家精神的定义。企业家都具有以下共同特征：决策思维的创造性、创新精神、拼搏精神、伯乐精神、勤奋精神、冒险精神。涉农企业的技术创新活动都需要有企业家才能实现，企业家是技术创新活动的主要倡导者、决策者和组织者，负有乡村产业园科技创新的重任。因此，培养和造就一代敢于创新、善于创新的涉农企业家，是国家乡村产业园科技创新体系建设的根本要求，是推动涉农企业技术创新、提高涉农企业技术创新能力的根本保证。创新机制，探索行政事业单位、城市居民、大学生等领办科技企业路径。在"学而优则仕"等中国传统文化的影响下，文化、技术水平高的人大都在行政和事业单位，由于没有领导岗位，很多人没有发挥出自己的水平和能力。可创造性地利用国家行政和科技体制改革的政策，设计类似于科技特派员的制度，鼓励行政事业单位里的技术人员直接为乡村产业园服务或创办企业、加盟企业。可探索企业特派员、特派组、特派团等形式，支持、协助涉农企业的发展。鼓励大学毕业生和大学生"村官"建立科技型涉农企业。为此，必须尽快形成涉农企业家成长机制，如市场需求机制、培训机制、培养机制、激励机制、约束机制等。要建立企业家人才市场，创造企业家成长的外部宽松环境。

在城乡资源一体化背景下，城市居民可以从事农业生产、创办农产品加工企业，大中专毕业生也可以从事农业生产。所以，农民今后可能不再是一个身份，而是一种职业。由于农村人口整体人力资源水平较低，分布参差不齐。需要根据不同文化水平把农村居民进行分类培训，培训重点应以农村年轻劳动力为主。农村中 30 岁以下的年轻人具有较强的流动性倾向，进入城市转移就业的可能性很大。这一年龄段的农村居民大多具有初中及以上学历。对这部分人的培训应主要以转移就业技能、基本法律培训、维权与城市生活培训等与之转移就业有密切关系的内容。或者只培训在城市如何运销分割肉制品、水果、蔬菜等农副产品，与经纪人培训结合起来。培训主要以地市的农村职业学校、农村技术培训学校、农民中等专业学校为培训基地。

四、大力挖掘乡村人才潜能

农业农村部数据显示，返乡、下乡创业创新的人员达 800 万左右，这主要是在外创业有成的企业家或打工多年的农民工回到家乡。现实中存在的问题主要是城市工商企业人员、各类院校毕业生下乡渠道有待拓展；乡村创业就业条件较差，政策激励力度还需要加大；城市支持乡村发展、城乡人才交流等机制需要完善；一些地方农村集体经济组织缺乏人才引进机制，难以引人、用人、留人。

2012 年，中央 1 号文件首次提出"大力培育新型职业农民"。之后，农业部、财政部等部门启动实施了新型职业农民培育工程。农业部于 2012 年在全国 100 个县市启动新型职业农民培育试点。截至 2015 年，我国新型职业农民规模已达 1 272 万人，比 2010 年增长 55％。中央和地方财政累计投入超过 80 亿元，全国 1 800 多个农业县市开展了新型职业农民培训工作。2017 年 1 月，农业部印发了《"十三五"全国新型职业农民培育发展规划》，明确提出到 2020 年，我国新型职业农民数量要发展到 2 000 万人。

2017 年 11 月，习近平总书记在党的十九大报告中提出，要培养懂农业、爱农村、爱农民的"三农"工作队伍。2018 年，中央财政安排 20 亿元补助资金开展新型职业农民培育工作，推动全面建立职业农民制度，将新型农业经营主体带头人、现代青年农场主、农业职业经理人、农业社会化服务骨干和农业产业扶贫对象作为重点培育对象，以提升生产技能和经营管理水平为主要内容，培训新型职业农民 100 万人次。

乡村产业园中要建立城市人才入乡激励机制，重点是要吸引人才来乡村、留住人才在乡村、用好人才为乡村。从高等院校、职业学校、外出经商人员中广开人才来源是一个方面，另一个方面就是农村集体组织也要探索吸引优秀人才的机制。

第五章
乡村产业园产业融合发展路径

第一节　做大做强一产

一、调整种植业结构

我国作为一个农业大国，农业在经济发展中所占的位置自然不言而喻。在经济全球化和世界经济一体化的背景下，中国的经济已经与当今世界融为一体。我国经济进入"新常态"，农业发展也步入新阶段，农产品市场空前活跃，农业的主要矛盾已由总量不足转变为结构性矛盾（杨荷君、万超，2018）。在面对经济发展"新常态"的形势下，买难卖难问题并存，库存增加和进口增加并存，部分产品对外依存度加深，产业安全形势严峻（蒋小忠等，2018）。消费结构升级，城乡居民的支付能力和生活水平不断提高，消费者对农产品的需求由吃得饱转向吃得好、吃得安全、吃得健康。我国进入消费主导农业发展转型的新阶段，消费者已经不单纯满足于类别，对农产品质量要求越来越高，产品的供给与需求之间出现矛盾（杨荷君、万超，2018）。

在种植业的发展过程中，自然条件和市场需求对其造成的制约作用较为突出。要想从根本上解决种植业发展问题，应及时因地制宜优化传统的产品结构，及时转变种植业的发展方式，合理融入新型科学技术，推动我国乡村产业园种植业可持续发展，实现更高的经济效益（李红敏，2018）。因此，乡村产业园的种植业结构调整要以市场为导向，根据本地生产条件，合理地安排各种农作物及其品种的种植比例和种植面积，生产出更多的优质农产品，更好地满足以农产品为主要原料的工业生产和日益增长的城乡居民日常饮食的需要。

乡村产业园种植业结构调整应遵循优化资源配置、因地制宜原则，发展特色高效种植业。对水土资源匹配较好的区域，提升重要农产品生产能力，壮大区域特色产业，加快实现农业现代化。国家出台了《全国种植业结构调整规划（2016—2020年）》和《全国农业现代化规划（2016—2020年）》等规划，可为指导全国各区域乡村产业园的种植业结构调整提供方向。种植业结构调整主要包括两个方面：一是种植作物种类的调整，主要包括粮经结构调整和粮草比例调整；二是作物种内品种结构的调整，目的是使种植的品种多样化、优质化、专用化、特色化和地方优势化（布淑杰，2019）。

首先，优化发展区域。对于东北地区乡村产业园，合理控制地下水开发利用强度较大的三江平原地区水稻种植规模，适当减少高纬度区玉米种植面积，增加食用大豆生产，加快推进黑龙江垦区大型商品粮基地建设。对于华北地区乡村产业园，适度调减地下水严重超采地区的小麦种植，加强果蔬及小杂粮等特色农产品生产。对于长江中下游地区乡村产业园，调减重金属污染区水稻种植面积，稳步提升水稻综合生产能力，巩固长江流域"双低（低芥酸、低硫苷）"油菜生产，发展高效园艺产业。对于华南地区乡村产业园，稳定水稻面积，扩大南菜北运基地和热带作物产业规模，巩固海南、广东天然橡胶生产能力，稳定广西糖料蔗产能，加强海南南繁基地建设。

其次，适度发展区域。对农业资源环境问题突出的区域，乡村产业园要重点加快调整农业结构，限制资源消耗大的产业规模，稳步推进农业现代化。对于西北地区，进一步调减小麦种植面积，增加马铃薯、饲用玉米、牧草、小杂粮的种植面积。例如，甘肃乡村产业园可扩大玉米良种繁育基地规模；新疆乡村产业园可稳定优质棉花种植面积，稳步发展设施蔬菜和特色园艺。对于北方农牧交错区，推进农林复合、农牧结合、农牧业发展与生态环境深度融合，发展粮草兼顾型农业和草食畜牧业，调减籽粒玉米种植面积，扩大青贮玉米和优质牧草生产规模。对于西南地区，乡村产业园发展要稳定水稻面积，扩大马铃薯面积，大力发展特色园艺产业。例如，云南乡村产业园要进一步巩固天然橡胶和糖料蔗的生产能力。

最后，保护发展区域。对于生态脆弱的区域，乡村产业园应根据划定的生态保护红线，重点调整建设位置，加大生态建设力度，提升可持续发展水平。对于青藏地区，要在严守生态保护红线的基础上，稳定青稞、马铃薯、油菜的发展规模。

二、发展健康高效养殖业

我国畜牧业在当前的社会发展中发生了十分重大的变化。改革开放至今，畜牧业的规模、相关行业的兴起，带来的经济效益都有十分显著的变化（荣柏庆，2019）。在市场经济体制改革不断深化的大背景下，畜牧业是农业经济的重要组成部分，我国对畜牧业的发展加大了政策扶持力度，已经在宏观经济形势的带动下进入由高速增长转变为中高速增长的新常态。首先，在宏观政策层面，我国畜牧业已经逐步转向稳定存、控制增、提升质，这一方向短期内不会改变，并且对增量的控制和对质量的提升会越来越严格。其次，近年来畜牧业发展与保护、数量与安全、生产与环保、规模与土地、监管与机制等矛盾日益突出，资源紧缺、环境保护、质量安全、市场波动、疫病防控等压力逐年增加，畜牧业必须进行转型升级，提升标准化、现代化水平，延伸产业链条，发展精深加工业、畜牧服务业，实现产业紧密衔接、深度融合、一体化发展（石万华，2019）。

乡村产业园的养殖业未来的发展趋势必然以健康养殖为目标，快速向规模化、标准化、生态化、融合化方向转变。但是，目前乡村产业园的养殖业还存在一些技术问题，受到多种条件的限制，还需要不断进行技术创新，以提高养殖质量和效率（荣柏庆，2019）。因此，乡村产业园养殖业发展要做到以下几点：

1. 优化产业布局，加快形成生产生活生态相协调的发展格局

第一，根据国家养殖业发展相关规划，合理选择养殖类型。位于东北地区的乡村产业园，适度扩大生猪、奶牛、肉牛生产规模，提高畜禽产品深加工能力。位于华北地区的乡村产业园，要稳定生猪、奶牛、肉牛、肉羊养殖规模，发展净水渔业。位于长江中下游地区的乡村产

业园，要控制水网密集区生猪、奶牛养殖规模，适度开发草山草坡资源发展草食畜牧业，大力发展名优水产品生产。位于华南区地区的乡村产业园，要稳步发展大宗畜产品，加快发展现代水产养殖。位于西北地区的乡村产业园，要发展适度规模草食畜牧业，推进冷水鱼类资源开发利用。位于北方农牧交错区的乡村产业园，要推进农林复合、农牧结合、农牧业发展与生态环境深度融合，发展粮草兼顾型农业和草食畜牧业，发展奶牛、肉牛、肉羊养殖。位于西南地区的乡村产业园，要合理开发利用草地资源和水产资源，发展生态畜牧业和特色渔业。对生态脆弱的青藏地区，要加强草原保护建设，推行禁牧休牧轮牧和舍饲半舍饲，发展牦牛、藏系绵羊和绒山羊等特色畜牧业。对海洋渔业区，要控制近海养殖规模，扩大海洋牧场立体养殖、深水网箱养殖规模，建设海洋渔业优势产业带。

第二，要推进养殖布局与资源环境承载力相匹配。根据土地承载能力，兼顾畜产品保供和农民增收要求，科学规划养殖区域布局，合理确定养殖总量，实行以地（水）定畜、种养匹配（杨时云，2019）。统筹考虑各乡村产业园养殖规模、区位、地域特色，因地制宜，一场一策，对产业园进行科学规划，合理布局生产区、生活区、养殖场周边建造标准，科学配建储粪棚、污水储存池、沼气池等粪污处理设施。所有产业园必须改造和提升排水系统，实行雨水和污水分流收集，污水实行暗沟输送，实现减量化排污、无害化处理、资源化利用。高标准打造"花园式养殖产业园"及"美丽生态养殖场"等养殖业绿色生态乡村产业园（韩丽、李永志，2019）。

2. 发挥规模养殖优势，向标准化集约化转型 标准化养殖是现代畜牧业发展的重要方向，是畜牧业发展的必然趋势。"十三五"以来，我国的养殖规模呈现出了非常理想的发展势头，规模养殖水平正在不断提高。通过规模化、标准化养殖，促进产业园养殖生产的改造和升级，努力与现代养殖业生产接轨（刘东辉，2016）。

第一，政府、企业都应当认识到标准化养殖对于促进畜牧业的重要意义，通过标准化来实现品牌化和集约化发展，最终提高产业的竞争力。要将畜牧业养殖和生产放到核心位置，通过发展适度规模养殖的乡村产业园，实现畜牧业养殖的规范化建设，实现畜牧业的标准化和差异化发展，从而全面提高畜产品的品质，树立良好的品牌效应。

第二，在推广乡村产业园标准化养殖模式的过程中，可以通过建立相应标准化养殖示范区的方式来促进发展。通过推行标准化养殖，提高养殖技术的普及率，减少对环境的污染和破坏，实现畜牧业的循环发展。

3. 立足农牧循环，加快构建种养循环废弃物资源化利用体系

乡村产业园所产生的畜禽废弃物如得不到及时有效处理，不仅会对水体、大气和土壤产生严重污染，还会传播病菌，引发人畜感染，危及人畜健康。畜禽废弃物既是污染源，又是放错了的资源，寻找合理有效的途径实现废弃物循环再生利用，对于保护和改善环境、节约资源具有重大意义（魏志强等，2018）。

乡村产业园要构建种养结合、农牧循环发展机制，坚持以完善监管为手段，强化日常巡查，坚持以建立长效运行机制为目标，培育壮大多种类型的粪污处理社会化服务组织，构建专业化生产、市场化运营的社会化服务体系（杨时云，2019）。

4. 紧盯重点环节，加快提高畜产品质量安全水平

"民以食为天，食以安为先"，乡村产业园要按照习近平总书记对食品安全工作"四个最严"要求，加快构建从养殖到屠宰全链条兽医卫生风险控制闭环，集中力量控制关键风险点，提高畜产品质量安全监管水平，确保"舌尖上的安全"（杨时云，2019）。

第一，突出源头管控。强化饲料质量安全监管，推进兽用抗菌药使用减量化，开展畜牧投入品及生鲜乳质量检测和风险预警监测，确保生产健康安全的畜禽及其产品。推进病死动物无害化收集处理体系优化升级，建立完善无害化处理与养殖保险联动机制，严厉打击乱抛乱丢及贩卖病死猪的违法行为。

第二，突出"三道关口"。实行园区内兽医卫生监管制度，推进生猪屠宰标准化建设和牛羊家禽集中屠宰管理，严守动物产地检疫、屠宰检疫、调运监管"三道关口"，保障上市畜产品质量安全。

第三，突出信息化监管。建立畜产品质量安全可追溯体系，重点

围绕畜禽生产、投入品管理、流通经营、屠宰加工、产品检测等关键环节，整合现有畜牧兽医信息资源，加快管理平台模块功能研究和设计开发，建立覆盖全过程、全链条的可追溯体系。

三、发挥特色产业优势

产业发展贵在特色，发展特色优势产业和农产品是各地的共同抓手，已形成农村新的经济增长点。只有培育出具有区域特色和比较优势的产业，才能构建独特的竞争力（马敬桂，2019）。我国乡村特色产业蓬勃发展，近年来建设了一批产值超 10 亿元的特色产业镇（乡）和超 1 亿元的特色产业村；发掘了一批乡土特色工艺，创响了 10 万多个"乡字号""土字号"乡土特色品牌。2018 年，国家农业综合开发办公室下发通知，为贯彻落实乡村振兴战略要求，决定开展《农业综合开发扶持农业优势特色产业规划（2019—2021 年)》编制工作。总体上看，我国特色农业产业发展水平不高，市场竞争力不强，生产布局有待进一步优化，全国上规模、成体系的特色产业聚集区不多，难以满足日益增长的消费需求，对农民增收和区域经济发展的带动作用尚未充分发挥出来。因此，乡村产业园建设要把握新时代经济发展的新特征，充分发挥区域资源禀赋特色，深度开发独特资源，重点发展比较优势突出的特色产业，促进生产要素在空间和产业上的优化配置，提高农业产业专业化程度和产出效率（张天柱，2008）。通过优势特色产业的集聚和提升，将比较优势转化为产业优势、产品优势、竞争优势。

1. 选择特色产业明确发展重点　根据种质资源、地理成分、物候特点等独特资源禀赋，在最适宜的地区培植最适宜的产业。根据消费结构升级的新变化，开发特殊地域、特殊品种等专属性特色产品，以特性和品质赢得市场。

第一，以特色粮经作物为主的乡村产业园。马铃薯着重加强种薯基地建设、种薯资源管理，推广绿色高产高效栽培技术，大力发展马铃薯加工业，推进加工产品多元化。特色粮豆重点突出其品质优良、营养丰富的特征，加快功能性食品开发；着重加强品种选育，推广绿色高产高效栽培技术，加强加工出口基地建设和品牌建设。特色油料突出其油用性，兼顾多种休闲营养食品开发；着重加强高产高油品种培育，推广绿色高产高效栽培技术，推进加工品开发和品牌培育。蚕茧、麻类等特色纤维突出其历史传承价值，重铸"丝绸之路"辉煌；着重加强优质品种选育和推广、标准化生产基地建设、加工设备研制、副产品综合利用。道地药材突出为中医药事业传承发展提供物质基础，加强道地药材的保护，建立种质资源保护体系，推动道地药材区域化、规范化、生态化生产，规范栽培和加工，推进原产地认证，建设现代生产物流体系。

第二，以特色园艺产品为主的乡村产业园。特色出口蔬菜及瓜类突出提升产品国际竞争优势，带动区域经济发展，着重加强良种繁育和推广、质量标准体系建设、采后处理和深加工。季节性外调大宗蔬菜及瓜类突出利用不同区域自然资源优势，满足各地淡季瓜菜需求，形成错位竞争；着重加强标准化瓜菜基地、产地批发市场和冷链物流设施建设。特色果品注重发挥各产区优势，调整优化内部品种结构，开发差别化、个性化品种；突出标准化果园建设、生产技术水平的提升，推广绿色生产方式，加强机械化水平的提升，尤其是在山地区域发展适宜的小型机械装备；强化采后商品化处理、仓储物流和精深加工等产业链延伸建设；加强品牌建设和市场化营销水平，积极拓展国内外市场。食用菌突出优质新品种的开发驯化和标准化生产，提升产品效益；着重加强食用菌菌种繁育基地建设和设施升级，提升产品质量，开发多样性产品和市场。茶叶突出国际高端市场的开拓，提升出口产品竞争力；着重加强茶树品种改良，提高茶园机械化水平，标准化生产基地建设，初制茶厂改造与加工环境整治，打造区域公用品牌。咖啡突出产品品质提升，扩大生产规模和技术水平；着重加强优质咖啡豆原料基地、精加工生产基地和市场营销体系建设，培育咖啡知名品牌，提升产业国际市场竞争力与影响力。花卉突出新品种的开发培育，加强国际市场的开发；着重加强品种创新、栽培与繁殖技术研发、专利申请和保护，完善鲜切花行业标准、市场体系和花卉供销网络建设。

第三，以特色畜产品为主的乡村产业园。特色猪突出提升特色品种的经济价值，推进特色产品及副产品精深加工业发展；着重加强地方猪种保护和开发利用，加快品种改良创新，提升产品品质，加快市场培育，进一步推进产业发展。特色家禽突出强化生产模式和生产技术提升；着重加强特色品种保护，推进标准化生产，区域性公用品牌建设，构建产品加工和冷链物流配送体系，提升产业化水平。特色牛突出开发地方牛品种高档牛肉和牛肉制品，促进特色产品加工业发展；着重加强品种繁育，推广标准化规模养殖，推行精细分割和精深加工，打造优质安全绿色的牛肉品牌。特色羊突出提升个体繁殖性能以及产肉、产羊毛（绒）品质，推广适度放牧和舍饲相结合的养殖技术，保护草地，缓解草畜矛盾；着重加强品种保护和改良，发展标准化规模养殖，培育和推广特色品牌。特色马、驴突出优良品种选育，发展特色产品精深加工业以及特色马、驴优势区；着重加强马和驴品种繁育体系建设，推行标准化规模养殖，稳定基础母畜存栏，逐步扩大生产能力，培育和推广特色品牌。

第四，以特色水产品为主的乡村产业园。淡水养殖产品突出提升病害监测防控水平，提高水产品品质；着重加强水产种质资源保护，推进生态健康养殖，推动淡水养殖产品深加工，延长产业链，提升价值链。海水养殖产品突出扶持养殖和加工龙头企业，提高养殖加工比例与产业化水平；着重加强水产种质资源保护，发展工厂化循环水养殖、海洋牧场和深水抗风浪网箱养殖，推进海水养殖产品深加工，推动一二三产业融合发展。

第五，以林特产品为主的乡村产业园。木本油料作物突出提升良种化水平，优化品种结构，强化生产能力建设；着重形成相对完备的木本油料类产、供、销产业链条，提高副产品的综合利用。特色干果突出生产能力提升，加强优质高附加值的特色产品开发和精深加工，扶持产业龙头企业发展；着重加强良种繁育与优良品种鉴选，加强基地建设，推进生产技术与产品的标准化，开发优质特色果品系列产品，培育一批名牌产品，加强特色果品质量安全管理。木本调料作物突出特色产品的标准化生产，强化产品开发和市场营销，提升产品附加值，拓展国际市场；着重加强良种繁育和推广，以加工企业为龙头带动产业发展，实现木本调料标准化生产，开发系列特色木本调料产品，做精做强名牌产品。竹子突出加强产品精深加工业的发展，扩大竹产品市场；着重提升竹林经营水平，促进原竹和竹笋产量质量双增长，增加竹产业直接就业人数，提高竹资源综合利用率，促进一二三产业融合发展。

2. 构建特色产业产加销一体化模式

（1）建设标准化生产基地。第一，特色粮经标准化基地。加强农田水利等基础设施建设，根据生产需要，建设标准化生产田块、田间道路、排灌沟渠、水利和电力设备设施。推广特色粮经作物良种，加快品种改良与更新换代，提高良种覆盖率。集成组装绿色高产高效技术模式，推广物理防治和生物防治病虫害、测土配方施肥、节水灌溉、施用有机肥等技术。

第二，特色园艺标准化基地。推进水、电、路、渠、土地平整等田间工程，温室大棚、集约化育苗、田头预冷等生产基础设施建设。应用防虫网、粘虫板、杀虫灯、性诱剂等绿色防控技术，集成避雨栽培、水肥一体化、有机肥替代化肥等绿色栽培模式。推广生物肥料等生态栽培技术。加强品种改良与更新换代。推行生产档案统一编制，详细记载农事操作。

第三，特色畜禽标准化养殖场。建设特色畜禽标准化养殖圈舍，配备标准化饲养设备、环境控制设备。更新特色畜禽品种，淘汰生产能力低、经济效益差的品种。促进生产流程标准化，制定并实施科学规范的畜禽饲养管理规程，严格遵守饲料、饲料添加剂和兽药使用有关规定，生产过程实行信息化动态管理。促进防疫制度化，完善防疫设施，科学实施畜禽疫病综合防控措施，对病死畜禽实行无害化处理。建设养殖废弃物资源化利用设施装备。

第四，特色水产标准化生产基地。推进养殖池塘标准化改造，推进工厂化循环水养殖、池塘工程化循环水养殖、外海深水网箱养殖、内陆环保型网箱养殖、滩涂养殖、筏式养殖和稻渔综合种养，完善循环用水、水质净化、废水资源化处理等设施设备。配备水质监控、疫病防控、质量检测装备，推广物联网技术和相关设施设备建设。完善养殖管理制度，细化养殖设施设备管理、水产品生产记录、投入品使用记录和安全使用、病害防控、养殖废水处理、水产品质量安全自检等制度规范等。

第五，林特产品标准化生产基地。实施整地、土壤改良和培肥，加快品种改良、栽植，推进抚育管护改造等。建设灌溉与排水、输配电、道路、管护房、围栏、标识牌、有害生物防控、森林防火等基础设施。推进标准化生产技术，鼓励适度采用大苗、大穴建设，加强抚育管理，促进较快成林。

（2）建设特色产业加工基地。第一，特色农产品产地初加工。鼓励大型龙头企业建设标准化、清洁化、智能化加工厂，引导农户、家庭农场建设一批家庭工厂、手工作坊、乡村车间，支持农户和农民合作社改善储藏、保鲜、烘干、清选分级、包装等设施装备条件，促进商品化处理，减少产后损失。积极推广适用技术，因地制宜建设初加工设施，提升农产品初加工水平。

第二，特色农产品精深加工。科学集成应用生物、工程、环保、信息等技术发展特色农产品精深加工，推动非热加工、新型杀菌、高效分离、节能干燥、清洁生产等新技术在农产品加工领域的应用，提升特色农产品利用的便利度和效率。积极开发以特色农产品为原料的功能性食品。

第三，特色农副产品及加工副产物综合循环利用。推动特色农产品及其加工副产物循环利用、全值利用、梯次利用，采取先进的提取、分离与制备技术，集中建立副产物收集、运输和处理渠道，加快推进秸秆、油料饼粕、果蔬皮渣、畜禽皮毛骨血、水产品皮骨内脏等副产物综合利用，开发新能源、新材料、新产品等，不断挖掘农产品加工潜力、提升增值空间。

（3）建设特色产业仓储物流基地。第一，产地收储设施。在充分利用现有收储设施的基础上，在产地就近建设预选分级、加工配送、包装仓储等基础设施，完善收购网点，配套建设仓储、物流、冷链设施。根据本地现有集散基础，规范建设一批田头市场。鼓励各大农产品电商平台在产地建设电商服务站点。

第二，产地批发市场。建设完善专业批发市场，推动现有产地批发市场转型升级，完善标准化交易专区、集配中心、冷藏冷冻、电子结算、检验检测等设施设备，加强废弃物循环利用与处理、安全监控等设施建设，提升农产品批发市场综合服务功能。

第三，冷链物流体系。加强分级、包装、预冷等设施建设，提高商品化处理能力。发展保温、冷藏运输，稳定商品质量、减少损耗。完善冷链配送设施建设，发展具有集中采购、跨区域配送能力的现代化物流配送中心。

四、夯实农业生产基础

农业基础设施是农业生产不可或缺的基础条件，也是农业现代化的先行资本（李燕等，2017）。完善的农业基础设施有助于降低农业生产成本，提高农业产出率、资源利用率和劳动生产率。从本质上讲，农业基础设施是一个综合性的产业部门或产业部类，由两部分组成：一是包括农田水利、电力、道路、仓储、运输、销售、气象、通信等在内的物质基础设施；二是包括农业科技研发、教育培训、农业技术推广、政策管理、信息咨询等机构和设施在内的社会基础设施。农村改革以来，几乎每个以"三农"为主题的中央1号文件都对农业基础设施建设有所论述，对我国农业基础设施的建设和管理作出安排部署（樊祥成，2018）。

乡村产业园建设在基础设施上要达到"土地平整、排灌顺畅、路桥顺畅、绿化成网、装备合理、标志齐全"的标准，现代农业装备要满足提高生产效率、提高产品质量、保障产品安全的要求（张天柱，2008）。

1. 加强耕地质量提升　第一，强化高标准农田建设。加强资金整合，创新投融资模式，建立多元筹资机制。实施区域化整体建设，推进田水林路电综合配套，同步发展高效节水灌溉。

第二，地形坡度综合利用。根据各地乡村产业园范围内坡耕地的坡度、土壤、降水、植被、水资源等情况，结合水土保持措施进行分级和综合利用。对于坡度小于5°、水资源相对较为丰富、土壤壤性较强的耕地，在局部平整后进行农业生产；对于坡度在5°～25°的坡耕地，适宜发展林果、中药材等经济作物，质量较差的坡耕地需配合梯田改建、鱼鳞坑等技术，推进坡地改造工程建设；对于坡度在25°以上的坡耕地以保护，按照"宜林则林、宜草则草、宜牧则牧"的原则，建设草、林、牧混合经济带，使原有林草植被恢复为主，发展经济林或生态林业，退耕还林还草。鼓励家庭农场和规模养殖场承包荒山荒滩进行植树种草，实行退耕种草、林草兼作，恢复山区植被分层。

第三，有效土层厚度改良。采用深松深翻、秸秆还田、增施有机肥、保持水土、引黄淤灌、客土填积等措施，并结合深耕、有机肥施用和土壤水调节等辅助措施，增加有效土层厚度。

第四，表层土壤质地改良。实施深松深翻、增施有机肥、减少化肥用量等措施，持续调节土层结构和提高土壤物质含量。

第五，有机质含量提升。主要通过增施有机肥、秸秆还田、粮草轮作间作和栽培绿肥等措施持续改良与提升土壤有机质。

第六，盐碱地综合改良。通过井灌井排、客土改碱等工程措施，施用硫酸亚铁、脱硫石膏、过磷酸钙、钠离子络合剂等化学改良措施，增施有机肥、酸性肥料的土壤培肥措施，增加耐盐碱植物种植面积的生物措施，因地制宜地对乡村产业园内盐碱地进行综合改良。

2. 提高乡村产业园机械化水平　第一，加快农机化综合示范区建设。开展高素质农民（农机操作手）培训工作。重点扶持培育一批农机示范合作社、机械化示范家庭农场、农机示范大户，以示范社场户建设来推进园区机械化示范区建设，以此来带动地区特色产业全程机械化。在特色产业优势园区，提高杂粮、林果、蔬菜等产业耕种收的机械化率，建设特色产业机械化示范片，推进农机新技术新设备的示范应用，强化经营管理模式，发展多种农机经济合作组织，积极发展农机社会化服务，鼓励成立农村"两委"牵头或主导的农机专业合作社，培育农机专业户，鼓励农机服务主体与家庭农场、种植大户、农业企业等建立机具共享的生产联合体。

第二，引进和研发满足当地乡村产业园特色农业与农艺要求的农机装备。逐步建立农业机械化产、学、研、推相结合的研发创新体系。针对平原地区粮食主产区的乡村产业园，支持和发展大型复式、高性能农机，积极结合生产企业做好适用性改进完善，推进收获环节机械化。针对处于丘陵山区、小型地块的乡村产业园，研发以电池为动力，结构简单、操作灵活的"便携式电动播种机"。改善农机作业基础条件，推动农田地块小并大、短并长、弯变直和互联互通，支持丘陵山区乡村产业园的农田"宜机化"改造。加强草食畜牧业在优质草料种植、机械化牧草收获、微生物储藏加工、人工授精、机械化饲喂等环节以及舍饲环境控制和粪污处理方面的机械化作业。针对果蔬保鲜方面的需求，重点抓好水果、蔬菜的产后处理和初加工机械化。推进"互联网＋农机作业"，促进智慧农业发展，推进农机信息化发展，建设智慧农机云平台，实现农机定位耕播、变量施肥、收获、植保等旱作农业的精准化作业。

第三，充分发挥农机购置补贴政策的导向作用。实行机械化作业补助或由政府出资为农民购买农机作业服务，积极响应国务院常务会议部署加快推进农业机械化和农机装备产业升级、助力乡村振兴"三农"发展的号召，对开展深耕深松、机播机收等按规定给予补助，对购买国内外农机产品一视同仁，鼓励金融机构开展抵押贷款，给予贴息支持。

3. 完善乡村产业园水利设施 第一，大力发展节水灌溉工程。全面推动农田水利设施达标提质，进行保护性耕作、秸秆还田、增施有机肥等农机农艺措施，提高土壤蓄水保水能力。推广农艺节水措施，以提高农业用水效率和效益为核心，因地制宜推广渗水地膜、沟垄种植、免耕少耕、深翻深松等技术措施。加强以渠道防渗、管灌、喷灌、微灌为主的节水工程建设，适量发展自动控制、节水高效的智能灌溉及水肥一体灌溉施肥系统。加大旱作区农田基础设施建设力度，适地筑坝，拦截雨季降水，旱季提水灌溉农田，有效集蓄降水，提高自然降水利用率。因地制宜建设水库、塘坝、蓄水池、小水窖等水源工程，集蓄利用雨水。

第二，抓好农业灌溉工程建设。加快大中型灌区续建配套与节水改造工程建设，积极争取水资源国家和省级重点项目。抓紧实施节水灌溉工程和供水、排水设施的维修、配套及改造，完善农田节水灌溉设施和配套工程，依托园区内水库、塘坝、河流、水池、水窖等建设灌溉提水泵站，配套防渗渠系或构建低压管道输水系统，抓好末级渠系和田间灌溉管路配套，打通农田灌溉"最后一公里"，着力提升农业农村发展的供水保障，提高灌溉保证率。

第三，坚持用水总量控制和定额管理。严格限制种植高耗水农作物、限制大水漫灌，加大地下水超采治理力度。深入落实最严格的水资源管理制度和水资源消耗双控行动，健全农业节水管理机制，强化农业用水管理和监督，严格控制农业灌溉用水量，合理确定灌溉用水定额。

五、全面推进质量兴农、品牌强农

面对我国社会主要矛盾的转变，我国经济已由高速增长阶段转向高质量发展阶段，习近平总书记指出要走质量兴农之路。只有坚持质量第一，才能不断适应高质量发展要求，提高综合效益和市场竞争力。随着我国进入上中等收入国家行列，城乡居民消费结构不断升级，对农产品的需求已经从"有没有""够不够"转向"好不好""优不优"。增加优质农产品和农业服务供给，有利于更好地满足城乡居民多层次、个性化的消费需求，拓展农业增值空间，培育持续增收增长点，为乡村产业园转型升级提供内生动力。

乡村产业园质量兴农要注意以下3点：一是农业标准化生产水平明显提升。基本建立起一套具有当地特色、与现代农业发展相适应的农业标准化体系。二是农产品追溯技术手段明显提升。农产品质量安全追溯体系基本建立，特别是所在地区是国家和省级农产品质量安全县的乡村产业园，要全面建立农产品质量安全追溯体系，并能有效地开展工作。积极推动农产品质量追溯整体示范，产业园内主要农产品及绿色有机农产品和地理标识产品率先实现可追溯，生产经营主体的质量安全意识进一步增强。三是农产品质量安全水平明显提升。系统性、区域性问题隐患得到有效解决，违法违规行为明显遏制，确保不发生重大农产品质量安全事件。

乡村产业园推进质量兴农具体措施参考如下：

第一，加快农业标准化建设。加快建设农业标准化体系。根据国家农副产品安全生产标准、乡村产业园各级主管部门的农产品安全生产标准的要求，结合各地气候的特点，按照产前、产中、产后标准相配套的原则，创建农业标准化示范区，深入推进园艺作物、畜禽水产养殖、屠宰标准化创建，做好产地环境控制、生产技术规程、产品质量检测和安全等生产执行规程标准，以确保产品达到国家农产品质量安全标准。

第二，打造农产品质量可追溯体系。按照"生产有记录、信息可查询、流向可跟踪、责任可追究、产品可召回、质量有保障"的总体要求，开展农产品质量可追溯体系建设。发挥"互联网＋"以及先进的区块链技术，以责任主体和流向管理为核心，以追溯码、合格证为载体，建立完善农产品质量全程追溯协作机制，从而实现农产品源头可追溯、流向可跟踪、信息可查询、责任可追究。打造农产品安全生产的生态环境-标准化生产基地-无害化生产流程管理-安全的生产加工-有效的市场准入监管-可追溯的农产品安全生产体系。

第三，重点建设农产品追溯平台和农业投入品信息化监管平台。实现农业投入品经营单位注册、产品登记、进销存的台账监管、监督执法等功能的一体化集成。农产品质量安全可追溯系统要涵盖乡村产业园农产品生产主体的生产档案管理、农产品质量安全管理和基于微信的农产品质量安全公共查询等功能，消费者通过对农产品附带的二维码扫描，可获取该农产品生产主体、农业投入品使用、生产管理、质量管理、农产品收获等各个环节的主要信息，与农产品质量安全追溯平台有效融合。

第四，构建农产品质量安全监管长效机制。乡村产业园要组织农业标准化生产基地、农产品生产企业、农民专业合作经济组织和绿色、有机生产基地实施农产品产地准出管理制度。建立质量追溯和应急制度，探索建立农产品质量安全监测溯源信息平台，实现农产品从生产源头到消费终端的正向跟踪监管及反向溯源追责。

第五，构建农资市场监管机制。建立农业投入品源头监管制度，对县域内兽药、饲料添加剂、农药、种子、化肥等农业投入品经营和安全使用作出制度性规定。建立农资无照经营查处机制，联合各级市场监管部门严格规范农资市场主体登记注册行为和农资经营主体资格，建立健全退出机制。开展农资经营者信用评价，以登记和各类监管信息为基础，建立农资经营者诚信档案，实行信用激励和惩戒。

第六，发挥品牌引领作用，打造知名的农产品品牌，引领乡村产业园特色优势产业品牌化发展，提升品牌价值和农民收益。首先，明确品牌定位。对乡村产业园中现有的地理标志品牌、企业品牌、农产品品牌进行整合提炼，围绕标准化、信息化和可追溯，突出地区特点，充分挖掘当地自然、人文、历史等文化特色，融入品牌故事，体现"生态、独特、优质、功能、健康"的品牌定位，结合市场环境和消费取向，构建品牌共建、形象共生、文化共融、资源共享的品牌体系。其次，强化品牌营销。积极组织乡村产业园内各企业参加全国农产品交易会、展览会、品牌展等各类全国和省级农业展会，组织召开市级特色农产品展销会、节庆活动、论坛等会议；利用政府网站、新闻网站、各类农业信息网等推介，多渠道、多角度进行品牌营销。最后，积极组织乡村产业园内农产品生产加工企业、农民专业合作社和种植养殖协会等申报认证及登记保护；安排专项资金，给予优惠政策和专项资金支持，制定税收减免、土地资金返还、收费优惠等政策，充分发挥财政资金引导作用；制订乡村产业园品牌形象标识的使用授权和监督办法，成立品牌专项管理办公室，建立品牌监测站，保障品牌健康有序发展，切实保护品牌形象。

第二节　延伸提升二产

一、加快推进农产品初加工水平

农产品初加工是指对农产品一次性的不涉及农产品内在成分改变的加工，在农业产业中有着承上启下的作用，向上延伸至采收、种植甚至育种，向下则连接精深加工、储运与销售，是城市与农村的连接纽带（朱明，2014）。2019年，我国农产品加工业营业收入超过22万亿元，规模以上农产品加工企业8.1万家，吸纳3 000多万人就业。

当前，与农产品生产相比，我国农产品初加工环节相对薄弱、损失浪费现象严重。农产品加工业与农业总产值比为2.3∶1，远低于发达国家3.5∶1的水平，农产品加工转化率为67.5%，比发达国家低近18个百分点。农业部农产品加工局从2010年6月开始进行了大量的调查研究，结果表明：我国粮食、马铃薯、苹果和蔬菜的产后损失率均远高于国际水平。这些损失的粮食、马铃薯、苹果和蔬菜，即使按最低价格（粮食和苹果1元/斤*，马铃薯和蔬菜0.5元/斤）计算，每年农民要减少2 000多亿元的收入（于延伸，2015）。因此，加快发展我国农产品产地初加工迫在眉睫，国家也出台相关政策支持在农产品产地建设加工项目。从2012年起，中央财政每年专项转移支付资金，启动实施"农产品产地初加工补助项目"，针对种植业重点扶持马铃薯及蔬菜水果等企业，这类企业开展初加工设施建设时，可申请此项资金扶持（程勤阳、孙洁，2015）。

初加工设备相对简单、步骤容易操作，作用却非常显著，乡村产业园适度发展以产后净化、分类分级、干燥、预冷、储藏、保鲜、包装等环节为主的初加工，不仅对于园区的发展有着举足轻重的作用，也是保障当地农产品品质安全的必要手段以及实现农业增效农民增收的重要途径。乡村产业园要建设现代农业，就必须要研究农产品产地初加工的发展路径问题（朱明，2014）。

1. 农产品产地初加工推进方向　一是适度规模化。根据农产品的不同种类特点，结合园区所在地的自然、人口、经济等社会情况，发展相适应规模的农产品初加工。二是提高组织化程度。与产业上下游紧密联系，乡村产业园要建立利益联结机制，提高产业组织化程度，充分发挥产业整体效率。三是研发先进技术。乡村产业园借助国家农产品加工技术研发体系及各类专业性、区域性技术服务机构开展

---

*　斤为非法定计量单位。1斤＝500克。

研究，并进行有效集成，实现产业整体技术水平提升（朱明，2014）。四是发展环境友好型产业。乡村产业园要尽量减少产后损失造成的污染和排放，降低加工过程能耗、物耗水平和单位生产总值综合能耗比，发展低环境污染、低能源消耗、高资源利用的农产品加工业。五是开发特色农产品，提高产品的知名度。乡村产业园要通过项目补贴及争取"一事一议"等各种资金来开发特色的农产品，围绕优势农产品特色布局，与政府关注的重点相结合，促进小品种发展成大品牌，帮助农民致富（韩葆颖，2015）。

2. 农产品产地初加工推进重点 鼓励和支持农民合作社、家庭农场和中小微企业等发展农产品产地初加工，减少产后损失，延长供应时间，提高质量效益。果蔬、奶类、畜禽及水产品等鲜活农产品，重点发展预冷、保鲜、冷冻、清洗、分级、分割、包装等仓储设施和商品化处理，实现减损增效。粮食等耐储农产品，重点发展烘干、储藏、脱壳、去杂、磨制等初加工，实现保值增值。食用类初级农产品，重点发展发酵、压榨、灌制、炸制、干制、腌制、熟制等初加工，满足市场多样化需求。棉麻丝、木竹藤棕草等非食用类农产品，重点发展整理、切割、粉碎、打磨、烘干、拉丝、编织等初加工，开发多种用途。

二、建设精深加工产业集群

农产品加工产业集群是一种新型的产业发展模式，该类产业集群在吸纳农村剩余劳动力、促进农民增收等方面有着其他行业及其集群不可替代的作用，而集群的规模经济效应进一步巩固了农产品加工产业集群在经济发展中的地位（周涛，2013）。通过打造精深加工产业集群，推进当地粮油、畜产品、果蔬、水产品、林特产品、现代种业等农产品加工企业向农产品加工聚集区集中，是延长产业链条、提高附加值的有效途径，是推进农村一二三产业融合、深化农业供给侧结构性改革的重要内容，是提升农业产业化、促进经济社会健康快速发展的有效方式。

目前，我国农产品加工产业集群发展处于初级阶段，产品以初加工为主，集群规模普遍较小、发展层次低、可持续竞争力不强，主要依赖低成本优势，没有充分发挥产业集群的资源互补性优势（朱明，2014）。随着科技水平的不断发展，精深加工将成为未来的发展趋势。通过精深加工，能在更深层次、更广领域拓展农业产业链条，使产业园区的农产品加工不断向着规模化、集约化和自动化方向发展，其深加工的程度和副产品利用水平也会逐渐升高。

乡村产业园在打造农产品精深加工产业集群中，应注意以下4点：

第一，加强龙头带动型产业集群内部合作机制。在一个相对成熟的产业集群内，龙头企业对其他中小企业以及零散农户的吸引力、辐射力是很强的。更多的相关企业、支撑机构集聚在龙头企业周围，有利于规模经济的效益最大化。在建设精深加工产业集群时，要以优秀龙头企业为核心，发挥其强有力的辐射带动作用，但不能盲目投入以造成资源的过度集中，从而抑制了其他中小企业的发展。可以充分利用农产品资源的互补性和相关性建立起集群内分工与合作机制，强化集群内部的专业化分工，建立起企业尤其是龙头企业与附属企业之间的密切联系，延长产业价值链，实现集群一体化的融合式发展（王敬峰，2015）。

第二，强调特色资源带动模式专业化。目前，许多地区的特色农业资源的开发尚处于初级加工阶段，研发技术远不及国际先进水平，产品精深加工程度不高，经济附加值较低，品牌效应也没有建立起来。因此，乡村产业园要注重专业化的可持续发展，提高技术水平，延长产业链，发展农产品精深加工。引导大型农业企业加快生物、工程、环保、信息等技术集成应用，促进农产品多次加工，实现多次增值。发展精细加工，推进新型非热加工、新型杀菌、高效分离、清洁生产、智能控制、形态识别、自动分选等技术升级，利用专用原料，配套专用设备，研制专用配方，开发类别多样、营养健康、方便快捷的系列化产品。推进深度开发，创新超临界萃取、超微粉碎、生物发酵、蛋白质改性等技术，提取营养因子、功能成分和活性物质，开发系列化的加工制品。

第三，注重产业链模式的推广。由于传统的发展模式强调独立产品的研发与生产，对产业链的重视程度不够，过去农产品加工产业只着眼于"加工"，而对其他环节——原料、生产、储藏、销售、流通等欠缺关注。乡村产业园产业集群中产业链的整合不仅需要以市场为导向，也需要政府从宏观上作出规划与布局，以及各企业间作好分工与协调工作，以推动产业链模式的专业化发展。建设过程中，应推进农产品加工与销区对接，适宜区域积极布局中央厨房、主食加工、休闲食品、方便食品、净菜加工和餐饮外卖等加工产品，满足城市多样化、便捷化需求；发展"中央厨房＋冷链配送＋物流终端""中央厨房＋快餐门店""健康数据＋营养配餐＋私人订制"等新型加工业态。

第四，积极开发新的产业集群发展模式。可以向国内外先进的农产品加工产业集群学习、吸取经验。例如，我国浙江的"异地孵化"模式，将原有的本地产业集群辐射到更广阔的市场；如绍兴的丝绸轻纺织业产业集群在浙江宁波、江苏等地设立新的市场，在扩大市场的同时，实现了生产的集约性。乡村产业园也可以参考这样的模式，弥补自身市场狭小的不足，实现更高的经济效益。此外，还有日本农产品加工业的农业协同组合模式、"水平＋垂直"整合模式，以及欧美地区的契约型发展模式等，都是较为成熟的集群发展模式，值得借鉴与学习（王敬峰，2015）。

三、加强农产品加工科技投入力度

农产品加工业发展的主要动力是科学技术，创新驱动发展。乡村产业园要把创新作为产业发展的第一动能和第一竞争力，引导产业由要素驱动向创新驱动转变。建立以企业为主体、市场为导向、"产学研推用"深度融合的技术创新体系，提升产业科技创新能力和企业技术装备水平。具体措施如下：

第一，推动企业自主创新。建立起促进企业自主研发新技术的奖励机制，提高专利产品与知识产权的保护力度，鼓励有能力和有条件的企业开发自主核心技术；推动企业加强科研部门的投资力度，引进并以各项优惠措施留住优秀人才；利用财政补贴扶持研发能力不足的企业引进相关产品的先进技术，提高产品附加值，增强企业经济效益；发挥龙头企业在产业集群中的辐射作用，提高资源共享率，建立起高效的内部学习机制（王敬峰，2015）。

第二，注重产学研结合的发展思路。重视依托优秀科研单位、高等院校的科技优势、研究优势和人才优势，定期举行会谈互通信息，掌握产业最新发展动态；建立起交换人力资源的合作学习机制，促进知识和技术的流通；积极参与加工技术推广和对接活动，整合各方科研力量与资源；与科研院所共同研发新技术，分析市场走向并商量对策、合作培养专业人才等。通过合作开发、人才引进、人员交流等方式积累起自身的技术优势，提高集群整体技术水平和创新能力。企业在吸收先进技术之后，要切实加快技术向产品转化的进程，保证科研成果的时效性（王敬峰，2015）。

第三，实施科技创新驱动战略。乡村产业园应积极引进农产品精深加工装备研发机构和生产创制企业，推动高等院校设立农产品加工装备相关专业，提升农产品精深加工技术装备研发能力。组织科研院所、大专院校与企业联合开展技术攻关，研发一批集自动测量、精准控制、智能操作于一体的绿色储藏、动态保鲜、快速预冷、节能干燥等新型实用技术，以及实现品质调控、营养均衡、清洁生产等功能的先进加工技术。加大生物、工程、环保、信息等技术集成应用力度，运用智能制造、生物合成、3D打印等新技术，集成组装一批科技含量高、适用性广的加工工艺及配套装备，提升农产品加工层次水平。加快新型非热加工、新型杀菌、高效分离、节能干燥、清洁生产等技术升级，开展精深加工技术和信息化、智能化、工程化装备研发，提高关键装备国产化水平。采取先进的提取、分离与制备技术，加快推进秸秆、稻壳米糠、麦麸、油料饼粕、果蔬皮渣、畜禽皮毛骨血、水产品皮骨内脏等副产物综合利用，开发新能源、新材料、新产品等。

四、构建农业产业化联合体

农业产业化联合体是以龙头企业、农民合作社和家庭农场等新型农业经营主体以分工协作为前提，以规模经营为依托，以利益联结为纽带的一体化农业经营组织联盟。农业产业化联合体不是独立法人，一般由一家牵头龙头企业和多个新型农业经营主体组成。各成员保持产权关系不变、开展独立经营，在平等、自愿、互惠互利的基础上，通过签订合同、协议或制订章程，立足主导产业、追求共同经营目标，各成员通过资金、技术、品牌、信息等要素融合渗透，建立稳定的利益联结机制，促进土地流转型、服务带动型等多种形式规模经营协调发展，形成紧密型农业经营组织联盟，降低交易成本，实现全产业链增值增效。

1. 农业产业化联合体存在的问题

（1）地方政府重视程度不够，发展资金保障不力。部分地方政府尤其是县级以下相关部门对培育和发展农业产业化联合体的重视程度不够。一方面，地方政府和相关部门未能及时依据当地实际情况制定培育和发展农业产业化联合体的意见与措施。另一方面，农业产业化联合体的培育和发展离不开资金保障。若没有地方政府作引导和支持，相关银行机构难以为家庭农场、农民合作社或龙头企业提供一定规模的融资贷款（周艳丽，2019）。

（2）龙头企业引领不够，农业基础设施建设滞后。龙头企业能否真正起到引领作用是该农业产业化联合体成功与否的关键。在当前农业产业化联合体培育和发展初期，一方面，部分龙头企业引领后发力不足，不能够带领农民合作社和家庭农场等达到预期目的。另一方面，部分龙头企业为了保护自己利益，不愿意或不完全愿意把技术信息、资源经验与农民合作社和家庭农场实现共享。同时，当前部分地区的农田基础设施建设不到位，满足不了家庭农场生产需求（周艳丽，2019）。

2. 农业产业联合体培育借鉴的路径

（1）强化地方政府作用，培育农业产业化联合体。第一，加快建立和完善各地农业产业化联合体培育发展的相关指导意见。鼓励和引导龙头企业深入农村选定目标、开展试点，起到了引领示范作用（周艳丽，2019）。

第二，根据各地实际情况，逐步建立和完善农业产业化联合体各经营主体在农业科技研发、农产品精细加工、农用物资获取等方面的优惠办法和扶持措施。一定时期内，优先给予农业产业化联合体各经营主体项目倾斜，推进农业产业化联合体各经营主体之间的深入合作与发展（周艳丽，2019）。

第三，地方政府及相关部门应从地方政府财政收入、地方银行贷款、社会资金融资等各种渠道为农业产业化联合体的培育发展提供资金便利，尽快解决农业产业化联合体各经营主体的资金困难。

（2）打破传统经营观念，用新理念引领联合体。第一，引领联合体谋求整体利益。联合体在进行生产经营决策时，应该从整体利益出发，充分考虑到多个主体的利益要求，实现共同富裕（杨孝伟、张秀丽，2018）。

第二，联合体要从单纯地追求经济效益，转变为追求社会效益、经济效益、生态效益。联合体要树立绿色发展理念，为实现生态宜居提供条件，为实现农业现代化建设贡献力量。

第三，联合体要坚持科学发展的理念，要结合各主体的实际，顺应乡村经济社会发展，顺势而为。要避免政府的行政干预，联合体的发展要稳步推进，避免"一哄而起"和"一哄而散"。各联合体要制定科学的发展目标和规划，制定切实可行的联合体内部管理制度和办法，确保联合体的健康发展。

（3）创新紧密联结新机制，推进联合体做大做强。积极探索技术入股、土地入股等新的紧密联结方式，充分调动广大农户、农业技术人员参与农业产业化联合体的积极性和主动性。家庭农场、农民合作社或龙头企业可以引导农民以土地经营权、林权、设施设备等对其入股。农民在"保底收入＋股份分红"的分配方式中可以以股东的身份获得增收。在联合体内实现资产联合、土地联合、技术联合、经营管理联合，使联合体真正成为经济利益共同体，成为分工明确、合作有序、相互依赖、利益共享的命运共同体。

（4）创新联合体经营模式，促进产业融合与产业兴旺。创新农业产业化联合体的经营模式，可以采用农民合作社一体化模式，即"农民合作社＋龙头企业＋农户"模式。这是一种以农民合作社为母体，派生出新的企业用于加工、销售农产品，并发展成为龙头企业，在产权关系上紧密结合的一体化模式。这种模式以农民合作社为母体，派生出新的企业用于加工、销售农产品，并发展成为龙头企业，在产权关系上紧密结合的一体化模式。在此模式下，企业和农户的利益高度统一，并且实现了农产品生产、加工和销售一体化，从而促进了三产融合。

（5）提升返乡农民素质，为联合体提供合格的人才。努力将返乡农民培养成农业产业化联合体需要的"懂农业、爱农村、爱农民"的人才。从现实来看，众多的家庭农场和农民合作社既需要大量经营管理人才，也需要大量从事农业生产和技术开发推广的人才。应当从返乡农民中努力培养农业产业化联合体所需要的人才，他们对农村、农民有着深厚的感情，在农业生产经营方面也具备一定的基础，加上政府的关心、支持和培养，通过各种形式、各种途径的学习和交流，同时在政策导向、媒体导向和具体措施方面给予必要的倾斜。

（6）提升各经营主体能力。深入推进农村承包地的"三权分置"，达到集约化、规模化的农业生产方式，实现农村承包地向家庭农场的流转。在加强农业产业化联合体各经营主体自身能力建设的同时，也要不断增强相互之间交流与融合，龙头企业为家庭农场的农户提供先进的农业科学技术，家庭农场也要为龙头企业提供优质的农产品；农民合作社要为龙头企业起到协调沟通作用，也要为家庭农场提供好服务。

第三节　拓展做活三产

一、发展休闲农业和乡村旅游

休闲农业是农业经济和旅游经济相结合的新型产业，是天然的体验经济（朱红佳，2017）。休闲农业和乡村旅游是农业旅游文化"三位一体"、生产生活生态同步改善、农村一二三产业深度融合的新产业新业态新模式。2016年中央1号文件，从乡村旅游建设、农业供给侧结构性改革、城乡一体化、新农村建设的高度提出要发展休闲农业和乡村旅游,更加凸显了乡村旅游在"三农"工作中的重要地位。近年来,在市场拉动、政策推动、主体带动和创新驱动下,休闲农业和乡村旅游呈现持续较快增长态势,呈现出市场需求旺盛、经营主体多元、类型模式多样、质量效益提升的良好势头,已成为农村经济增长的新引擎、农业结构调整的新抓手、乡村脱贫攻坚的新途径、农业高质量发展的新亮点,在助推现代农业发展和城乡有机融合方面发挥了积极而独特的作用(张天柱,2018)。2018 年,全国有 15 万个村开展休闲农业和乡村旅游经营活动,休闲农业和乡村旅游经营单位超过 290 万家,创建了 88 个全国休闲农业和乡村旅游示范县(市、区),全国休闲农业和乡村旅游接待量 30 亿人次,营业收入 8 000 亿元,带动 700 万农户受益,从业人员人均年收入超过 3 万元,户均年收入超过 6 万元。休闲农业和乡村旅游已成为市民度假的新选择、乡村产业的新热点和农民增收的新途径(王宏禹、李晶,2019)。

但由于缺少科学统筹规划,产业总体发展仍然不平衡不充分,中高端乡村休闲旅游产品和服务供给不足,发展模式功能单一,经营项目同质化严重,管理服务规范性不足,硬件设施建设滞后,从业人员总体素质不高,文化深入挖掘和传承开发不够等问题仍不同程度存在,休闲农业和乡村旅游发展进度缓慢。因此,乡村产业园在发展休闲农业和乡村旅游时要注意以下 5 点:

1. 统筹资源,制订科学发展规划 休闲农业和乡村旅游涉及众多产业部门,因此政府应该从宏观层面进行统筹规划,多方协调,确保休闲农业和乡村旅游协同发展的有序开展(李静、刘兴叶,2019)。依据自然风貌、人文环境、乡土文化等资源禀赋,建设特色鲜明、功能完备、内涵丰富的乡村休闲旅游重点区。在适宜区域制订休闲农业和乡村旅游发展规划,因地制宜,整合资源,统筹谋划,优化农业产业要素,建设精品工程,防止重复建设和低效发展。同时,要注重乡村旅游的文化内涵,将资源注入文化,突出当地的乡土文化和民俗民情。在统筹规划的同时,要做好休闲农业和乡村旅游协同发展的监督与管理(师常然,2019)。构建政府、企业、金融机构、社会组织、农民等多元主体分工合作的投入、建设、运营、管理机制,明确责任分工，确保利益共享。建设网络监管平台，制订奖惩条例，鼓励群众参与监督，杜绝破坏生态环境、损害农户利益、不正当经营等现象发生（李静、刘兴叶，2019）。

2. 继承地方特色，打造优质乡村旅游产品　乡村产业园要充分了解当地及附近地区的居民需求，充分发挥地方的资源特色，要坚持个性化、特色化发展方向，以农耕文化为魂、美丽田园为韵、生态农业为基、古朴村落为形、创新创意为径，开发形式多样、独具特色、个性突出的乡村休闲旅游业态和产品。一方面，突出地方特点，传承传统工艺品、传统风俗习惯与节日文化和生产方法，建立小型展览馆展示文化遗产与作品；形成亲子农场、观光型农场、租赁农场等形式，承载乡村文化、亲子教育的功能；承载古村落、新文化村、新经济村等全体农村居民认识和体验文化生态系统物化与理想化统一过程的功能（叶春兰、秦莹，2019），如以民俗为依托的丽江模式、以创意为主导的无锡泥人文化创意博览园以及科技引导的农业嘉年华模式（王晓倩、王增，2019）。另一方面，要加强对乡村旅游产品的打造，旅游项目要集学习、疗养、观光、娱乐、度假于一体，如以民俗文化、民俗风情为主题的民族风乡村旅游，以田园风光为主题的观光旅游，以农业观光园、农业科技园、休闲农庄为主题的休闲娱乐型乡村旅游，还有近几年较流行的娱乐健身和森林疗养的康养型乡村旅游等。同时，积极探索跨界配置乡村休闲旅游与文化教育、健康养生、信息技术等产业要素，发展共享农庄、康体养老、线上云游等模式，推进主体多样，引导农户、村集体经济组织、农业企业、文旅企业及社会资本等建设乡村休闲旅游项目。

3. 完善基础设施，提高服务水平　加大对乡村旅游景区的基础设施建设，包括交通、餐饮、卫生、购物等，打造安全、舒适的旅游环境。利用互联网技术提高服务接待水平，如采取网上预定、网上购买门票及相关服务、网上推广观光路线和网上对旅游产品进行介绍等方式提升服务水平（詹行天，2019）。

积极培训休闲农业和乡村旅游从业人员，使旅游开发的意识和能力不断增强，让他们懂经营、善管理，在诚信教育、服务意识上做进一步加强，培训乡村服务礼仪，促进服务技能与素质能力的提升（刘荣和，2019）。

4. 加强政策支撑，夯实发展基础　创新体制机制，在明确分工的基础上，强调部门协作，建立和强化农业农村部门统筹、其他部门参与支持的行业管理体制，形成一把尺子定标准、一个平台管项目、一种部门出政策的工作管理体系，避免政出多门、各行其是（詹行天，2019）。

一是完善融资政策。出台招商引资扶持政策，改变以往以政府扶持为主的模式，同经济实力雄厚的投资者和休闲农业建立良好合作关系，打造多元融资渠道，包括企业筹措、农户自筹、政府扶持等。通过减少税收和优惠补贴等措施，积极推动财政机构、招商引资、众筹等全方位筹资渠道为乡村旅游的开发建设投资助力；设立乡村旅游发展基金，支持重点乡镇的乡村旅游建设，用于完善基础设施、开展旅游宣传、给予经营户贷款贴息等。

二是改革土地政策。对土地流转机制予以科学的优化，支持农民通过入股以及租赁等方式来将土地承包经营权转交到休闲农业开发企业手中。同时，落实好与农村土地承包管理、流转等有关的政策法规，规范土地流转合同以及行为，并且做好登记和备案工作。

三是制定乡村旅游发展规范和标准，从旅游项目设立、审批到环保、交通、住宿、餐饮都囊括其中，方方面面都制定具体的服务标准和规范，保障乡村旅游市场规范化、标准化经营（王晓倩、王增，2019）。

5. 注重人才培养，创新经营模式　聚合优秀人才，提升发展活力。要对从事乡村旅游的工作人员进行专业技能的培训，选送农村能人和乡村旅游干部到先行地区、高等院校、培训机构和优秀企业学习锻炼，定期组织专题讲座、学术会议，组织其学习经营策略、分析市场动态、国家旅游政策以及环境保护等知识；重点培养、打造一支高素质的实用人才队伍。引导大学生、返乡农民工、专业人才、创业团队到农村从事休闲农业和乡村旅游事业，提升产业发展活力；组建专家团队，为规划编制、企业管理和技术引进把脉支招；组建行业协会，促进行业自律与行业互助，推动规范发展。

在政府的引导下进行多元经营，打造新型经营模式。建立农民专业合作社，鼓励广大农户积极加入。启用 PPP 模式，通过政策扶持吸引社会资本，在资金预算、市场调研、项目经营等方面进行专门化管理。突破农业园、产业园、观光园的经营模式，利用休闲农业资源打造特色小镇、康养家园、民宿旅游、青少年体验基地等新型经营模式。借助"互联网＋"打造"互联网＋乡村旅游"模式，建立旅游网站，利用网络推广当地的特色产品。

二、大力推广新型产销模式

我国农产品市场价格起伏不定，存在农民生产者"卖难"和消费者"买难"的矛盾，其主要原因就在于农产品流通不畅、流通过程中的成本过高，挤占了生产者和消费者的利益。如果通过搭建农产品产销对接平台、创新对接模式和机制，减少流通环节，实现生产与消费的有效衔接，则有利于降低流通成本、提高农产品流通效率，有利于生产者供给与消费者需求相匹配的产品，避免盲目生产，促进农产品市场供应均衡和价格平稳（李建平，2014）。因此，乡村产业园的产销模式可以借鉴以下 3 种模式：

1. 农超对接模式　农超对接是政府倡导、农社商三方合作、生产端与销售端直通的一种生鲜农产品流通模式，是对农产品就地分散零售和集中分级批发销售等传统流通模式的优化与创新（常心怡，2018）。农超对接将现代化的流通模式引入农村，使得产地农户的专业化、组织化、集体化程度不断提高；农村专业合作社的发展信息技术的进步使得农户与客户之间的信息交流更加畅通；在降低了物流成本、促进农民增收的同时，也帮助消费者购买到放心农产品（刘恒录，2019）。但是，农超对接模式目前存在一些问题。因此，乡村产业园在建立农超对接模式过程中要注意以下 4 点：

（1）政府角度。第一，积极创造良好政策环境，通过财政税收政策从融资贷款、价格管理、项目推动等方面给予农超对接模式大力扶持，充分利用行政、立法等制度化手段保证市场良好运营；第二，要加大税收补贴力度，降低农产品进入超市费用，支持农民专业合作社做大做强，切实解决合作社资金短缺、支付体系不畅通、开税务发票不及时等问题，提高合作社的运营水平；第三，加大人才培养力度，为农超对接培养当前所急需的技术、物流、营销科研等人才；第四，通过举行各种商谈会、农产品会展、信息网络平台来加强超市与农户的交流合作，以及时沟通供求信息、价格信息，解决信息沟通不畅的难题（刘恒录，2019）。

（2）超市角度。第一，树立长期合作意识和整体供应链观念，在保证农产品质量和标准的同时，不要"刻意为难"农户，也不能向合作社和农户任意收取进驻费、摊位费、赞助费等；第二，严格把控好农产品质量关卡，加强对农户的指导和监督，安排一些专业人员指导农户对化肥、农药的使用，严格规范产品的包装、运输及储存过程，实行不同等级产品适应不同价格的策略；第三，建立产品配送体系，超市与超市之间或者超市与合作社之间可以共同建立农超对接冷链物流体系。

（3）农户角度。不断增强品牌意识，进行标准化生产，树立与超市长期合作的意识。

（4）合作社角度。第一，将合作社做大做强，使其有足够的实力与超市对接，然后将订单合理分配给农户，对农户进行相关技能培训，指导农户按照与超市共同制定的产品标准进行种植、加工、包装、储存、运输等；第二，合作社要与超市共同制定农产品标准，加强对农产品质量的管理，保证产品的质量、规格、品种符合超市的要求；第三，做好农民的代表，保证农民有足够的话语权；第四，实现合作社内部各个成员的信息共享，共同分析农产品市场变化动态，保证能够及时调整生产策略，实现共同致富（黄鹏进，2006）。

2. 以龙头企业为主导农产品产销对接模式 农业龙头企业是重要的农产品生产经营和流通主体。2019 年，全国农业产业化龙头企业 9 万家（其中，国家重点龙头企业 1 542 家）、农民合作社 220 万家、家庭农场 87 万家，带动 1.25 亿农户进入大市场。乡村产业园应以龙头企业为主导，采取"基地＋直销＋加工物流"的模式，发挥龙头企业在人力资源、技术设备、资金支持、经营管理和市场拓展等方面的积极作用，与合作社、种养基地建立良好的合作关系，实现农产品产销更好的对接（王梦萍等，2017）。乡村产业园在推广上述模式时要注意以下几点：

第一，龙头企业应该切实发挥自身的带头作用，通过定向投入、定向服务、定向收购的方式，与乡镇、村社、农户结合，建立较为稳定的农产品生产基地。对生产者进行统一培训教育，从而保证农产品生产更加科学化和规模化，提高农产品生产质量。

第二，开拓资金来源渠道，建立有效的投资体系。对于已纳入产业化链条的龙头企业和农户，应该坚持自力更生、内涵挖潜为主，盘活资金存量为主，走低投入、高产出、快积累的路子，加大农业产业化的投入；制定优惠政策，广泛吸收社会资金，加大招商引资力度；当地金融部门对发展农业产业化所需资金要积极给予支持。

3. 农村电商模式　电子商务是以信息网络技术为手段，以商品交换为中心的商务活动；也可理解为在互联网上以电子交易方式进行交易和相关服务的活动，是传统商业活动各环节的电子化、网络化、信息化。

当今互联网技术已经渗透到各行各业之中，电子商务作为一种新兴的贸易方式为我国的经济发展增添了新鲜的血液，发展势头强劲。农村电子商务是电子商务的重要组成部分，自2014年已连续6年写入中央1号文件，从中央到地方各级政府相继启动电子商务进农村综合示范县、"互联网＋"现代农业、实施"互联网＋"农产品出村进城工程等工作，在一系列政策支持推动下，我国农村电商发展迅猛。《中国农村电子商务发展报告（2017—2018）》数据显示，2017年全国农村网络零售额达12 448.8亿元，农村网店达到985.6万家（梁秀清、宗胜春，2019）。2018年上半年，全国农村网络零售额达到6 322.8亿元，占全国网上零售额的比重为15.5％，农村网店数量稳步增加。2019年，全国农林牧渔专业及辅助性活动产值6 500亿元，各类涉农电商超过3万家，农村网络销售额1.7万亿元，其中农产品网络销售额4 000亿元。

目前农村电商发展仍面临基础设施薄弱、标准缺失、人才匮乏、行业秩序不规范、质量效益不高等一系列问题，亟须针对这些问题提出合理的改进措施，其中加强标准化、规范化、制度化管理是必不可少的一环（刘晓宇，2019）。因此，乡村产业园在发展农村电商模式时要做好以下 5 个方面：

（1）加强基础设施建设。完善物流体系建设。加快建设专门化物流基础设施，在运输和仓储方面，要考虑如何提高效率、降低成本，实现跨行业和跨企业的整合，促进物流基础设施的充分有效利用（刘彭娟，2019）。加强"互联网＋"农产品第三方冷链物流体系建设，农村电商企业可以组织生鲜农产品生产者与第三方专业冷链物流企业之间有机对接，确保农产品从采摘环节即行进入快速冷链物流系统，在保证农产品品质的前提下快速传递给消费者。通过发展第三方冷链物流，可以有效降低整个农产品销售链条中的农产品物流损耗率，强化农村电商业务中线上线下沟通效率，确保形成稳定的特色农产品广域供应链模式（庞爱玲，2019）。

完善网络基础设施。完善农村信息网络基础设施建设，确保信息入户，提高有线网络和无线网络的覆盖率。除了电商企业外，还需要政府对农村的互联网基础设施进行大力建设，并对农村的信息化给予指导与支持（覃聪，2018）。

（2）培育农村电商专业人才。提高农民素质。提高农民对于电商的认识，宣传电商发展思维和创新意识。相关政府部门对农村电子商务工作者进行专业培训，培训内容包含电子商务知识、电商技能、网络操作技术、市场营销知识以及相关的网络交易安全流程（王小冬，2019）。

加大电商人才引进力度。引导各类专业人才返乡创业，下乡支持农村经济建设，加大人才政策落实执行力度，健全人才的管理、激励、关爱机制，让专业技术人才充分发挥其才能。建立经济保障机制，建立在职村干部报酬合理增长机制，科学实施奖惩机制。联合政府、标准科研机构、协会组织及其相关企业等多方资源，积极开展标准培训及宣传工作，建立和完善农村电子商务标准化人才培养体系；

结合农村电子商务从业人员综合能力及业务需求，制定适用性和针对性更强的标准化培训教材，提升从业人员职业素养，打造一支既懂农村电商运营又懂标准化的农村电子商务人才队伍（刘晓宇，2019）。

（3）完善农村电商标准体系。为保障农产品品质在供需两端的一致性，制定统一的农村电商物流服务标准。建立农产品的分级标准，对上线农产品品质做分级分类处理；重点加强对生鲜果蔬类农产品的采后保鲜技术应用，推广实施农产品冷链物流技术应用，增强对农产品包装及运输流程中的品质控制；健全农村电商分类与编码标准体系，以国家物流标准中的分类与编码标准为基准，结合农产品物流编码个性化需求，对农村电商中的物流信息资源进行分类编码，以满足电商客户对农产品品质及其物流流程诸环节的追溯要求；规范农村电商信息表述标准，以降低农产品电子商务交易过程中的信息失真率，确保农村电商业务中的基础信息能够有效传递给消费者（庞爱玲，2019）。

（4）建设农村电商信息服务平台。建立各种形式的信息服务平台，完善信息的采集、处理和发布系统。建立合适的信息采集点，并且聘请专业人员制订合理的方案，使数据库系统更加完善。采取多种措施使农民可以及时获得信息，提高农民的信息应用水平（谢磊，2019）。

（5）建立完善电商监管体系。加快推进农村电商产品质量管理体系建设，加强对农村电商的监管，建立市场监督机制进一步强化产品质量意识，严厉打击假冒伪劣产品，从而保障农村电商健康发展（张筑平，2019）。

三、培育特色村镇

村镇作为农村的基本单元，也是传统城乡发展格局中的后发地区。推动村镇发展对于提升城乡一体化水平，实现全面建成小康社会具有重要意义（王欣亮，2017）。

2017年中央1号文件提出，培育宜居宜业特色村镇。建设一批农业文化旅游"三位一体"、生产生活生态同步改善、一二三产业深度融合的特色村镇。特色村镇有以下 3 个特点：首先是以农为本，以解决"三农"问题为导向，主要对象是农业地区的村镇，而不是大城市郊区的卫星镇或特色小镇。其次是名字叫村镇，既包括村又包括镇，要镇村联动，以镇带村，形成农村二、三产业发展的载体。既要做好建制镇的建设，又要做好镇域内美丽乡村的建设。最后就是农村三产融合和产城融合，提高农民收入必须发展农村二、三产业，而二、三产业必须以镇为依托，这样就要求三产融合与产城融合结合起来。

特色村镇是乡村产业园主要组成部分，在打造特色村镇过程中要注意以下 4 点：

1. 发展特色产业，推进融合发展　首先，利用资源禀赋，发展特色产业。特色产业的发展是特色小镇的核心，也是推进特色小镇建设的重要内生动力。国内外发展建设特色小镇的实践也充分证明，如果没有产业作为支撑，特色小镇就会缺少可持续发展的竞争力（张亮、张贺，2019）。特色小城镇主导产业的选择应顺势而为、因势利导，根据区域发展的实际情况和自身核心竞争力，坚持宜农则农、宜工则工、宜游则游的基本原则；进行差异化培育，防止"千镇一面""千村一面"。通过发展各具特色的专业村，实现"一村一品""一镇一品"升级引领。例如，黑龙江省牡丹江市渤海镇的"响水大米"多次荣获"中国农业博览会金奖"，被誉为"中华第一米"，渤海镇成为"中华第一米城"；安徽省六安市独山镇的名茶"六安瓜片"；湖南省邵阳市廉桥镇的中药材依托新技术，推动传统产业改造升级，发展成为中国重要中药材生产基地（刘馨秋，2019）。

其次，以产业为基础，统筹推进一二三产业的融合发展，激发乡村发展活力，增强发展动能。生产上引导合作社联合发展、组团发展，成立集团公司，将生产、加工、销售整合为一体，以现代企业的理念进行管理和发展。建立生产智慧农场，提升生产的信息化、智能化水平。在产品加工销售上，加快商标和地理标志产品的申请，加强品牌的市场适应和市场美誉度，不断提高市场影响力。同时，还要以产业为主导，带动电子商务、体验农业、休闲旅游、康养产业等新产业、新业态的发展，打造以农业为主题的文旅项目、体验项目，开发乡村旅游产品（唐敏、刘盛，2019）。

2. 推进生态发展，建设美丽乡村　树立绿色思维，坚持绿色布局，坚持绿色导向，推进绿色生产，依托自然山水资源和绿色生态无污染的环境，做好生态农业、生态旅游、休闲养生、乡村养老等大文章，将乡村生态美丽资源转化为"美丽经济""美丽收益"。

建设绿色化、信息化、智慧化的特色小镇风情街，满足游客的吃、住、娱、购、游等基本需求。风情街的外部环境、整体格局、居住街坊、商业服务、街道空间、建筑风貌、绿地广场等要突显地方特色。注重对传统文化元素符号、材质的提炼和应用。

完善基础设施，提升服务水平。基础设施基于服务圈的理论配置，要小而综。建设游客接待中心、停车场、观景台等配套设施，完善农村路、水、电、通信等基础设施（蒙清榕、罗云，2019）。建设特色民居，对小镇附近村内建筑及村民民居进行统一改造，使其既具有乡村的风貌，又具备城镇功能。同时，提高农村环境卫生的管理要求，实施"厕所革命"，加大治理垃圾乱扔乱倒、污水乱排等现象的力度，加快实施农村人居环境整治行动，确保小镇生态环境得到有效保护。

3. 改革投融资方式，拓宽资金渠道　特色村镇的建设包含产业、城建、基础设施等方面，需要投入大量资金。因此，确定合适的融资模式，保障持续稳定的资金来源是重要基础。

一是充分发挥特色村镇自身的资源优势，吸引有实力的企业整体进入，承建和运营特色村镇，将村镇发展与充分发挥大企业主体作用相结合，实现双赢。

二是在财力允许的范围内，充分利用部分财政资金，通过政府和社会资本合作机制（PPP）、贴息、股权合作等多种方式，引入社会资本。例如，鼓励利用财政资金联合社会资本，共同发起特色村镇建设基金；鼓励贷款、理财、基金、信托、融资类金融机构加入特色村镇PPP项目。

三是加大对特色村镇建设的政策性金融资金支持力度。通过政策引导，加大国有商业银行对特色村镇建设的中长期政策性贷款支持，对纳入全国性重点项目储备库的特色村镇优先推荐项目，在符合贷款条件的情况下，优先提供中长期信贷支持；充分利用开发性金融融资、融智优势，聚集各类资源，整合优势力量，激励市场主体活力，共同支持贫困地区特色村镇建设。

四是鼓励与引导银行等金融机构，加大对于运营企业的信贷资金支持。例如，住建部、中国建设银行发布的《关于推进商业金融支持小城镇建设的通知》明确提出，支持特色小镇、重点镇和一般镇建设，重点支持改善城镇功能、提升发展质量的基础设施建设；促进小城镇特色发展的工程建设；强化小城镇运营管理融资等。

五是协助运营企业积极申请国家、省市的配套建设资金支持。例如，国家、省市层面有部分相关产业的发展基金、专项建设基金等，一些省份对于特色小镇设定了奖补资金。这些都为特色小镇建设提供了重要的资金补充。

4. 加大政策支持力度　坚持制度创新，在统筹和监督的前提下，在财政、税收、土地等政策上适当给予优惠，建立相应的激励制度。

出台相关政策支持各类人才流向乡村创业就业，引导农业、科技、教育、卫生、文化等专业技术人员向基层流动。支持进城农民工、高校毕业生、企业家、农业科技人员、留学归国人员等各类人才回乡下乡创业创新，鼓励各地建立返乡创业园、创业孵化基地、创客服务平台，开设开放式服务窗口，提供一站式服务。培育新型农业经营主体和高素质农民队伍，推动工商从业人员、专业技术人才、从事乡村建设和管理的人才流向农村，解决乡村人才瓶颈问题。

鼓励特色村镇积极创新探索，推动户籍、审批、行政管理、财税等方面的改革，适当扩大特色村镇管理权限，给投资运营主体以更多按照市场规律建设、运营村镇的空间，激发特色村镇创新创业的活力。

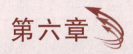

第六章
乡村产业园绿色持续发展方式

　　乡村产业园作为高起点、高标准的现代农业建设样板区和乡村产业兴旺引领区，必须采取可持续发展方式，构建绿色、低碳、循环发展长效机制，要求积极发展资源节约型、环境友好型农业。

第一节　推进产业园绿色生产

一、实施化肥农药使用零增长行动

1. 推行科学施肥方案

　　(1) 建设科学施肥技术体系。产业园应坚持"增产施肥、经济施肥、环保施肥"理念，加强宣传培训和肥料使用管理，推进科学施肥，增加有机肥资源利用，减少不合理化肥投入，走高产高效、优质环保、可持续发展的农业发展之路。

　　在产业发展过程中，要强化科技支撑，与科研机构合作，因地制宜地制定科学施肥管理和技术体系，并随着科技进步，对体系进行不断完善。首先，产业园要全面实施测土配方施肥，合理制定各区域、作物单位面积施肥限量标准。其次，针对作物提供精准施肥方案，合理利用有机养分资源，用有机肥替代部分化肥，实现有机、无机相结合，同时确定各个作物的施肥时间、施肥方式、肥料配方等，实现施肥作业标准化，推进精准施肥。另外，制定奖惩措施，引导肥料产品优化升级，大力推广应用高效新型肥料。

（2）落实科学施肥实操措施。

① 肥料选择。因地制宜选择替代有机肥料、确定配方合理的复合肥料、选用环保高效肥料等。随着精准农业的发展，市场上已开发出了很多环保高效肥料，如生物肥料、复混肥料、水溶肥料、高效液体肥料、缓/控释肥料等。施肥过程也可适当配套使用肥料增效剂、新型土壤调理剂等，用来增加肥料利用效率。

② 科学施肥。一是进行测土配方施肥。测土配方是科学施肥的基础，应建立土壤养分监测体系，了解土壤肥力，根据作物营养需求确定肥料配方，及时更新产业园科学施肥方案。二是实施有机肥替代方案。综合统筹产业园种植业和养殖业的产业发展规划与布局，积极开展有机肥替代化肥的方案研究。例如，结合养殖粪污和秸秆肥料化利用，果园有机肥替代化肥可选用"有机肥＋配方肥""果-沼-畜""有机肥＋生草＋配方肥＋水肥一体化""有机肥＋覆草＋配方肥""自然生草＋绿肥""有机肥＋水肥一体化""有机肥＋机械深施"等多种模式；设施蔬菜有机肥替代化肥的方案可选用"有机肥＋配方肥""菜-沼-畜""有机肥＋水肥一体化""秸秆生物反应堆"等多种模式。三是推行高效施肥方式。因地制宜地推进化肥机械深施、机械追肥、种肥同播等技术；结合高效节水灌溉，采取滴灌施肥、喷灌施肥等高效施肥技术，推广水肥一体化；合理确定基肥施用比例，推广因地、因苗、因水、因时分期适时施肥技术。

③ 完善施肥设施。配合高效施肥方式，产业园应建设高效施肥设施，配套高效施肥机械，并加强日常管理维护。例如，水肥一体化施肥方式需要配套建设灌溉管道、蓄水池、混肥池、施肥管道、分配器阀门、水泵、肥泵等。滴灌施肥方式需要配套建设过滤器、施肥装置、灌水器等。另外，根据施肥需要，可选择设置深施和有机肥机械化撒施装备、高效自动化施药设备等。为了更好地执行测土配方施肥，配套设置测土施肥智能化配肥机、施肥监测系统等。

2. 发展绿色植保技术

（1）构建绿色植保技术体系。坚持"预防为主、综合防治"方针，树立"科学植保、公共植保、绿色植保"的理念，产业园实施统防统治，大力推广新型农药，提升装备水平，加快转变病虫害防控方式，大力推进绿色防控，构建资源节约型、环境友好型的病虫害可持续治理技术体系。首先，构建病虫监测预警体系，健全病虫监测体系，提升装备水平，完善测报技术标准、数学模型和会商机制，实现数字化监测、网络化传输、模型化预测、可视化预报，提高监测预警的时效性和准确性。其次，制定科学用药规范，制定禁用农药清单和推荐用药清单，引导使用高效低毒低残留农药；针对不同作物制定科学用药技术指南，对症选药，指导施药时间、推荐药物种类、施药方式等；推广新型高效植保机械，制定机械使用指南；制定培训制度，普及科学用药知识，加强人员培训。再次，制定绿色防控技术规范，因地制宜地推广绿色防控措施。最后，落实统防统治措施，制定绿色植保标准化作业技术规范，加强产业园植保的指导服务，集成示范综合配套的技术服务模式，逐步实现农作物病虫害全程绿色防控的规模化实施、规范化作业。

（2）落实绿色植保实操措施。一是种子选育。根据产业园作物种类，选育适合当地种植环境的高产高抗品种，在产业园推行，并对种子种苗进行药剂处理预防病虫害。二是绿色防控。产业园实施统防统治，设置病虫害监测预警系统，为科学防病防虫提供基础。制定科学的病虫害防控措施，综合应用农业防治、生态调控、生物防治、理化诱控等绿色防控技术。三是科学用药。首先，做好病虫害调查，确定防治对象，对症下药，并针对病虫防治的薄弱环节，选择合适的施药时间，提高用药效果。其次，施药时要根据不同的防治对象，确定适宜的农药浓度和药量，避免过度用药。同时，根据病虫的危害特点和分布情况选择适当的施药方法，避免浪费。另外，要合理交替及搭配使用农药，提高防治效果，延缓病虫抗药性的产生。四是配备设备。为配合科学施药，需要配备必要的设备。例如，建立病虫监测预警体系需要配备病虫害监控设备及数据传输、记录、分析设备；科学施药需要配备施药无人机、自走式喷杆喷雾机、低容量喷雾机械、静电喷雾机械等高效植保机械高效自动化施药设备。

二、大力实施清洁生产措施

1. 农业清洁生产措施 改变资源高强度开发、生产要素高度集中的传统农业生产方式，推进农业清洁生产，转变农业增长方式，对防治农业环境污染和保障农产品质量安全具有重要意义。农业清洁生产主要通过推广种植业节肥节药节水、发展畜禽清洁养殖、推进水产健康养殖、实施农业废弃物资源化利用等措施，实现资源利用节约化、生产过程清洁化、废物循环再生化的现代化农业。

（1）种植业清洁生产措施。一是节水措施。根据种植结构选择优质耐旱高产品种，优化调整种植业结构、限制种植高耗水农作物。采取节水灌溉措施，对供水、排水渠道进行防渗处理，推行低压管灌、喷灌、微灌、滴灌等高效节水灌溉措施。另外，积极采取农业和生物节水技术。在缺水严重的干旱地区推行雨养旱作技术，以抗旱品种为核心，采取蓄水保墒、抢墒播种、等雨播种、以肥调水、抗旱种衣剂和保水剂等配套技术，最终实现农业生产不灌溉、完全利用自然降水的目标，有效满足节水要求。二是节肥措施。通过全面开展测土配方施肥，减少肥料浪费；实施精准施肥技术，改进施肥方式，推广水肥一体化，提高肥料利用率；合理调整施肥结构，鼓励秸秆还田、种植绿肥、增施有机肥、减少化肥用量。三是节药措施。实施专业化统防统治，推广绿色植保技术，进行病虫抗药性监测与治理，科学合理使用高效、低毒、低残留农药和先进施药机械，提高防治效果和农药利用率，减少农药用量。

（2）畜禽养殖清洁生产措施。一是节水措施。畜禽养殖场实施标准化建设，推广节水养殖工艺。养殖场实施集约化、自动化、现代化养殖技术，进行科学饲养，设置节水型饮水器，提高饮水用水效率。采用干清粪、异位发酵床等养殖技术，减少清洗用水量。另外，推进养殖污水无害化处理和适度再生利用，提高养殖废水重复利用率。二是节料措施。进行科学饲养，实现智能化精准饲喂，减少饲料浪费，提高饲料转化效率。严格规范兽药、饲料添加剂的使用。三是粪污资源化利用。改变畜牧业生产方式，种植业和养殖业合理布局，推行种养结合的高效循环农业模式，实现畜牧业与种植业协调发展。制订畜禽养殖废弃物综合利用规划，推广雨污分流、干湿分离，选择先进适用的粪污处理技术，满足畜禽养殖废弃物的资源化利用要求。

（3）水产养殖清洁生产措施。建设标准化水产养殖场，采用健康养殖方式。首先，要求发展节水渔业，对池塘进行防渗处理，减少养殖水渗漏，推进工厂化循环水养殖和池塘生态循环水养殖，养殖水循环使用减少用水。其次，加强投入品管理，禁止使用不合规的饲料、添加剂、药品等；科学设计饲料投放量，避免过多投料；禁止滥用药品；限制直接投喂冰鲜（冻）饵料，防止残饵污染水质。

2. 工业清洁生产措施　要求产业园企业提高清洁生产水平，按照全生命周期污染防治理念，实施绿色生产设计、生产过程清洁化控制和材料优化管理，实现节约原料、减污增效和绿色发展。

（1）严格准入。严格执行环境准入措施，产业园制定负面清单，限制清洁生产水平低，使用落后淘汰工艺的高耗水、高耗能企业。

（2）绿色设计。鼓励企业进行清洁生产审核，进行清洁生产工艺改造，提升企业技术水平和核心竞争力。产品设计过程考虑环境保护，减少资源消耗，优先选择无毒、低毒、少污染的原辅材料替代原有毒性较大的原辅材料。

（3）过程清洁化。清洁的生产过程要求企业采用少废、无废的生产工艺技术和高效生产设备，减少生产过程中的各种危险因素和有毒有害的中间产品，组织物料的再循环，并进行必要的污染治理。

（4）材料优化管理。选择可再使用与可循环的材料，实行合理的材料闭环流动，主要关注原材料回收处理过程的材料流动和产品制造过程的材料流动。

（5）统筹考虑节水措施。统筹考虑企业布局，鼓励企业之间串联用水、分质用水、一水多用和循环利用。企业内推广高效的用水工艺、高效的冷却工艺、高效的洗涤工艺等节水工艺，减少用水量。积极开发高效循环用水工艺、污水再生利用工艺等节水减排技术。例如，产业园食品加工业可重点关注冷凝水、清洗水的回收利用技术；发酵行业着重关注水质优化技术，采用清污分流和梯级用水的方式进行水循环利用，节水减排。另外，发酵行业降温水、冷凝水、锅炉用水和生产洗涤水应该按水质分别收集，分质回用，减少用水。

三、发展高效生态循环模式

1. 种养结合高效循环农业 根据产业园种植结构、养殖结构，综合考虑发展种养结合高效循环农业。将畜禽养殖粪污作为种植业的肥料，而种植业可以为养殖业提供饲料，并消纳养殖废弃物，以此提高农业资源利用效率，保护农业生态环境，促进农业绿色发展。发展种养结合，最关键在于要依据周边环境承载力和养殖废弃物消纳范围，科学布设养殖、种植基地，合理配套无害化处理和利用设施。

具体循环模式，根据产业结构不同可有多种方式。例如，设置规模化养殖场，可以发展猪-沼-菜/果/茶/大田作物、猪-菜/果/茶/大田作物、牛-草/大田作物、牛-沼-草/大田作物等循环农业模式；设置家庭农场，可选择简单的牧草-作物-牛羊种养、粮-菜-猪种养等循环模式；水产、特色养殖区可采用渔菜共生养殖、稻-虾/鱼/蟹种养、稻-菇-鹅种养等循环模式；在水网稻田、冬闲田资源丰富的优势区域，可开展稻-鱼、稻-蟹、稻-鳖、稻-虾、稻-鳅等稻渔生态种养基地建设。以上很多模式在产业园中得到应用实践。例如，湖北省潜江市现代农业产业园就采取了"虾稻共作"模式，建成标准化虾稻基地70多万亩，成为现代农业"小粮仓、小银行、小水库和小肥厂"的"四小"典范。

2. 林业生态循环模式 鼓励林上、林间、林下立体开发产业模式，发展林下种植业、养殖业、采集业，充分利用林业资源。

3. 构建复合型循环经济产业链 产业园引入农产品精深加工企业，建设高效物流冷链的现代物流体系，大力发展饲料生产（种植业）、畜禽水产养殖（养殖业）、畜禽和水产品加工及精深加工（工业）集成养殖深加工模式，形成一体化复合型产业链。在此基础上，进一步实施种植、养殖、农产品加工、生物质能、旅游等循环链接，同时发展林板一体化、林纸一体化、林能一体化和森林生态旅游，最终构建粮、菜、果、茶、畜、鱼、林、加工、能源、物流、旅游一体化和一、二、三产业联动发展的现代复合型循环经济模式。

四、推进废弃物综合利用

1. 畜禽粪污资源化利用　产业园应采取以种定养、以养肥地、种养对接、就地消纳的原则进行畜禽粪污资源化利用，合理布局养殖基地和种植基地，实施畜禽粪污无害化处理后还田利用，不断提高有机肥替代化肥的比例。

综合国内实施经验，参考《畜禽粪污资源化利用行动方案(2017—2020 年)》中根据地域特点推荐的典型资源化利用模式，产业园可根据自身特色参考选用，并鼓励加大科技投入、自主创新模式。各推荐模式主要做法为：

(1) "污水肥料化利用"模式：养殖污水经多级沉淀池、氧化塘储存或沼气工程进行无害化处理，配套建设肥水输送和配比设施，在农田施肥和灌溉期间，实行水肥一体化施用。

(2) "粪便垫料回用"模式：奶牛场粪污进行固液分离，固体粪便经过高温快速发酵和杀菌处理后作为牛床垫料。

(3) "污水深度处理"及"污水达标排放"模式：对于无配套土地的规模养殖场，养殖污水固液分离后进行厌氧、好氧深度处理，达标排放或消毒回用。

(4) "粪污全量收集还田利用"模式：依托专业化粪污处理利用企业，集中收集并通过氧化塘储存，对粪污进行无害化处理，在作物收割后或播种前利用专业化施肥机械施用到农田，减少化肥施用量。

(5) "粪污专业化能源利用"模式：依托大规模养殖场或第三方粪污处理企业，对一定区域内的粪污进行集中收集。通过大型沼气工程或生物天然气工程，沼气发电上网或提纯生物天然气，沼渣生产有机肥，沼液通过农田利用或浓缩使用。

(6) "异位发酵床"模式：粪污通过漏缝地板进入底层或转移到舍外，利用垫料和微生物菌进行发酵分解。采用"公司＋农户"模式的家庭农场宜采用舍外发酵床模式，规模生猪养殖场宜采用高架发酵床模式。

2. 秸秆综合利用　产业园秸秆禁止燃烧，综合利用可采取肥料化、饲料化、能源化、基料化、原料化等多种方式。具体可参考以下做法：

（1）秸秆肥料化利用。如玉米、水稻、小麦等农作物，可以采取保护性耕作技术，秸秆可以直接还田。通过制定产业园秸秆机械化还田作业标准，科学合理地推行秸秆还田技术。另外，可以采取秸秆腐熟、堆沤、生物反应堆以及秸秆有机肥生产等方式还田，提高秸秆肥料化利用率。

（2）秸秆饲料化利用。多种秸秆是牛、羊等畜类粗饲料的主要来源，可以结合产区畜禽养殖结构，制订秸秆饲料化利用方案。例如，在粮食主产区和农牧交错区积极培植秸秆养畜产业，鼓励秸秆进行青贮、氨化、微贮、颗粒饲料等饲料化处理。

（3）秸秆能源化利用。秸秆禁止在田间直接燃烧，但可以采取固化成型、炭化、生物气化、热解气化等方式制作成生物燃料，推进生物质能利用，改善农村能源结构或者直燃发电利用。

（4）秸秆基料化利用。产业园可以利用秸秆制作食用菌基料，采取生化处理生产育苗基质和栽培基质，满足集约化育苗、无土栽培和土壤改良的需要，推动食用菌产业，促进高效循环农业发展和农业生态平衡。

（5）秸秆原料化利用。鼓励以秸秆为原料开发新型产品，大力发展以秸秆为原料的编织加工业，既可以增加产值，又为休闲农业提供旅游商品，提高了秸秆高值化、产业化利用水平；在此基础上，进一步开发秸秆非木浆纸、木糖醇、包装材料、降解膜、餐具、人造板材、复合材料等多种用途新产品。

3. 农产品及加工副产物综合利用　产业园应本着"循环利用、全值利用、梯次利用"理念，对各种农业、工业副产物进行综合利用。产业园可能产生的副产物主要包括农产品副产物（秸秆、玉米芯等）、粮油薯加工副产物（稻壳米糠、麸皮胚芽、油料饼粕、薯渣薯液等）、果蔬加工副产物（果皮、果渣等）、畜禽加工副产物（骨血、皮毛、内脏等）和水产品加工副产物（皮骨、内脏等）。综合利用可用于制作饲料、肥料、基料、燃料和原料等。

结合国内外经验，产业园可参考以下利用方式：

（1）饲料化利用。完善农副资源收集、储存和运输体系，针对不同的原料，采取脱水干燥、生物发酵、全株青贮等加工方式，生产养殖饲料、蛋白原料或全混合饲料。

（2）肥料化利用。对农作物秸秆可采取直接还田、腐熟还田、堆肥还田等技术，实现肥料化利用；对农产品加工剩余物等可采取混合堆沤发酵技术生产有机肥。

（3）基料化利用。以秸秆、农产品加工剩余物等农副资源为主要原料，合理搭配牛粪、麦麸、豆饼等氮源，为食用菌生产提供固体培养基。

（4）燃料化利用。以农副资源为原料，生产颗粒、块状、棒状等成型燃料，或者转化为清洁可燃气体，为生产生活提供优质能源。

（5）原料化利用。农产品加工废料是多种工业原料的生产来源。例如，米糠生产米糠油、油酸；稻壳发电；玉米加工味精副产物生产有机肥；甘薯皮渣生产膳食纤维、食用醋；苹果、柑橘皮渣提取果胶；柑橘皮渣加工茶和酱；温州蜜柑与淡水鱼加工副产物开发调味品；棉籽副产物生产棉蛋白、棉酚；牛皮生产胶原蛋白肠衣；畜禽血、羽毛生产多肽、羽毛粉；禽蛋副产物生产蛋粉有机钙；鱼虾加工副产物生产饲料和甲壳素；秸秆提取纤维素、半纤维素；秸秆生产本色纸和黄腐酸；秸秆发酵种植食用菌；废菌渣综合利用；秸秆生产生物质燃料等。

（6）林业废弃物综合利用方式。鼓励利用木、竹、藤在采伐、抚育、造材、加工过程中产生的废弃物和次小薪材，生产人造板、纸、活性炭、木炭、竹炭、酒精等产品和生物质能源；鼓励对废弃的食用菌培养基进行再利用；鼓励经济林和果树修剪枝桠材、林产品加工副产品等资源化利用。

4. 农膜、灌溉器材、农药包装回收利用 产业园应开展农膜、灌溉器材、农药包装物等农业废弃物的资源化利用，建立以生产、使用、回收、再利用各个环节相互配套的回收利用体系。农膜方面，要严格把控农膜质量，选用厚农膜及可降解农膜，并建设农膜回收体系。有条件的产业园可选择区域交通、水电便利的地点，建设废旧地膜回收网点，配备农田残膜回收机械、农用运输车、打包机等设备，集中回收废旧地膜，再进一步以废旧地膜资源化利用为目标，建设废旧地膜加工厂。灌溉器材方面，支持建设灌溉器材回收初加工网点及深加工利用项目。农药包装物方面，要探索建立农药包装物回收、处理处置机制和体系。

5. 农村生活废弃物循环利用　建设人畜粪便、生活污水、垃圾等有机废弃物分类回收、利用和无害化处理体系。2018 年 2 月，中共中央办公厅、国务院办公厅印发了《农村人居环境整治三年行动方案》，提出以建设美丽宜居村庄为导向，以农村垃圾、污水治理和村容村貌提升为主攻方向，动员各方力量，整合各种资源，强化各项举措，加快补齐农村人居环境突出短板。根据该方案，农村生活垃圾应与农业生产废弃物利用、处理统筹考虑，采用符合农村实际、方式多样的生活垃圾收运处置体系，有条件的地区逐步推行适合农村特点的垃圾就地分类和资源化利用方式。农村的粪污通过"厕所革命"进行逐步改善，东部地区、中西部城市近郊区以及其他环境容量较小地区村庄，推进户用卫生厕所建设和改造，同步实施厕所粪污治理；其他地区要按照群众接受、经济适用、维护方便、不污染公共水体的要求，普及不同水平的卫生厕所。农村生活污水的治理，应根据农村不同区位条件、村庄人口聚集程度、污水产生规模，因地制宜采用污染治理与资源利用相结合、工程措施与生态措施相结合、集中与分散相结合的建设模式和处理工艺。加强改厕与农村生活污水治理的有效衔接。鼓励各地结合实际，将厕所粪污、畜禽养殖废弃物一并处理并资源化利用。

第二节　加强产业园生态环境保护

一、推进耕地质量提升行动

产业园应坚持保护优先原则，落实最严格的耕地保护制度，严守耕地红线，加强高标准农田建设，因地制宜地制定产业园内耕地的全面养护计划。耕地保护应依靠科技进步，加大资金投入，推进工程、农艺、农机措施相结合等手段，通过完善农田水利基本设施建设，推行耕地轮作休耕制度等措施，坚持生态优先、综合治理、轮作为主、休耕为辅，集成一批保护与治理并重的技术模式。

1. 耕地养护措施 耕地养护的目的主要是解决耕地土壤酸化、盐渍化、养分失衡、耕层变浅、重金属污染、残膜污染等问题，提升耕地质量。

《耕地草原河湖休养生息规划（2016—2030年）》根据地区推荐了多种养护技术路线，产业园可因地制宜选择适当养护措施。

2. 退耕还林还草 对于产业园内水土流失严重的坡耕地、严重沙化耕地和严重污染耕地应采取退耕还林、还草措施。适时退出耕种，恢复植被，从源头上防治水土流失，减少自然灾害，促进固碳增汇，改善生态环境。退耕土地时可统筹考虑生态建设和耕地保护的需要，丰富产业园景观形态，为休闲农业提供新的生态资源。

3. 休耕 对产业园内土壤污染严重、区域生态功能退化、可利用水资源不足等不宜连续耕种的农田，如位于地下水漏斗区、重金属污染区和生态严重退化地区的农田应该制定合理的休耕制度。休耕要求不能减少耕地、搞非农化、削弱农业综合生产能力。休耕时，可通过增加科技投入、调整种植结构、拓展农业多种功能、提高农产品附加值、发展休闲旅游等措施保证农民收入。

不同地带农田可采取不同的休耕措施。例如，在地下水漏斗区，农田可开展休耕或调整种植结构，实行"一季休耕、一季雨养"，减少地下水用量，缓解漏斗区扩大；在耕地重金属污染区，应建立防护隔离带、阻控重金属污染源，根据污染特征采取施用石灰、翻耕、种植绿肥等农艺措施，或者采用生物移除、土壤重金属钝化等措施，修复治理污染耕地，要求土壤污染治理达标前实施休耕，休耕期间禁止种植食用农产品，可优先种植生物量高、吸收积累作用强的植物；在生态严重退化地区，如风沙干旱区和西南石漠化地区，可改变种植结构，改种防风固沙、涵养水源、保护耕作层的植物，同时减少农事活动或休耕，促进生态环境自然修复改善。

4. 轮作　产业园可根据种植结构、农业资源、气候特征、市场需求等，采用粮豆轮作、粮经轮作、粮饲轮作等耕地轮作制度，提升耕地质量，提高农民收入。例如，在东北冷凉区、北方农牧交错区可采取"一主四辅"轮作模式。"一主"：实行玉米与大豆轮作，发挥大豆根瘤固氮养地作用，提高土壤肥力，增加优质食用大豆供给。"四辅"：实行玉米与马铃薯等薯类轮作，改变重茬，减轻土传病虫害，改善土壤物理和养分结构；实行籽粒玉米与青贮玉米、苜蓿、草木樨、黑麦草、饲用油菜等饲草作物轮作，以养带种、以种促养，满足草食畜牧业发展需要；实行玉米与谷子、高粱、燕麦、红小豆等耐旱耐瘠薄的杂粮杂豆轮作，减少灌溉用水，满足多元化消费需求；实行玉米与花生、向日葵、油用牡丹等油料作物轮作，增加食用植物油供给。

二、加强产业园水环境保护

1. 种植业水污染防治措施　为防止种植业水污染，应该加强产业园农业面源污染防控，科学合理使用农业投入品，提高使用效率。首先，普及和深化测土配方施肥，改进施肥方式，鼓励使用有机肥、生物肥料和绿肥种植，推广高效、低毒、低残留农药、生物农药和先进施药机械，推进病虫害统防统治和绿色防控，实现化肥农药零增长。其次，设置导流、截污、净化设施防治农业面源污染。产业园水环境保护措施主要包括坡耕地生物拦截带、坡耕地径流集蓄与再利用设施、平缓型农田氮磷净化设施、农业废弃物田间处理利用工程、区域面源污水导流工程和区域面源污水生态净化工程。

2. 工业水污染防治措施　首先，严格企业准入要求，执行所在地区"三线一单"管控要求，结合当地政策及产业园规划实施，差别化环境准入政策，禁止引入装备水平低、环保设施差的小型企业。其次，加强企业管理，要求环保设施齐全、符合环评、排污许可证等环保管理要求；鼓励产业园企业开展清洁生产审核，实施行业最新清洁生产技术，进行节能减排改造；实行"清污分流、雨污分流"，实现废水分类收集、分质处理、达标排放。最后，加强管理，监管污染源排放情况，监察污染源超标排放、偷排偷放情况，结合排污单位自行监测要求，加强监测，及时发现超标排放行为；督促企业按照有关法律法规及技术规范要求严格开展自行监测和信息公开，提高企业的污染防治和环境管理水平。

3. 生活水污染防治措施　产业园应完善污水管网，保证所有生活污水全部入网，不与雨水混排。可纳入城镇污水管网的产业园，生活污水要求全部排入污水管网，最终汇入市政污水处理厂，不新增污水排口。离城镇较远且人口居住较集中的产业园，根据排水量、排水去向（如排入地表水、回用于灌溉等）、排水要求（国家、行业、地方排水标准）设计污水处理设施。典型生活污水处理工艺主要包括格栅、沉淀、厌氧、好氧处理工艺。根据排水要求，后续可增加过滤、消毒、人工湿地等工序。在人口分散的村庄建设户用污水处理设施。

三、实施大气污染防治措施

1. 管理要求　严格环境准入制度，落实"三线一单"管控要求，养殖业、工业布局严守生态保护红线，执行禁限养区规定。依法执行环境保护设施"三同时"制度、排污许可"一证式管理"。

2. 种植养殖废气污染防治措施　一是推行秸秆资源综合利用，产业园禁止在田间焚烧秸秆。二是加强养殖业臭气防治措施。首先，合理布局，避让居住区、医院、学校、科研办公区等环境敏感区域；其次，强化圈舍通风和消毒，科学地设计日量、喷洒除臭剂、规划绿化隔离带等措施减少臭气产生量及防止臭气扩散；最后，淘汰老旧设备，减少尾气污染。

3. 农产品加工废气污染防治措施　产业园应本着清洁生产、过程控制、末端治理的原则，全过程控制农产品加工废气污染，保证废气达标排放。在农产品加工废气治理过程中，要技术、投入、管理三管齐下。首先，企业从源头着手，在生产过程中使用排放量少、排放浓度低的原材料和生产工艺。其次，采取有效防治措施，从管理、原料储存和使用方法、收集三方面着手，杜绝无组织排放。对有组织排放废气设置废气处理装置进行治理，保证达标排放。最后，产业园应加强对农产品加工企业的监管，确保企业环保手续齐全，废气治理设施正常运行，废气达标排放。

四、土壤污染防治措施

产业园应实施农用地分类管理，按污染程度将农用地土壤环境划为 3 个类别：未污染和轻微污染的划为优先保护类，轻度和中度污染的划为安全利用类，重度污染的划为严格管控类。

1. 土壤污染防控措施 首先要截断土壤污染来源，其次针对不同类别用地，采取不同的措施。重度污染耕地实施退耕措施；安全利用类耕地因地制宜选用安全利用类、治理修复类措施；安全利用类措施主要为农艺调控类措施，如低吸收品种替代、调节土壤酸度、开展水肥调控等。另外，污染土壤也可以进一步实施治理修复类措施，在农艺调控的基础上，进一步实施土壤调理、开展原位钝化、实施生物修复等。

2. 种植养殖污染防控措施 为防止农业活动对土壤的污染，产业园应全面推行化肥农药零增长行动，包括：实行测土配方施肥，减少过量化肥使用，提升化肥使用效率；开展绿色防控，推广环保低毒农药、生物农药和生物物理防控措施，降低农药用量；严格规范兽药、饲料添加剂的生产和使用，防止过量使用，促进源头减量；支持畜禽粪便处理、利用设施的建设；严厉打击违法生产和销售不合格农膜的行为，建立健全废弃农膜、废农药包装回收储运和综合利用网络；综合利用秸秆，移出高富集污染物秸秆；开展灌溉水水质监控，长期使用污水灌溉导致土壤污染严重、威胁农产品质量安全的，要及时调整种植结构；鼓励农业生产者采取有利于防止土壤污染的种养结合、轮作休耕等农业耕作措施；支持采取土壤改良、土壤肥力提升等有利于土壤养护和培育的措施。

3. 农产品加工污染防控措施 应加强日常环境监管，严格监控产业园农产品加工污水、固体废物排放情况，防止污染土壤。

4. 生活污染防控措施 应通过分类投放收集、综合循环利用，促进生活垃圾减量化、资源化、无害化处理。建立村庄保洁制度，推进农村生活垃圾治理，实施农村生活污水治理工程。严禁将城镇生活垃圾、污泥直接用作肥料。

五、综合整治养殖业污染

产业园须严格执行所在地区禁限养区规定，根据资源环境承载能力，确定合理的养殖规模，以地定养，以养促种，转变畜牧业生产方式，推行种养结合和生态养殖模式，并配套与养殖规模相适应的消纳用地。规模养殖场应依法进行环境影响评价工作，环保设施执行"三同时"制度，严格执行排污许可"一证式管理"，依法申领排污许可证，开展自行监测、建立台账、定期报告和信息公开等。根据2017年的《建设项目环境影响评价分类管理名录》规定，对年出栏生猪5 000头（其他畜禽种类折合猪的养殖规模）及以上或涉及环境敏感区的畜禽养殖场、养殖小区应编制环境影响报告书，其他申报环境影响登记表；对网箱、围网等投饵养殖或涉及环境敏感区的淡水养殖项目应编制环境影响报告表，其他申报环境影响登记表；对用海面积300亩及以上或涉及环境敏感区的海水养殖项目应编制环境影响报告表，其他申报环境影响登记表。

1. 畜禽养殖业污染防治措施

（1）畜禽养殖粪污处理工程。对于规模化养殖场实行标准化管理，因地制宜地采用污水减量、厌氧发酵、粪便堆肥等技术，按照"三改两分再利用"模式处理畜禽粪污。

"三改两分再利用"模式，即改人工干清粪为漏缝地板下自动化干清粪、改无限用水为控制用水、改明沟排污为暗道排污，采取固液分离、雨污分离等措施，粪污无害化处理后再利用。以此实现粪污减量化和综合管理优化，促进水资源、养分资源节约与循环利用，实现种养一体化高效循环生态模式。

规模化养殖场粪污处理工程主要建设内容包括前处理设施、厌氧消化设施、生物燃气利用设施、厌氧消化剩余物利用设施等。对于分散畜禽养殖密集区，可结合畜禽粪便收集站建设，因地制宜地建设粪污处理中心，主要建设内容包括堆肥设施、污水高效处理设施、污水转运设施等。

（2）畜禽养殖废水农田消纳工程。针对无害化处理后的养殖废水中富含的氮、磷、有机质等营养成分，因地制宜地建设以处理后养殖废水储存池为核心的养殖废水农田利用工程，配套灌溉管带和运输车辆。

2. 水产养殖污染防治　产业园应推广安全高效人工配合饲料、工厂化循环水养殖和水质调控技术，促进水资源循环利用和水质净化提升。通过建设池塘养殖清洁生产工程、工厂化循环水养殖减排工程、网箱养殖减排工程，减少水产养殖污染物排放，推进水产健康养殖。

（1）池塘养殖清洁生产工程。将同一池塘养殖体系分为多个功能不同的模块，实现水资源循环使用和营养物质多级利用。建设内容包括：池塘分区、生态沟渠、生态塘、潜流湿地、生态浮床；粪便收集、增氧和水质净化等配套设备。

（2）工厂化循环水养殖减排工程。为解决循环水养殖系统中污水量大、耗能高等问题，采用高效水质净化设备、程序化环境调控系统等，将工厂化养殖场改建为工厂化循环水养殖，实现养殖用水的循环可持续利用，提高水资源利用效率，降低养殖废水排放。主要建设内容包括物理过滤、生物过滤、增氧设备、紫外杀菌和电气控制等设施或设备。

（3）网箱养殖减排工程。针对规模化网箱养殖对水域的影响，特别是残饵、粪便对水域环境的污染，设置水产养殖废弃物收集和处理装置，并结合生态浮床与富氧挂膜工艺对收集的废弃物进行生态净化处理，对湖泊、水库网箱进行改造，构建复合型环保网箱设施系统。

六、加强生态系统保护

1. 落实生态空间用途管制

（1）严守生态保护红线。生态保护红线是指在生态空间范围内具有特殊重要生态功能、必须强制性严格保护的区域，是保障和维护国家生态安全的底线与生命线。通常包括具有重要水源涵养、生物多样性维护、水土保持、防风固沙、海岸生态稳定等生态功能重要区域，以及水土流失、土地沙化、石漠化、盐渍化等生态环境敏感脆弱区域。产业园建设必须严格遵守当地"生态保护红线"管控要求。

（2）健全资源环境有偿使用制度和生态补偿机制。推进耕地、河湖、草原休养生息，积极申请国家和地方的补偿资金，同时吸引社会投资，建立产业园生态保护基金，完善资源环境有偿使用制度和生态补偿机制。

2. 修复农业生态环境，提升生态功能　根据产业园自然地理条件，选择适当措施修复农业生态环境，提升区域生态功能。

（1）增强林业生态功能。开展植树增绿活动，加强产业园防护林体系建设，推进退化防护林修复，建设产业园绿色生态保护空间和连接各生态空间的绿色廊道，形成绿色基础设施网络。同时，建设森林防火基础设施，推广先进实用防扑火设备和技术，建设森林防火应急道路。强化林业有害生物防控。加强林木种质资源调查收集与保存利用，建设林木种质资源保护体系。

（2）保护草原生态。产业园适当推进退牧还草、风沙源治理和草原防灾减灾。坚持基本草原保护制度，适当开展禁牧、休牧、划区轮牧措施，推进草原改良和人工种草，促进草畜平衡，推动牧区草原畜牧业由传统游牧向现代畜牧业转变。加快农牧交错带已垦草原治理，恢复草地生态。

（3）恢复水生生态系统。采取流域内节水、适度引水和调水、利用再生水等措施，增加产业园内重要湿地和河湖生态水量，实现河湖生态修复与综合治理。加强水生生物自然保护区和水产种质资源保护区建设，继续实施增殖放流，推进水产养殖生态系统修复。加强地下水超采区综合治理，逐步压减地下水超采量。

加强自然海岸线保护，积极开展以人工鱼礁建设为载体的海洋牧场建设，适度开发利用沿海滩涂，重要渔业海域禁止实施围填海。严格实施海洋捕捞准用渔具和过度渔具最小网目尺寸制度。

（4）保护生物多样性。加强畜禽遗传资源和农业野生植物资源保护，加大产业园内野生动植物保护力度，禁止捕猎，保护野生动物生存环境，开展濒危动植物物种专项救护，遏制生物多样性减退速度。严格防范外来物种入侵，有效防范动植物疫病。

第三节　提高产业园环境监管力度

一、完善环境监管机制

1. 提高监管能力　第一，应加强体系队伍建设，产业园管理委员会设置专门人员，明确职能，充实人员。加强队伍专业知识培训，提高队伍专业水平。第二，应强化硬件条件保障，在机构设置、人员配备、经费投入等方面加大支持力度。改善生态环境检测条件，提升检测能力和水平。第三，应加强管理和责任追究，建立责任追究制度，对造成污染的单位、个人制定处罚措施。第四，应加大科普宣传引导，广泛开展产业园环保知识科普培训和职业教育，及时宣传环境保护监管工作的推进措施和进展成效。第五，应强化服务指导，强化产业园清洁生产措施、绿色农业措施、生态环境保护技术体系建设，加大科技投入，将清洁生产措施、绿色农业措施、污染修复治理、标准化生产、关键点控制、污染源检测等技术研发纳入产业园发展规划，指导农民及企业科学生产，减少环境污染。

2. 严格投入品监管　规范农药、兽药、肥料、饲料及饲料添加剂等农业投入品购买和使用，加强农业投入品安全性和使用效能监管，保证质量，禁止非法购入。完善产业园农业投入品监督管理制度，构建农业投入品监管信息平台，将农业投入品纳入可追溯的信息化监管范围。建立健全农业投入品监测抽查制度，严格农业投入品使用管理，采取强有力措施严格控肥、控药、控添加剂，严防农业投入品乱用和滥用，依法落实兽药休药期和农药安全间隔期制度。

3. 规范生产行为　首先，应加强农产品安全生产技术指导和服务，大力推进测土配方施肥和病虫害统防统治，推动高效低毒低残留药物使用，进一步规范兽药、饲料和饲料添加剂的使用。

其次，应推行生产档案管理。督促产业园内企业和农民专业合作社依法建立农产品质量安全生产档案，如实记录病虫害发生、农药化肥等投入品使用、收获（屠宰、捕捞）、污染治理措施运行情况、污染源检测结果等情况，加大对生产档案的监督检查力度。

最后，产业园推进工业、农业标准化规范创建。依托相关行业的法律、法规、标准要求，因地制宜地制定产业园农业、工业的标准化规范文件，保证产业园清洁生产、节能增效、达标排放等要求。

4. 健全生态环境监测网络和预警机制　重点监控企业污染源达标排放情况。建立企业污染源监测档案，监控企业达标排放情况，出现异常排污情况及时处理，防止污染。另外，产业园应定期监测农田退水，监控农业面源污染情况。

强化环境质量目标管理，明确环境空气、土壤、水体、地下水等保护目标，健全产业园监测网络。定期检测环境质量达标情况，发生污染指标数据异常，及时排查污染原因，采取应急措施。

5. 推进信息化管理，建设监控体系　充分利用"大数据""物联网"等现代信息技术，推进产业园环境保护管控全程信息化。强化环境保护标准、监测监控管理、农业投入品追溯与风险预警等信息系统的开发应用，逐步实现产业园生态环境安全监管全程数字化、信息化和便捷化。

建设农作物重大病虫疫情田间监测体系，农药质量监察体系，兽药质量监察体系，耕地质量监察体系，土壤、环境空气、地表水、地下水环境质量监控体系，企业污染源达标监控体系，农田退水水质监控体系等。

二、制定监管技术规范

制定监管技术规范，主要监管内容包括种植业清洁生产管理要求、养殖业清洁生产管理要求、企业管理要求、高效生态循环生产管理要求、生活垃圾和污水管理要求、耕地保护管理要求、土壤污染防控要求等。

种植业清洁生产监管内容应包括测土配方、科学施肥、绿色植保、节水灌溉、雨养旱作、雨水利用、秸秆综合利用、农业废弃物资源化利用等方面。养殖业清洁生产监管内容应包括畜禽养殖节水措施、渔业节水措施、畜禽粪污资源化利用等方面。企业管理监管内容应包括制定产业园入区企业负面清单、入区企业环保制度执行情况、企业清洁生产措施、节水措施、节能措施、固体废物资源化利用措施、污染源治理措施、污染源监测计划及执行情况、企业达标排放情况等。高效生态循环生产监管内容应包括种养结合循环措施、渔业生态种养循环措施、林业循环经济措施、种养加循环措施等。生活污染监管内容主要包括生活污水收集治理措施、生活垃圾收集治理措施、厨房油烟治理措施等。耕地保护监管内容应包括保护性耕作措施、退耕还林还草措施、休耕措施、轮作措施、污染防控治理措施等。土壤污染防控监管内容应包括土壤质量监测计划、农业污染防控措施、企业污染防控措施、生活污染防控措施等。

三、创新监管监督方式

产业园主管部门在日常监督、长期监督的基础上，应加强村民自治。强化村委会的作用，广泛开展农业农村污染治理宣传和教育，将环境保护纳入村规民约，建立农民参与生活垃圾分类、农业废弃物资源化利用的直接受益机制，鼓励村民积极参与产业园环境监管。

在此基础上，应进一步积极探索创新"互联网＋"监督模式，充分利用群众和媒体参与形成的互联网监督网络。另外，加强巡查指导和宣传引导，实施投诉举报奖励制度。

四、增加资金投入保障

首先，积极申请政府专项资金及补贴，发展产业园环保设施。其次，成立产业园农业发展基金，专门预留绿色生产基金，补助环保设施建设。引导民间资本向农业投入，制定优惠政策。申请地方政府农业企业发展的信贷产品。总之，产业园需要政府、社会和农业企业的密切互动，产生新的机制来解决基金问题。

第七章
乡村产业园组织保障措施

第一节　加强用地保障

　　土地既是农民赖以生存的最基本的生产资料，也是经济社会发展的重要物质依托，更是重要的社会保障工具（苏新亚，2014）。产业园的创建离不开土地，涉及土地征收、土地流转等。在土地征收与流转中，如果缺乏完善的土地征用制度与合理的流转机制，农民利益就会受到损害，而政府过分干预、土地产权不明晰，产业园的发展也会受到制约（高强等，2012）。因此，需要加强产业园的用地保障。

一、深化农村土地改革

　　1. 深化农村土地改革对产业园的意义　　土地是财富之母、农业之本、农民之根。土地制度是一个国家最重要的生产关系安排，是一切社会形态中最重要、最基本的制度（韩长赋，2018）。农村土地问题始终是关系我国改革发展稳定大局的根本问题。农业农村部原部长韩长赋强调，土地制度作为农村最基本的制度，必须适应新的形势变化进行改革和完善，这是新时代赋予的新使命。深化农村土地改革，有利于活化农村资源要素，激发广大农民积极性和创造性，为乡村振兴提供强大动力（农业农村部新闻办公室，2018）。

　　深化农村土地改革对产业园具有重要意义和重大影响。首先，深化农村土地改革有利于促进土地资源优化配置，优化产业园土地利用结构；其次，深化农村土地改革有利于调整生产关系，提高产业园土地的利用效率；最后，深化农村土地改革有利于转变农村经济发展方式，增加农民的财产性收入，提高农民生活水平（李国祥，2014）。

2. 深化农村土地改革的主要措施 改革开放 40 多年来，我国农村土地改革经历了确立（改革开放之初至 20 世纪 80 年代中后期）、完善（20 世纪 90 年代初至 21 世纪初）、深化（党的十八大至今）3 个阶段（韩长赋，2018）。当前，我国农业农村正经历着广泛而深刻的历史性变革，农业生产从传统向现代转型，农村社会从封闭向开放转变，城乡关系从分割向融合转化。农村土地制度改革站在新的历史起点上，任务艰巨而繁重。新时代农村土地改革要贯彻落实习近平总书记关于农村土地制度改革的重要论述，坚守底线，推进改革扩面、提速、集成，加强制度创新和制度供给，让农村资源要素活化起来，激发广大农民积极性和创造性，为乡村振兴提供强大动力。乡村产业园作为产业的集聚地，产业园的创建离不开土地。因此，在产业园建设过程中要深化农村土地改革。具体从以下 8 个方面着手。

（1）稳定农村土地承包关系。巩固和完善农村土地承包经营制度，核心是稳定农村土地承包关系（韩长赋，2018）。习近平总书记在 2013 年中央农村工作会议上明确提出，建立土地承包经营权登记制度是实现农村土地承包关系稳定的保障，要把这项工作抓紧抓实，真正让农民吃上"定心丸"（张红宇，2015）。产业园也涉及农村土地承包关系，因此要在产业园创建的同时着力推进农村土地承包关系的稳定。稳定农村土地承包关系，既要保持土地政策的稳定性和延续性，又要赋予一些人地矛盾十分突出的地方一定的改革完善空间，确保政策衔接、平稳过渡。

开展产业园农村土地承包经营权确权登记颁证，核心是确权，重点是登记，关键在权属调查。各地要从实际出发，一个环节一个环节地做好工作。要在扎实做好承包档案资料清查、权属调查的基础之上，完善承包合同、建立健全登记簿、颁发权属证书、推进信息平台建设、建立健全档案管理制度（张红宇，2015）。

（2）落实承包地"三权分置"制度。实行承包地"三权分置"，是现阶段解决保护农民承包权与促进土地流转这一矛盾的治本之道。

在产业园建设过程中，要落实承包地"三权分置"制度。积极探索产业园承包地集体所有权、资格权、使用权"三权分置"具体办法，逐步建立规范高效的"三权"运行机制，落实集体所有权，稳定农户承包权，适度放活土地经营权。

（3）处理好规模经营与小农户发展关系。发展适度规模经营、培育新型经营主体是保障国家粮食和农产品安全、增强农产品竞争力的有效抓手，是加快农业现代化建设的必由之路。同时，小农户家庭经营仍是今后很长一段时间内我国农业的基本经营方式。因此，深化农村土地改革必须正确处理好规模经营与小农户的发展关系（韩长赋，2018）。小农户是产业园，特别是涉农类产业园的重要组成，如何处理好产业园内规模经营与小农户发展关系对于产业园的发展至关重要。

一方面，要大力发展多种形式的适度规模经营，发挥新型农业经营主体在产业园建设中的引领作用。支持各类服务组织开展土地托管、联耕联种、代耕代种、统防统治等社会化服务，把分散的土地经营主体联结起来，实现规模经营的溢出效应。另一方面，促进小农户与现代农业有机衔接，让小农户共享改革发展成果。完善小农户扶持政策，促进传统小农向现代小农转变。把对新型经营主体的政策扶持力度与其带动小农户数量挂钩，健全新型农业经营主体与小农户的利益联结机制（韩长赋，2018）。

（4）推进土地经营权抵押贷款。为了缓解农业领域因缺乏有效抵押物导致的贷款难、贷款贵问题，拓宽农业经营主体发展生产的资金来源，我国自 2016 年起开展了农村承包土地经营权抵押贷款试点。随着试点工作的深入推进，农村承包土地经营权抵押贷款开展将面临更多的挑战。为加大金融对"三农"的有效支持，为产业园提供稳定的融资渠道，提出以下 3 点建议。

一是完善相关配套措施，为产业园土地经营抵押贷款奠定基础。健全农村土地承包经营权登记制度，促进农村承包土地流转，为其抵押融资权能的实现奠定基础。完善土地经营权流转证登记管理，规范登记发证。土地流转服务中心根据申请人签订的土地流转合同，核定土地流入主体的经营权限，核发相应年限的农村土地流转经营权证。规范权证管理，农村土地流转服务中心负责农村流转土地经营权的颁发、登记、补发、换发和收回。

二是规范和培育土地流转市场，引导产业园内土地流转工作的有序开展。建立市、乡镇（街道）、村三级土地流转服务体系，市级建立农村土地流转服务中心、乡镇（街道）建立土地流转服务站、村级配备信息员，优化土地流转服务；建立土地流转价格指导机制，根据交易统计定价法、片区分级定价法、产业分类定价法制定并定期公布土地流转指导价，引导农户有偿流转和长期流转；规范土地流转管理，引导流转双方通过公开的土地流转交易平台进行交易，建立土地流转合同备案和登记制度，落实专人负责流转登记、归档和管理工作。建立健全协商、调解、仲裁、诉讼为主要内容的土地承包和流转纠纷调解制度，依法解决土地流转纠纷。

三是加强督查试点贷款工作开展情况，推进产业园土地经营权抵押贷款工作。成立以金融办、发展改革委、农业农村局、扶贫局、银行支行领导组成的督察小组。通过走访调研等方式，了解产业园农村承包土地经营权抵押贷款试点进展情况、推进难点，加快推进试点贷款发放进度。

（5）强化耕地保护制度。习近平总书记强调："保护耕地要像保护大熊猫那样来做"。要继续实行最严格的耕地保护制度和最严格的节约用地制度，确保耕地数量不减少、质量有提升。耕地保护制度的强化，有利于农业产业园耕地质量的稳定提升、农田的保护和提升。强化耕地保护制度主要从以下 4 个方面着手。

一是建立健全耕地保护制度。全面落实永久基本农田特殊保护制度，完成永久基本农田控制线划定工作。建立耕地保护奖励性补偿机制，实施省级政府耕地保护责任目标考核。加强耕地利用监管，严禁借土地流转之名搞非农建设，严禁工商资本和城里人下乡违规占用耕地建设或变相建设"大棚房"，搞商业性开发经营住房。严格土地用途管制，禁止改变农村土地用途、损毁破坏耕地、下乡圈地套取补贴等违法违规行为。

　　二是构建耕地质量稳定提升的长效机制。大规模推进高标准农田建设，实施耕地质量保护与提升行动，结合粮食主产区、主要农作物优势产区以及东北黑土区等重点区域耕地质量建设，构建各地质量稳定提升长效机制。

　　三是建立健全耕地修复制度。健全轮作休耕制度，扩大轮作休耕制度试点，降低耕地开发利用强度。落实和完善耕地占补平衡制度，建立耕地污染治理机制，促进耕地地力修复。

　　四是实行补充耕地国家统筹政策。建立高标准农田建设等新增耕地指标和城乡建设用地增减挂钩节余指标跨省域调剂机制，将所得收益通过支出预算全部用于巩固脱贫攻坚成果和支持实施乡村振兴战略，包括优先用于农田保护和建设。

　　（6）改革农村土地征收制度。我国现行征地制度存在着征地范围过大、征地程序不规范、土地增值收益分配不平衡、被征地农民权益保障机制不完善等问题，迫切需要改革完善。因此，我国从2015年起开展了征地制度改革试点。《关于建立健全城乡融合发展体制机制和政策体系的意见》指出，要完善农村土地征收制度，缩小征地范围，规范征地程序，维护被征地农民和农民集体权益。产业园的创建过程中主要从规范土地征收程序和完善被征地农民的保障机制两个方面来落实和承接农村土地征收制度的改革。

　　一是规范土地征收程序，充分保障产业园内被征地农民的知情权、参与权、申诉权、监督权，健全矛盾纠纷化解机制（韩长赋，2018）。多个试点地区从依法公平维护和保障被征地农民合法权益出发，探索土地征收民主协商机制，对是否征地和补偿安置进行协商。在征前、征中、征后等环节建立风险评估、民主协商、补偿安置、纠纷调处、后续监管等程序。

　　二是完善对产业园被征地农民合理、规范、多元保障机制。试点地区在完善土地征收补偿标准、探索多元保障机制方面作了许多有益探索。例如，辽宁海城等通过重新安排宅基地建房、产权置换、货币补偿、发放补助、留地留物业等方式，保障农民住房财产权；多地将被征地农民纳入城镇职工或城镇居民养老、医疗等社会保障体系，将因征地导致生活困难的农民纳入低保范围；此外，还通过强化就业培训和服务等方式，保障被征地农民的长远生计（农业农村部农村经济研究中心，2019）。

（7）引导和规范农村集体经营性建设用地入市制度。2019年5月5日，中共中央、国务院发布的《关于建立健全城乡融合发展体制机制和政策体系的意见》指出，建立集体经营性建设用地入市制度。加快完成农村集体建设用地使用权确权登记颁证。按照国家统一部署，在符合国土空间规划、用途管制和依法取得前提下，允许农村集体经营性建设用地入市，允许就地入市或异地调整入市；允许村集体在农民自愿前提下，依法把有偿收回的闲置宅基地、废弃的集体公益性建设用地转变为集体经营性建设用地入市；推动城中村、城边村、村级工业园等可连片开发区域土地依法合规整治入市；推进集体经营性建设用地使用权和地上建筑物所有权房地一体、分割转让。

试点地区按照"同权同价、流转顺畅、收益共享"的目标要求，积极稳妥推进改革，初步形成了比较完整的工作制度和政策体系。产业园也涉及农村集体经营性建设用地入市，要总结农村集体经营性建设用地入市改革试点经验，落实和创新产业园农村集体经营性建设用地入市制度的改革。

一是探索入市主体。加快推进产业园集体土地所有权和集体建设用地使用权确权登记颁证，明确产权归属，落实入市主体（农业农村部农村经济研究中心，2019）。试点地区对入市主体及组织形式进行了探索，明确了乡（镇）、村和村民小组三级入市主体，主体资格显化、组织形式多样。例如，北京大兴探索成立镇级集体联营公司作为入市主体，通过统筹乡镇土地资源配置，确保了镇域内各村土地发展权共享和收益平衡。

二是探索入市范围和途径。多地将符合"两规"的新增集体建设用地纳入入市范围。例如，江苏武进按照存量与增量并重的改革思路，对核定的村庄建设用地范围内的集体建设用地，均可按规划入市；贵州湄潭探索对农村集体建设用地中符合集体经营性建设用地性质的综合类用地开展分割登记入市。

三是建立健全市场交易规则和服务监管制度。明确要求集体建设用地使用权人严格按照土地利用总体规划确定的用途使用土地，维护土地管理秩序（农业农村部农村经济研究中心，2019）。试点地区参照国有建设用地交易制度，研究制定了集体经营性建设用地入市管理办法、交易规则和服务监管制度。例如，江西余江制定集体经营性建设用地入市申请、审批、交易、登记发证工作流程；湖南浏阳进一步明确入市后转让、出租、抵押等市场规则。

四是探索入市土地增值收益分配机制。兼顾国家、集体和个人利益，收益要向集体和农民倾斜，规范农村集体经济组织收益分配和管理，实现集体成员的收益共享。完善土地增值收益调节金制度，调节金收益要按照"取之于农，用之于农"的原则，主要用于乡村振兴和扶贫攻坚（韩长赋，2018）。例如，四川成都结合基准地价、规划用途以及入市方式，征收13％～40％不等的土地增值收益调节金（农业农村部农村经济研究中心，2019）。

五是完善入市配套政策。试点地区设计了一系列入市配套政策体系，为试点工作稳步推进提供了政策支撑。例如，辽宁海城出台了入市后规划许可、建筑施工许可、房产证手续办理等政策措施，解决了配套政策不明晰、与现行相关法律法规冲突等瓶颈性问题；四川成都探索"协议约定，优先续期，物权保护，评估在前，有偿使用"的入市土地合同续期机制，妥善解决了入市土地合同到期后如何续期的问题（农业农村部农村经济研究中心，2019）。

（8）稳慎推进宅基地制度改革。深化农村宅基地制度改革，重点是处理好稳定与放活的关系，明确底线，扩权赋能，稳妥试点（韩长赋，2018）。首先是明确底线。不得违规违法买卖宅基地，不允许城里人到农村购买宅基地建住房，严格禁止利用农村宅基地建设别墅大院和私人会馆。切实保护农民宅基地使用权，不得以退出宅基地使用权作为农民进城落户的条件。其次是扩权赋能。加快房地一体的宅基地确权登记颁证，探索宅基地所有权、资格权、使用权"三权分置"，落实宅基地集体所有权，保障宅基地农户资格权和农民房屋财产权，适度放活宅基地和农民房屋的使用权。研究赋予农民住房财产权流转、抵押等权能。最后是稳妥试点。要系统总结现有宅基地制度改革试点经验，稳步扩大试点范围、丰富试点内容，鼓励各地以农村集体经济组织为主体开展探索，结合发展乡村旅游、下乡返乡创业创新等先行先试，探索盘活利用闲置宅基地和农房、增加农民财产性收入的办法（韩长赋，2018）。

各试点地区通过精心组织、大胆尝试，在宅基地依法取得、有偿使用、自愿有偿退出、用益物权实现、民主管理等方面取得了积极进展，产业园应在各试点地区经验的基础上稳慎推进宅基地制度改革。

一是完善宅基地权益保障和取得方式。可选择在具备条件的产业园进行宅基地权益保障和取得方式的试点，以村规民约等具备当地特色受村民认同的方式确认集体组织成员的身份。例如，安徽金寨以"村规民约"形式确定集体组织成员资格认定办法和"户"的概念，对每户 4 人及以下的，宅基地面积控制在 120 平方米以下，每增加 1人，可增加 20 平方米，最高不超过 160 平方米。

二是探索宅基地有偿使用制度。借鉴试点地区经验，在一些产业园可探索新增宅基地实施有偿选位制度。浙江义乌按照历史分类处置"一户多宅"、超标准占用等历史遗留问题，对利用宅基地上住房从事客栈餐饮等经营活动的，由集体按宅基地基准地价的 20％收取所有权收益。

三是探索宅基地自愿有偿退出机制。借鉴试点地区经验，在产业园可探索整合涉农资金、民间投资和宅基地有偿使用费作为宅基地退出回购资本，探索宅基地自愿有偿退出机制。例如，江苏武进建立了政府回购机制，制定了有偿退出的补偿标准和收回程序，明确产权转让、权益转化、土地整治、转换入市 4 种回购方式（农业农村部农村经济研究中心，2019）。

二、探索产业园用地保障机制

在推进农村集体产权制度改革、严格落实耕地和基本农田保护指标的前提下，进一步制定支持产业园发展的相关建设用地及设施配套用地地方性标准，在符合国家相关法律法规的前提下，优先审批及适当调整产业园项目建设及配套设施用地指标，推动产业园发展。

1. 优化产业园用地机制　将产业园用地纳入市县土地开发利用规划重点，新增建设用地指标、城乡建设用地增减挂钩等用地指标向产业园倾斜，确保产业园发展用地需求，引导新型经营主体及农户采用土地经营权入股方式，参与产业园建设。各地区在分解下达土地利用年度计划时，可对产业园计划实行单列。例如，列入省重点工程的园区重大工业项目用地，由省国土资源厅在分解下达土地利用年度计划时予以统筹考虑，纳入所在市（州）计划。产业园工业项目征用土地，可采用项目打捆办法，依法报有关机关审批。产业园征用耕地不能在所在县（市、区）、市（州）实现占补平衡的，依法缴纳耕地开垦费后，可在本市（州）或全省范围内实行异地占补平衡。

加强对产业园企业生产、公共服务、基础设施建设等用地保障，提升生产用地比例，合理安排生活服务用地需求，优先安排园区扩建用地计划，促进产业园扩面升级。积极探索产业园用地先租后让、租让结合等供地方式，建立重大项目用地优先保障机制，切实保障高新技术项目、新兴产业项目、重点招商引资项目用地需求。

认真执行国有土地使用权出让招标、拍卖、挂牌的有关规定。因功能分区、产业定位等特殊原因，部分工业项目用地可按工业用地条件分类实行招标、拍卖、挂牌出让。对改变土地使用性质或建设内容不符的，收回土地使用权。对逾期不开发建设、土地闲置满一年的，按照出让或划拨土地价款的一定比例征收土地闲置费；土地闲置满两年，且符合法定无偿收回条件的，应当收回。

2. 提高土地利用效率　土地高效利用是突破产业园资源瓶颈，实现发展转型升级，推进现代化的有效途径。以土地高效利用为核心，是实现产业园土地高效利用的基本准则和技术指导体系（杨萍等，2015）。

严格用地统一供应管理，建立产业园土地资源节约利用约束机制，推动产业园集约利用土地资源。例如有的省份，设立全省存量土地资源库，要求各市（州）土地储备中心设立园区土地储备户头（储备量在 500 亩以上），通过总量平衡、内部置换等方式，支持园区项目建设。存量土地不在园区范围内的，可依法依规进行置换，及时清理供而未用、低效利用和闲置土地，积极推进退出市场企业土地二次开发利用，盘活产业园土地存量资产。

大力推行产业园单位面积投资强度、经济效益综合管控评价办法，提高产业园企业用地准入标准。例如，湖南省《关于进一步促进产业园区发展的意见》中提出，国家级产业园土地开发利用投资强度不得低于 3 000 万元/公顷，市（州）直属省级产业园的投资强度应在 1 800 万元/公顷以上，县（市、区）直属省级产业园区的投资强度不得低于 1 200 万元/公顷。产业园内生产性项目用地不得低于园区规划面积的 60%。

鼓励产业园企业建设多层标准厂房、下沉式车间，实施"零增地"技术改造，严格控制厂区绿地面积，提高产业园土地利用效率。对投资强度大的建设项目，优先解决建设用地指标，减收或免收城市建设配套费。禁止企业随意圈占土地，企业用地规模必须根据项目建设规模、建设内容、用地定额指标和单位面积投资强度等因素合理确定，对超过定额的用地，予以相应核减。

第二节　加强资金支持

产业园是产业项目的承载平台，是财政收入的"倍增器"。现阶段，在促进产业园发展的财政政策中，主要存在产业园建设的资金投入力度不足、中小企业资金不足、融资困难等问题。产业园的资金支持不仅需要发挥市场在资源配置方面的决定性作用，还要重视政府的引导和支持作用。因此，可从完善财政投入机制、创新金融支持制度和加大招商引资力度等方面加强产业园的资金支持。

一、完善财政投入机制

1. 加大财政投入量　发挥各级政府主导作用，增加财政预算资金投入，加快产业园道路、水电、污水、垃圾集中处理等基础设施建设。突出产业园生产功能，统筹生活区、商务区、办公区、公共服务平台等城市功能建设，促进产城融合发展。支持投资平台公司通过发行债券、土地抵押等方式筹集资金，加大产业园建设资金投入。

整合产业园各项资金政策，使用环节上的统筹整合，做到充分放权、因地制宜，极大地调动县（区）的积极性和主动性，发挥资金的最大效益。放大财政资金撬动作用，将放大财政资金撬动作用作为拓宽产业园投入渠道、增加产业园投入的重要途径，构建财政、基金、银行、保险、担保"五位一体"的财政金融协同支农机制。

各级政府要加大对产业园基础设施建设投入。通过股权投资、吸引政策性金融机构中长期低息贷款等方式，解决产业化龙头企业发展和基础设施建设资金需求。省直有关部门在安排新型工业化引导资金、地区开发资金、高新技术产业发展资金、信息产业发展资金、资源节约资金等各类专项资金时，应向产业园倾斜，支持产业园基础设施建设和产业发展。产业园规划范围内的国有土地使用权有偿出让收入纳入当地财政预算管理，在确保足额支付征地和拆迁补偿费、补助被征地农民社会保障支出、保持被征地农民原有生活水平补贴支出后的部分，专项用于支持产业园基础设施建设。

2. 强化财政投入预算编制机制　通过设立产业园预算管理委员会，加强预算管理在产业园管理中的重要地位；加强预算编制工作，实行综合预算制度，即全部收入和支出都反映在预算中。根据不同产业园特点采用不同的编制方法，科学编制预算；细化项目预算编制，运用较为先进的预算编制手段提高预算编制的准确性；要积极实施预算评价，强调预算执行的严肃性；同时，要加大预算的公开程度，增加预算透明度（周艳、李晓冬，2015）。

根据《中华人民共和国预算法》《中华人民共和国预算法实施条例》的有关规定，围绕实施综合预算、坐实绩效目标管理、强化预算执行、探索建立中期财政规划、确保政府施政目标顺利实施的思路，坚持依法理财、量入为出、统筹兼顾、厉行节约的原则，做好产业园预算编制工作。

3. 完善财政投入绩效评价制度　绩效预算考评旨在实现产业园

资金支出的效率性和效果性、资源的总量控制和优化配置，是产业园资金预算管理的一个重要组成部分和环节。全面推进预算绩效管理，重大产业园项目实行绩效评价全覆盖。财政部门同有关部门制订绩效评价办法，对产业园发展资金使用情况进行跟踪问效（谭昌友，2013）。建立健全"事前有目标、事中有监督、事后有评价、结果有运用"的财政绩效控制体系，实行奖优罚劣。推进产业园项目资金公开竞争分配，采取第三方专家评审立项。推行产业园项目资金信息公开公示，将资金安排、申报、审批、分配、使用等信息，全面、准确、及时向社会公开，让财政资金在阳光下运行。

4. 加强财政投入监督机制　强化项目资金的管理和监察审计，设立资金专户，国拨资金、配套资金全部转入资金专户实行统一管理。在资金使用上，严格执行项目资金报账制，实行先建后补或按照工程进度划拨资金，做到专项资金专户管理，专款使用，严禁挪作他用。突出加强项目资金使用的跟踪监督检查，逐步建立和完善项目的内部审计制度，严格监督检查建设资金的使用，凡不符合规定坚决纠正，对违法违规行为坚决严厉查处，确保资金安全运行。

二、创新金融支持制度

1. 发挥财政资金杠杆撬动作用　为了解决产业园建设资金不足的问题，首先，政府部门应该做好财政预算安排工作，并通过社会化融资、盘活国有资产投入等方式来支持产业园的硬件环境建设。其次，政府部门还应该加大对产业园基础环境设施建设的支持力度，细化财政预算编制，同时还要结合本地区政府的财务状况，发挥财政资金的杠杆作用。最后，财政部门还应该积极地探索新的财政贴息手段，扩大其适用范围，以此来减轻园区基础设施建设时的资金压力（董通升，2017）。

与此同时，政府部门还应通过以奖代补方式对特定地区开展产业园创建的县（市、区）予以奖补。各地要管好用好奖补资金，用于产业园发展建设工作，发挥撬动引领作用，不得挪作他用。各地政府要积极整合相关涉农资金，集中力量支持产业园创建的关键领域、关键环节，完善产业链条。有条件的可对农业产业化龙头企业新增生产线、扩大原料基地贷款给予贴息支持，撬动和引导社会资本加大投入。建立正向激励机制，省级财政涉农资金分配要向创建积极性高、成效突出的产业园倾斜。

2. 完善信贷支持力度　加强与银行等机构的合作，支持中小微企业创新创业。注重激发和保护企业家精神，鼓励更多社会主体投身创新创业，为实体经济打造宽松的融资环境。建立银行与产业园、产业园内企业经常性的协商联系机制，积极探索推广资产抵押、动产抵押等信贷担保方式，助力产业园中小微企业获得金融贷款支持。积极争取商业银行对产业园基础设施建设的信贷支持。积极争取和利用国家级经济技术开发区基础设施项目贷款财政贴息资金、政府间和国际组织的援助资金，用于产业园的发展。

建立产业园贷款风险补偿制度。产业园财政通过公开竞争方式选择合作银行，共同出资设立中小微企业贷款风险补偿金。合作银行按照补偿金额的一定倍数安排贷款总额。由合作银行为产业园企业提供无抵押、无担保、低利率的一定期限一定金额的融资贷款，贷款风险由园区和合作银行按约定比例分担（郭秀宏，2018）。

3. 拓宽融资渠道　产业园建设不能仅靠政府的财政支持，更重要的是要撬动社会资本、社会资源的投入。积极探索对产业园高新技术企业（项目）进行风险投资的有效方式。政府积极引导、扶持民间资本、投资银行、非银行金融机构等投资者创办创业投资企业。建立多层次、多渠道、多形式的投资机制，形成政府引导、集体、民资、外资等多元投入的格局，通过法人参股、职工购股、技术入股、外资嫁接等多种方式，实现投资主体多元化（张天柱，2011）。鼓励有条件的产业园组建产业园基础设施建设投资公司，通过市场运作筹集建设资金。积极争取产业园非上市股份制公司纳入股份代办转让系统试点，完善创业投资进入、运作和退出机制。支持和鼓励符合条件的园区企业在境内外上市、发行债券或短期融资券，通过资本市场扩大直接融资。积极推广 BOT（公共工程特许权模式）、PPP（政府与私人企业合作投资进行基础设施建设模式）、BT（利用非政府资金进行非经营性基础设施建设的一种模式）等新型融资方式，降低准入门槛，吸收民间资本参与建设（郭秀宏，2018）。产业园的医疗卫生、教育科技、水利设施、污水垃圾、公交设施、地下综合管廊等均可以运用PPP模式管理和运营。

4. 健全融资担保体系 支持市（县、区）成立融资担保公司，积极开展企业融资担保服务。充分发挥资信融资担保公司在政府性融资担保体系建设中的龙头作用，加强管理，扩大担保业务覆盖面，支持和推进政府注资参股设立产业园融资担保分支机构，合理确定风险分担比例，建立融资合作、风险防控机制，以股权和再担保业务为纽带，建立健全工业园区融资担保服务体系，实现园区融资担保机构和业务全覆盖，有效解决工业园区企业融资难的突出问题。

三、加大招商引资力度

1. 改进招商引资方式 创新招商方式，优化招商效率。积极利用现代网络手段开展网上招商，安排专人及时在政府门户网、政府招商网等网络上发布招商信息，加强与其他地区投资商的网上沟通联络。充分利用各类推介会、博览会等平台进行项目推介，提高招商引资实效。着力培育和发展招商引资中介机构，切实发挥各级招商引资部门、贸促会、商会等专业机构的作用。不断改进招商方式，探索产业链招商、资本注入式招商、牌照资源补缺式招商、收购兼并式招商、PPP合作招商等多种招商形式，引入战略合作伙伴和撬动社会资源，提高招商引资的专业化水平。对招商引资成效突出的产业园，各级政府应予以表彰。

2. 加强重大项目引进工作 积极引导资源节约型、环境友好型产业向产业园转移，重点支持科技含量高、带动能力强、税收贡献大、附加值高、就业岗位多的重大产业项目。积极引进国内外战略投资者，支持引进世界500强、中国500强和民营企业500强、知名企业和跨国企业到产业园投资兴业，对引进的重要产业、重大项目，赋予产业园"一事一议"个案处理权。各级政府引进的重点产业项目优先向产业园倾斜。建立重大项目跟踪服务制度，对投资金额较大且符合国家产业政策的项目，产业园和当地政府商务（招商）局等有关部门要联合成立项目跟踪服务小组，及时协调解决项目实施过程中遇到的问题。

第三节　加强政策保障

当前产业园发展迅速，成为带动和支撑"创新驱动发展，经济转型升级"的关键力量，是实现乡村振兴的重要载体（王备军等，2014）。国家和各地方政府制定、实施了一系列促进产业园发展的政策措施，对产业园的建设和发展起到了决定性作用，但在具体实施中也存在不少问题，造成不同区域、不同产业园之间的恶性竞争。因此，须因地制宜，从问题出发，推动有关部门着力解决当地产业园重点政策瓶颈问题，提高政策的指向性和精准性。产业园发展突破现有的政策瓶颈，需要创新理念、强化顶层设计、强化资源整合，健全相关配套政策，形成一套扶持政策体系。

要围绕各地方重点产业园和重点项目，加快制定和完善务实管用的政策措施，切实解决好产业项目落地慢、建设周期长、融资难、融资贵、人才匮乏、技术力量薄弱等突出问题，确保重点产业园和重点项目建设实现新的更大突破。各地方政府应强化规划引领、机制创新、政策支持和配套服务，从财政、金融、税费、科技、人才、用地等方面给予政策支持。

在加强产业园的政策保障时，注意因地制宜，问题导向出发，提高政策的指向性和精准性；同时，通过政策宣传力度的增加、政策执行主体素质的提高、监督制度的强化和政策评估机制的建立不断强化政策的执行力度。

一、提高政策指向性和精准性

加快制定产业园发展建设指导意见，通过对政策进行分类，构建产业园政策体系，从不同方面出台产业园创建支持政策，区分不同产业园的类型，根据当前产业园创建存在的问题，有针对性地出台政策，提高政策的指向性和精准性。

1. 构建产业园政策体系 针对产业园从"人、地、钱、技"等方面制定产业园支持政策，同时细化不同政策的具体措施、适用范围和情况。着力构建"人、地、钱、技"政策体系，保障产业园建设工作有序推进。产业园"人"的政策体系包括"人"组织管理政策和人才支撑政策，通过制定完善各类人才培养、引进、使用政策，解决园区建设发展急需的各类使用人才，为产业园建设和产业振兴提供有效人才。产业园"地"的政策体系包括年度新增建设用地计划、城乡建设用地增减挂钩等用地指标、农村产业发展用地政策、"三权分置"等一系列与产业园土地有关的政策。产业园"钱"的政策体系主要包括财政支农政策、金融支农政策、鼓励引导社会资本政策3个方面。产业园"技"的政策体系主要包括农业科技研发政策、农业科技成果推广政策等。

（1）人才政策体系。统筹利用各级各类培训资源，加大对产业园经营主体、从业人员的生产经营管理和市场营销业务培训，解决园区建设发展急需的各类使用人才。鼓励和支持农业企业家、大中专毕业生、科技人员、退役士兵、返乡农民工等群体进入园区领办农业企业、农民合作社、家庭农场、农业服务组织等。对于到产业园创业的高校毕业生，给予国家及地方创业优惠政策。

（2）土地政策体系。在符合当地土地利用总体规划的前提下，年度新增建设用地计划向产业园内的农牧业产业化龙头企业和农牧民合作社加工项目给予保障。城乡建设用地增减挂钩等用地指标，优先安排用于产业园建设项目。引导新型经营主体及农户采用土地经营权入股、技术入股等多种方式，参与产业园建设。对园区企业在设施农业用地、农产品加工用电实行优惠政策，打造农业领域的"开发区"和"高新区"。要下大力气解决好农业产业园建设中的用地保障问题，推动将产地初加工、田间冷链仓库、烘干设施等附属设施用地纳入农业设施用地范围。

（3）资金政策体系。统筹现有渠道资金，按照"渠道不乱、用途不变"的原则向园区适当倾斜，形成集聚效应。发挥各地区农业供给侧结构性改革基金、农业信贷担保资金等资金的撬动作用，通过PPP、政府购买服务、贷款贴息等方式，放大财政资金使用乘数，引导社会资本、工商资本投入产业园建设。整合林业、水务、供销等涉农资金向升级现代农业产业园叠加，完善和落实融资贷款、配套设施建设补助、税费减免等扶持政策。鼓励县（市、区）创新产业园管理体制和产业园投资、建设、运营方式。

（4）科技政策体系。强化科技人才政策，实施科技人才培养和引进计划等人才专项，建立科技人才分类评价制度，强化科研人员的收入激励。加大科技投入政策，积极鼓励和引导社会投入，明确政府与市场的分工边界。优化科技基础设施条件政策，持续推进科技基础设施建设，开展分类管理和优化布局，加大对外开放共享，提高科技资源使用效率，强化产业园科技创新的条件保障能力。

2. 加强政策执行的区域均衡及分类指导　当前产业园建设的地域分布不均衡，广东等发达地区产业园建设如火如荼，走在全国前列，中西部地区产业园建设相对较少。在同一个省市也存在产业园建设的地域分布不均衡的情况。因此，针对这种现象，应该在政策上加强分类指导。通过对不同地区的分类指导，让各地认准产业优势，避免不切实际、盲目攀比和同质化竞争，形成差异化的产业园布局。

要提高政策的精准性，区分类型，增强财政资金和政策的指向性，更加注重对产业园建设较为薄弱地区的帮扶。针对部分地区财政实力相对薄弱的实际情况，建议通过转移支付等形式，适当加大对这部分地区的政策倾斜，推动形成具有地区特色的政策执行新机制（曾凯华等，2018）。

二、加强政策执行力度

1. 加大产业园政策宣传力度　近年来，产业园政策宣传力度较大，也得到社会各界的广泛关注。但是，部分企业政策知晓率较低，对政策的认识不足。因此，提高政策的执行力度，首先需要切实加大产业园的政策宣传力度，提高产业企业政策知晓率，让政策支持更加有力、落实更加有效。

运用各种手段宣传、解释政策，让社会公众认知、认同政策，接受并用到政策执行活动上来，以推动政策得以有效执行。充分利用互联网宣传地区产业园政策，如建立政策宣传 QQ 群、微信群、微信公众号等，多渠道第一时间宣传最新产业园政策。邀请高水平产业园政策专家录制培训视频，将相关视频上传到各地区政府官方网站或官方微信群，方便社会公众在线学习。组织主流媒体，采取集中采访、专题报道、融媒体新闻报道等方式，联合推出系列政策专题宣传活动，结合典型产业园的成功案例进行分析，以扩大政策的社会影响面，提高政策的普及度。编印产业园政策宣传手册，并向目标企业精准推送。由管理部门层层下发，直接送到企业负责人、财务负责人手中，让产业园主体第一时间掌握最新产业园政策动态（曾凯华等，2018）。

2. 提高地方政府执行主体素质 地方政府政策执行主体是提高政府执行效能的重要因素，是地方政府执行力量的重要来源。在执行资源、执行主体、执行客体、执行机制以及一些技术、手段、信息等执行力的影响要素中，执行主体具有核心的作用，执行主体的积极性、主动性和创造性将其他执行力的影响要素合理地配置在一起，推动政策目标的实现。执行者对政策的认同、对工作的负责程度和创新精神、对工作的投入程度会对地方政府的执行力产生重要的影响，要想提高政府的执行效能，主要应从以下两个方面提高执行人员素质：①培育执行人员的责任意识，树立政府工作人员执政为民的理念，充分调动执行人员的积极性；②提高执行人员专业技术能力，通过组织学习，提高执行人员对政策的理解能力，在执行活动中的组织能力、协调能力，增强工作中的创新能力，能够增强对信息的敏感程度。

3. 强化政策执行的监督制度 完善政策执行的监督制度，可以有效避免执行者为谋私利和执行不力造成的政策执行受阻情况。一是增强政策执行活动的透明度，保证专门监督机构的独立地位。通过理顺监督体制，改变专门监督机构现行的双重领导体制为垂直领导机制，使监督机构真正获得超然独立的地位。二是强化国家权力机关的监督职能，落实和完善各项监督制度。例如，广东省农业农村厅建立督促检查机制，由厅领导班子成员带领业务处室成立工作组，以包片形式负责几个省级产业园的督查工作。建立健全督促检查机制，落实分管领导和责任人，经常到产业园检查指导，及时向上级部门反映困难和存在问题，帮助企业协调解决问题。

4. 建立产业园政策评估常态机制 产业园政策评估是产业园相关管理部门规范运行和有效服务的重要体现。因此，必须把政策评估作为产业园主管部门重点工作之一，将产业园评估工作摆在更为突出的位置，推动产业园政策评估工作向常态化发展。建议推进产业园政策执行情况评估工作常态化、制度化，针对政策评估的关键环节、适用方法和评估内容形成规范，强化创新政策评估的关键技术支撑。对评估中发现的问题，责成各地级以上市落实责任、限期整改，使政策落实成为一场"接力赛"，确保"抵达终点"。

在产业园政策评估中，鼓励引入第三方评估。第三方评估是我国政府政策实践创新的重要内容，是政策评估的重要形式，对促进地方政府科学决策、民主决策，提升地方政府重大行政决策质量，推动地方政府重大行政决策顺利实施，具有十分重要的现实意义（郭渐强、严明，2017）。鼓励各地级以上市通过委托第三方机构、实地调研、企业访谈等方式加强产业园政策落实情况评估，及时总结政策实施过程中取得的成效和部分政策难以落地的症结所在，在不违反法律法规及相关政策的基础上，修订完善本地落实相关产业园政策及实施细则，建立产业园政策评估动态调整机制，切实提高产业园政策的成效。

第四节　加强组织保障

一、加强组织管理机构建设

产业园在发展过程中存在周期长、收益慢、吸纳社会资本能力有限等问题。因此，各地政府对产业园在政策、财税、软硬件管理等方面均给予了大力支持，积极引导产业园发展，做到服务而不干预、支持而不干涉，逐步建立起"政府引导、市场主导、企业发挥作用"的运行管理体制（矫健等，2018）。因此，借鉴国外产业园的运行管理机制，可采纳"领导小组＋办公室＋管理委员会＋开发公司"的组织管理模式，创建一个统筹领导与协调产业园创建的领导小组和办公室、一个高效运转的产业园管理委员会、一个PPP模式的战略开发管理公司。

1. 成立产业园领导小组和办公室　成立促进产业园建设协调领导小组，由政府主要领导担任组长，农业、组织、财政、发改、交通、水利、环保等政府各有关部门、乡镇主要负责同志为小组成员。领导小组负责产业园的全面规划、领导、政策制定和协调工作。领导小组下设办公室，负责落实有关配套政策，协调解决发展过程中的重大问题，落实产业园总体规划、实施方案、管理办法，制定规章制度，实施工作监督等。

建立各部门联动的工作机制，人民政府作为产业园的责任主体，全力推进产业园的规划-建设-申报等工作，各部门结合职责，全力推进产业园建设工作。

2. 成立产业园管理委员会　产业园管理委员会作为政府派出机构，主要作用是推进产业园发展的组织实施，履行政府行政管理与引导职能。具体包括：负责产业园的组织、领导和协调工作；贯彻落实国家有关法规和政策，制定产业园对接政策；对产业园的规划、建设及发展给予统筹指导和实施监督；开展产业园建设规划、重大事项的决策；根据政府授权，对产业园战略开发管理公司的财政投入资金履行出资职责，依法对其国有资产进行监督管理，并加强业务指导，在资源配置上给予倾斜支持；协调各政府职能部门，营造高效、精简的行政服务环境，引导产业园建设的快速、有序、健康发展。

3. 设立产业园战略开发管理公司　引进社会资本入股产业园，政府提供行政资源和政策优势，设立战略开发管理公司，企业提供资金链和后期的运营。发挥产业园管理委员会和企业各自的优势：一方面，政府减轻财政压力，规避多重身份的不利影响；另一方面，企业可以中标项目建设，获得长远利益。可在PPP模式下，形成"产权清晰、权责分明、政企分开、管理科学"的现代企业管理制度，最终实现以企业经营为主体、行政指导为保障的双轨运行的园区管理新体制。

二、完善组织协调机制

在组织管理体系中，涉及政府、产业园管理部门、企业等多类主体。在整个组织管理体系中，政府主要起到引导和协调的角色，协调不同部门之间的关系，引导不同部门之间的合作、沟通，推进产业园有序发展（马丽、李伟娜，2018）。

为了充分发挥组织协调机制的作用，加强综合协调，明确相关部门的责任和分工，以产业园工作领导小组为主，加强监督，确保责任到位、措施到位。细化各部门在创建产业园工作中的职责，明确不同部门之间的关系，强化组织领导，建立责任明确、分工协调的工作机制，加强部门之间、乡镇之间、农场之间的协调联动，促进信息互通、工作互动，形成推动产业园创建的强大合力，强化协调配合，确保规划落实到位。

三、鼓励多元主体参与

产业园作为有一定范围的空间区域，产业园的管理运营涉及多个产业、多个主体、多个项目，需要遵循经济发展规律，创新产业园管理运营体制。而在产业园的组织管理过程中也需要鼓励政府、企业、农民（工人）等多元主体参与进来。

多元主体参与产业园的管理模式主要有 3 种，分别为政府主导型、政企合一型、企业主导型。政府主导型管理模式在政策上优惠较大，入驻企业的资质、经营管理等方面较为成熟，但是也存在建设周期长、决策缓慢的缺点。政企合一型管理模式关系较为简化，有利于协调，同时也存在企业可提供的支持有限等问题。企业主导型管理模式的主要特点是市场化运作，抗风险能力强，但是受到政府的支持也相对较少。多年实践证明，只有坚持政府主导、企业主体、农民（工人）参与，才能实现产业园的健康快速发展，三者缺一不可。

1. 政府主导　政府主导产业园的建设管理，主要体现在统一规划、政策支持、管理服务 3 个方面。一是统一规划。产业园的建设要坚持规划先行。通过政府统一规划，准确把握产业园的功能定位，科学确定产业规模布局，突出产业园创建人物，探索农民持续增收新路径。二是政策支持。产业园的建设，需要政府围绕产业园基础设施和公共服务，创设和出台用地保障、税收支持、投融资服务、科技人才配套等一系列政策，并协调解决建设过程中遇到的重大事项。三是管理服务。产业园需要地方政府优化营商环境，大力推进放管服改革，精简行政审批，对产业园建设事项开辟"绿色通道"，推行集中式、一站式服务。加快探索"互联网＋"政府服务，加强各级部门管理信息系统与产业园的互联互通，简化审批流程，缩短审批时限，提高服务质量。加强金融合作和产品创新，畅通各类金融机构支持产业园建设的有效途径。加强对入园主体的服务对接，建立综合服务平台，提供政策、信息、法律、人才等全方位服务。对产业园农业用电用水实行优惠政策，强化政府部门对产业园设施配套、要素保障、生态保护、安全生产等方面的监管服务，营造更加公平、开放的市场环境。

2. 企业主体　企业主营产业发展，产业园内各类产业项目的产品开发、企业经营、产品营销等具体业务由企业、合作社等各类微观主体去做。

3. 农民（工人）参与　农民（工人）参与经济活动全过程，就是要通过政策和机制创新，让农民（工人）参与到产业发展各环节中，并能够分享产业发展的增值收益，让发展红利惠及农民（工人）。

四、强化绩效考核评价

1. 建立产业园项目推进机制　建立项目责任制度，将每个项目落实到分管领导、责任科室，形成责任明确、层层负责的工作体系，制订推进计划，及时帮助项目方协调解决项目引进、落地、建设中存在的突出问题；建立工作台账制度，以台账促落实，包括项目基本情况、项目完成情况、存在的问题以及下一步工作措施等；建立项目推进协调会制度，涵盖项目用地、项目资金划拨、临时应急问题及其他协调多部门或乡镇共同配合才能解决的事项等；建立跟踪督查制度，主要采取报送进度台账、座谈或实地查看等方式进行。

2. 建立产业园企业监测机制 根据农业农村部办公厅、财政部办公厅《关于开展国家现代农业产业园创建绩效评价和认定工作的通知》(农办规〔2018〕15号)要求,定期做好产业园各项指标的自评工作,针对产业园发展较弱的指标,制定措施加以强化。构建以政府为核心、多元主体参与的农业园区监管评价机制。强化农业园区监管法律法规制度建设,构建规范运作、公平竞争的运营管理体系。园区要设立园区工作办公室,承担起草颁布监管法规制度、监管评价等工作(矫健等,2018)。建立经济指标统计制度,定期收集产业园企业、合作社、种植大户等经营主体的销售额、纳税等情况,综合分析其经营状况、存在的问题,以便及时解决问题。定期对市级以上龙头企业进行监测,对不合格的企业实行淘汰,对达到标准的可申请省级、国家级的企业予以扶持,支持、鼓励企业做大做强,充分发挥辐射带动作用。充分发挥社会舆论监督作用,调动广大群众参与园区监管的积极性,为园区发展创造良好的社会监督氛围(矫健等,2018)。

3. 建立绩效考核机制 完善考核办法,健全产业园综合评价考核体系,将产业园主导产业占比、资金投入、环保设施、土地收储、营业收入、招商引资等指标纳入各产业园年度综合考核指标体系,建立产业园考核通报机制,对领导干部实行项目及资产离任审计,建立生态破坏和环境污染责任终身追究制度与目标责任制,积极营造推动产业园创新发展、追赶超越的浓郁氛围。

第八章

乡村产业园建设运营管理

第一节 乡村产业园的建设准备期

一、建设组织决策

乡村产业园的建设与发展必须以政府为主导，政府的作用不可或缺。政府部门需要高度重视乡村产业园创建工作，协调组织各方人才资源，建立产业园管理机构。组织成立乡村产业园管理委员会，负责对园区重大事项进行调查研究，及时提出意见、建议，供政府决策；协调园区各类规划的编制、管理和基础设施建设工作；协调园区招商引资、项目促建和土地、能源、人力资源安全等要素保障工作；协调园区形象打造和对外宣传工作；负责园区行政审批"一站式"服务工作；牵头开展园区发展重大问题的调查研究，并提出措施建议。

二、基础设施建设

乡村产业园基础设施建设的总体任务是根据产业园的发展目标，结合实际情况，合理确定产业园内各项基础设施的规模、容量，科学布局各项设施，制定相应的建设策略和措施（王力锋，2010）。

地方政府应该积极地为产业园内的生产经营主体提供优质高效的公共产品和服务。例如，完善产业园内的一般基础设施和公共服务设施的建设，包括通路、通电、通水、通信、排污以及土地的平整。确保能满足产业园内企业对交通、网络、信息、资源等的需要（郎娟娟、彭品志，2014）。

良好的基础设施是乡村产业园发展的基本保证。乡村产业园的基础设施主要包括交通设施、动力能源设施、通信设施与信息系统、技术研发中心与创业中心等。政府构建乡村产业园基础设施平台的基本要求是：乡村产业园的交通运输设施要具备快速、方便的特点；乡村产业园的通信设施要具备大容量、及时、迅速的特点，要有健全的宽带网络体系和发达便捷的程控电话；乡村产业园的动力和能源设施要具备洁净、可靠的特点；乡村产业园的技术研发中心和创业中心要不断地孵化出新的技术和产品；政府必须加强乡村产业园基础设施的建设，从而构建乡村产业园基础设施平台，并为园区内的创新活动营造良好的硬环境（宫靖，2008）。

三、招商引资

现今，我国处于向"服务型政府"转变的关键时期，招商引资工作作为政府提升区域经济发展的手段之一，也要注重去"管理型"进而向"服务型"转变，为地区经济的发展提供支持，为企业长远建设提供后勤保障。具体而言，要从改革行政审批、推进服务举措、加快项目落地建设等各个方面进行政府职能的转变，切实做到为企业发展服务，进而形成良好的招商环境，为园区招商引资工作的顺利开展保驾护航（赵铭鑫，2017）。

首先，园区的招商工作要在政府的指导下，充分尊重市场经济的发展规律，放权于市场，放权于企业，充分调动市场和企业的积极性。一方面，在向"服务型"政府转变的同时，园区管理委员会要做好对企业的管理和监督，并做好服务工作。通过制订发展规划和相应的政策规范，引导企业的发展方向；通过对企业的审查和审核等工作，做好对企业的监督；通过完善招商环境和配套设施，为企业的长足发展做好服务。另一方面，要发挥企业的市场主体地位的作用，调动其投资的积极性和主动性，更好地为区域经济发展提供保障。还可以鼓励中介机构参与到落地企业的建设和生产中，实现中介机构与企业共担风险、共获收益的模式，从而调动中介机构招商的积极性，最终为园区招商工作的有效开展提供保障。

其次，政府大力改善投资环境。优化园区的基础设施和区域的整体配套基础设施等硬件投资环境，通过制定合理的优惠扶持政策、实行首次接洽负责制、简化批文缩短审批时间、规范执法行为加强对项目的监管来优化软件环境，为企业营造良好经营环境，激发投资积极性。

最后，政府需要加强团队管理和人员建设。建设具备专业素质的招商团队，可以通过开展定期培训、邀请专业机构和高水平人员讲演等方式，以及根据招商任务定向培训的方式，提高招商团队专业能力。完善对招商人员的鼓励、激励机制，制定合理的考核机制，切实调动招商人员工作的主动性和积极性，为招商工作的顺利开展奠定基础。

第二节　乡村产业园管理与运营

一、制定全流程管理体系

乡村产业园是引领农业供给侧结构性改革、加快推进农业现代化发展的重要载体，产业融合、农户带动、技术集成、就业增收是产业园的主要功能，而要素集聚、产业融合、技术集成、绿色发展、利益共享是产业园创建的 5 个基点。

以上功能定位决定了产业园的建设是由若干不同类型的工程建设项目组成，这些工程建设项目的建设内容、投资主体、建设方式、运营主体都不尽相同。产业园项目建设全过程管理的参与主体众多，有政府、投资及运营企业、承建商（包括策划、设计、施工、材料设备供应等）、农民等，他们之间是经济合同关系，以经济合同为纽带，以提高建设项目建设水平为目的，最终形成相互制约、相互协作、相互促进的建设管理格局，这就充分体现了建设项目全过程管理的主体多元化的特点。所以，乡村产业园建设的全过程管理较之单一工程建设项目更为复杂（李想，2012）。

乡村产业园项目建设具有很强的整体性，各个环节之间具有不可分割的联系。而项目建设的全过程具有环节性，各个环节之间既是相对独立的，也是相互联系的。由于建设项目既具有整体性又具有环节性，这就要求整个乡村产业园项目建设全过程的工作具有持续性。下面阐述乡村产业园建设的全过程管理。

第一，乡村产业园建设需要在综合考虑产业优势、发展潜力、经济区位、环境容量和资源承载力等各种因素的条件下进行统筹规划。要科学编制产业园建设规划，统筹布局生产、加工、流通等功能，并做好与土地利用总体规划、城乡建设规划、农业发展规划等的衔接（于水，2017）。

第二，乡村产业园的创建实行政企分开、政资分开、产业园管理机构与开发运营企业分离。乡村产业园管理机构，可由所在地人民政府派出，也可委托由其他社会机构组织承担管理、服务、经营。

第三，探索产业园多元建设模式。发挥政府资金的引导和撬动作用，采取直接投资、投资补助、财政贴息等多种方式支持产业园建设。支持各地统筹使用财政涉农资金，通过政府购买服务、贷款贴息、专项基金、以奖代补等财政支农方式，撬动金融资本合作（PPP）方式开展产业园公共服务、基础设施类项目建设，吸引龙头企业、农民合作社等新型经营主体以及科研机构投资、建设、运营产业园。倡导开放式建设，鼓励多元主体、全社会力量参与，吸引大学生、返乡下乡人员、复员转业军人和新型经营主体入园创业创新，形成"有边界、无围墙"的产业园建设格局。

第四，鼓励各地通过参股合建、经济托管等多种形式，合作共建一批辐射带动能力强、影响力显著的乡村产业园。

乡村产业园的运营，要把握好政府和市场的关系，充分发挥政府和市场"两只手"的作用。处理好两者关系，要讲辩证法、两点论。要发挥好政府引导作用，重在把方向、搭台子、强服务，在规划编制、政策支持、市场监管、公共服务等方面发挥好主导作用。目的是引导市场主体发挥主力军作用，既不能越俎代庖、大包大揽，也不能当甩手掌柜、放手不管。要发挥好市场主体作用，就是要充分发挥市场主体了解市场、善于经营的优势，在市场竞争中把产业做大做强。特别要注意发挥龙头企业的带动作用，吸引多元主体、全社会力量参与乡村产业园建设。

乡村产业园的运营，还要处理好农民与企业的关系，农民是乡村产业园的主体，企业是乡村产业园的生力军。建设乡村产业园，既离不开广大农民群众的支持，也离不开工商企业的参与。要保护农民建园的积极性，参与乡村产业园建设的农业产业化龙头企业，不能侵害农民群众利益，在推动适度规模经营、发展高效特色产业、保护资源生态环境上充分考虑农民利益诉求、充分尊重农民意愿。要努力完善利益联结机制，既要发挥企业等工商资本整合资源、对接市场的优势，也要支持和保护农民发展原料生产、产地初加工、休闲观光等农业产业，带动农民就业增收，让农民实实在在地享受到产业园发展的红利。不能为了吸引工商资本、方便工商资本管理控制，就把农民挤出去、赶出去，忽视普通农户的致富需求（李云芳，2018）。

第五，建立动态评价机制。制定乡村产业园建设标准，严格准入，确保乡村产业园建设上水平，加强对乡村产业园的建设监督，实行"目标考核、动态管理、能进能出"考核管理机制（于水，2017）。根据考核评价结果，实施差别化奖补措施。对发展成效明显、考核评价优秀的乡村产业园，加大支持力度；对发展缓慢、考核不合格的，进行责令整改，整改不合格的取消创建资格。发生重大事故或造成重大不良影响的，应取消创建资格。

二、加强产业园建设运营组织保障

根据乡村产业园生产规模、经营项目、发展理念等内容来建立完善园区组织与机构设置，按照功能完善、结构合理、权职分明的原则组建运营管理机构，确保园区高效有序运行。建立各部门相互联动的工作机制，县人民政府作为乡村产业园的责任主体，全力推动乡村产业园规划、建设等工作，县级各相关部门结合各自工作职责，合力推动创建工作。进一步完善实施考核机制，编制乡村产业园规划与行动计划。指导各单位做好产业发展与空间布局、专项规划编制、政策研究、重大事项对接、重点项目承接等工作。制定各产业发展规划的编制、执行、监督、评估、修订等制度。明确主要领导、各部门等职责和权限、议事规程、工作标准等，定期分解规划重大事项、重点工程和主要任务，落实到部门和岗位。

三、建立多元主体管理模式

乡村农业产业园的全过程管理模式包括园区的整体管理模式、园区内各类项目的投资运营管理模式和具体项目建设承包管理模式。

乡村农业产业园作为有一定范围的空间区域，园区的管理运营涉及多个产业、多个主体、多个项目，需要遵循经济发展规律，借鉴高新技术开发区、经济技术开发区的管理模式，创新产业园管理运营体制。多年实践证明，产业园的健康运营需要进行多元主体管理模式，只有坚持政府主导、企业主体、农民参与，才能实现产业园的健康快速发展，三者缺一不可。

四、项目建设管理模式

园区内项目投资建设模式的选择，需要区分具有公共服务或基础设施属性项目和非公共服务或基础设施属性项目。不同类型的项目，分别适用于不同的投资、建设、运营模式。

对于园区内具有公共服务或基础设施属性项目，通过政府购买服务、贷款贴息、专项基金、以奖代补等财政支农方式，撬动社会资本合作，采用 PPP 模式开展。PPP 操作的五大模式：政府注资＋特许经营模式，政府授权＋特许经营、购买服务模式，政府注资＋股权回购（融租），政府配置资源＋项目收益分成模式，政府配置资源＋社会方注资建设。

对于园区内非公共服务或基础设施属性项目，采用市场化的模式，通过招商引资由龙头企业、农民合作社、其他各类新型经营主体以及高校、科研机构等社会资本进行投资、建设、运营，具体可采取 EPC 模式、PMC 模式、PMT 模式和 MC 模式等。

1. EPC 模式　近年来，国际上较为流行的项目建设管理模式是工程总承包模式（Engineering Procurement Construction，EPC）（强茂山、裴文林，2003）。EPC 模式能将项目的各个有机联系的阶段作为一个系统进行管理，实现在一个主体下对设计、采购、施工进行系统的和整体的管理与控制。设计、采购、施工组合为一个合同进行承包，既可以在一个主体管理下实现系统的管理和控制，又可以在一个主体管理下实现整体优化，有利于实现设计、采购、施工的深度交叉，在确保各阶段合理周期的前提下缩短总工期，有利于保证工程质量（胥善林，2004）。

2. 其他承包模式　第一，项目管理承包模式（Project Management Contracting，PMC）是指项目管理承包商代表业主对工程项目进行全过程、全方位的项目管理，包括进行工程的整体规划、项目定义、工程招标、选择承包商，并对设计、采购、施工过程进行全面管理，一般不直接参与项目的设计、采购、施工和试运行等阶段的具体工作（刘金详，2012）。

第二，项目管理组总承包模式（Project Management Team，PMT），工程公司或其他项目管理公司的项目管理人员与业主共同组成一个项目管理组，对工程项目进行管理。

第三，施工总承包模式（Managing Contract，MC）是指设计和施工由不同的单位完成。一般是业主委托一个设计单位，建筑师和工程师对项目进行设计。设计完成或接近完成时，业主找一个承建商，按照设计单位完成的设计进行施工。承建商一般将项目分包给不同的专业分包商。分包商及供应商具体由谁指定，主要是依据承包合同确定（曹震，2002）。

第九章

乡村产业园案例经验借鉴

第一节　国际乡村产业园案例借鉴

一、日本/韩国

1. 农业发展概况　日本位于亚洲东部，四面环海，属于典型的岛国。国土面积仅为 37.8 万平方公里，且多为零星分布的山地，山地覆盖率高达 75％。日本人口众多，且分布较为密集。2009 年，日本人口数量居世界第 10 位，达到 1.26 亿，城市人口比重较高。众多的人口与稀少的耕地形成强烈对比，据统计，日本耕地面积仅 508 万公顷，人均仅 0.04 公顷。与此相比，日本水利资源较为丰富。海岸线达 3 万公里，且长而弯曲，使日本形成很多海湾并建成许多港口。但内陆河流湍急曲折，不利于内陆河运发展。从日本土地构成看，火山灰、泥炭土、泛碱土使日本土壤贫瘠。因此，多开垦为水田（逄锦彩，2010）。

韩国位于亚洲大陆东北部、朝鲜半岛南部，三面环海，西海岸同中国山东半岛的最短距离为 190 公里。朝鲜半岛面积为 22.1 万平方公里，韩国国土面积为 9.93 万平方公里，占朝鲜半岛面积的 45％，但农业可耕地仅占朝鲜半岛的 19.4％。2006 年，韩国人口总数为 4 820 万人，人口密度为 474 人/平方公里，是世界上人口密度最大的国家之一。经过 40 多年的努力，韩国从一个极度贫穷的农业国，一跃成为世界经济发达国家，拥有发达的造船、汽车、化工、电子、通信工业，网络基础设施名列世界前列。

近年来，韩国农业经济地位和农业从业人口不断减少，小规模家庭经济占主要地位（表9-1）。2000年农业人口为403万人，农户138万户，耕地面积188万公顷，平均每农户1.36公顷。到2005年，农业人口为343万人，农户为127万户，平均每农户1.19公顷。

表9-1 韩国农业在国民经济的比重变化

（强百发，2010）

年份	农业在国内生产总值中的比例（%）				从业人口比例（%）		
	农渔林业	农业	林业	渔业	农渔林业	农林业	渔业
1970	29.2	25.5	2.0	1.7	50.4	49.5	0.9
1975	27.2	24.0	1.5	1.7	45.6	43.1	2.5
1980	16.1	13.8	1.1	1.2	34.0	32.4	1.6
1985	14.1	11.6	0.8	1.7	24.9	23.7	1.2
1990	9.0	7.8	0.4	0.8	17.9	17.1	0.8
1995	6.3	5.5	0.2	0.6	11.8	11.2	0.6
2000	4.8	4.2	0.2	0.4	10.6	10.2	0.4
2005	3.4	3.0	0.2	0.2	7.9	7.6	0.3

由于日本、韩国人多地少，因此，其农业发展一直是小农生产方式，实施的是差别化、精耕化的农业发展战略。所以，日本、韩国的乡村产业园主要以休闲农业园区为主。休闲农业园区主要是由政府举办，以假日农场为主体。

2. 案例分析 日本的假日农场大部分位于城乡结合部，在功能上注重城乡互补，按照普通公园的管理模式来实施经营，将农业生产、农业消费与农业旅游综合起来，发挥综合农业的示范效应。在日本享有盛名的富田农场、札幌观光农场、宏前苹果园区等现代化的休闲农业园区，每年能够接待来自全球300万人次的游客。

因日本农业有很大部分是由兼业农户耕作，农业园区的经营理念及管理方式等也体现了农业教育与农业研修的功能，将农业生产、加工、研修实习及休闲旅游结合起来，具备生产、实践、旅游等多项功能，体现了农业的多功能特色。

除了一些专业化的农业园区之外，综合性的休闲农业园区在日本也发展很快，尤其是在东京、大阪等大城市周边，集粮食生产、渔业养殖、果蔬种植于一体的有机农业综合园区得到了较好的发展。这些园区一般面积较大，综合性强，是日本农业产业化发展的重要载体与标志。

例如，位于日本三重县伊贺市郊区的 mokumoku 亲子农场，由农户养猪的经营联合体发展而成，形成了以亲子教育为出发点，以家庭为主要需求群体，以"自然、农业、猪"为主题的工作室农庄。以家庭、学生为主要客群，强调亲近自然及家庭温馨，现已形成集生产、加工、销售、休闲观光农业、网络购物于一体的第六产业化最成功主题农场。

该农场主要可分为四大区域，分别提供观光游览、科普教育、产品展览、餐饮美食、休闲体验、商品购买、度假住宿等服务。农业各个环节与旅游产品无缝融合，形成密切关联的农旅产业链。

农场入口处主要是购物区，包括蔬菜交易市场、牛奶工坊、乡村料理店、美食广场等。在蔬菜交易市场中，农场与周边农户一起合作，向消费者提供新鲜蔬菜。同时，所有提供产品的种植农户照片与姓名都会被挂出，消费者可以清楚地知道自己购买蔬菜的生产地与种植农民。

农场巧妙地将销售加工产品的店铺包装成主题馆，如猪主题馆内就有许多猪肉生产加工的商品，还有叉烧馆、香肠主题馆等。而当地生产的猪肉则会在餐厅通过料理的方式直接让消费者品尝，各种奶制产品则会在牛奶工坊卖出。

在休闲体验方面，农场巧妙地通过小猪训练园的方式为游客提供观赏，同时这里也是猪饲养的主要场所。饲养员每天都会按时把猪放出在园里活动，游客可在屋外零距离接触观赏小猪，同时游客也可在饲养屋喂养小猪。此外，游客可以体验奶牛的挤奶过程，也可以观赏各类牛、羊、矮脚马等动物。从周一到周日在牧场都有不同设定的体验活动，包括喂食、挤奶、牧场工作等活动项目。

除了两个养殖的观光点外，农场还设置了两个手工体验馆，让游客亲手制作香肠。由于农场体验项目非常丰富，所以农场也为游客提供住宿的服务。除核心的体验购物区域外，在周边农场还拥有许多自己的田地，种植蔬菜与花卉。所以，mokumoku农场并非是完全的休闲观光农场，它仍然有足够的生产能力。

该农场最值得学习的地方便是巧妙地将生产、加工、销售与观光体验结合起来，形成一个循环的商业模式。当然更重要的是，农场的细节考虑非常周到，如为亲子设立哺乳室、产品包装、活动安排与说明、农户介绍等。

二、美国/加拿大

1. 农业发展概况　　美国和加拿大位于北美洲，地域辽阔。美国国土总面积963万平方公里，其中耕地面积1.98亿公顷，占世界耕地总面积的13.18%，人均耕地面积0.66公顷，约是世界人均耕地面积的3倍（曲军、胡胜德，2009）；加拿大国土面积约998.47万平方公里，其农业用地面积约58 707万公顷，耕地面积约6 800万公顷，人均耕地面积约1.8公顷（丁香香，2019），约是世界人均耕地面积的8倍。资源丰富，气候条件适宜，土地、草原和森林资源拥有量居世界前列，发展农业具有得天独厚的自然条件（杭东，2011）。农业在其国民经济中占有重要地位，农产品是美国和加拿大重要的出口商品，农业已经实现高度规模化、机械化、专业化和信息化。

美国农业从业人员占总人口的2%左右，不仅养活了美国3亿人口，还是世界农产品出口大国。这主要依赖以家庭农场为主的农业产业化经营，借助完善的市场经济制度造就了极具竞争优势的家庭农场经营机制与生产方式，从而成为美国农业经久不衰的一个重要基础（李鹏飞等，2018）。

美国农业经营单位中家庭农场占90%以上，家庭农场个数大约210万个。其中，属于公司性质的农场只有不到10万个，合作农场不足2万个，其他都是家庭农场（刘源，2014）。随着美国农业的发展、农产品市场的开拓、科技进步和大范围配置资源，行业间的分工越来越细，生产要素逐步向优势农户集中，农场数量逐渐减少，规模扩大、专业化、机械化程度越来越高，见表9-2。

表 9 - 2 2007—2015 年美国农场情况

(赵颖文，2019)

年份	农场总量（万个）	土地规模（万公顷）	平均面积（公顷）
2007	220.50	37.282	169
2008	218.45	37.167	170
2009	216.97	37.126	171
2010	214.95	37.048	172
2011	213.12	36.997	174
2012	210.98	37.005	175
2013	210.20	36.982	176
2014	208.50	36.940	177
2015	206.80	36.900	178

目前，美国每个家庭农场的经营规模大都在数十公顷以上，全国最大的农场面积超过 1 333 公顷（曲军、胡胜德，2009）。美国小规模家庭农场数量接近 9 成，但其经营的土地面积还不足半成，为48.3%，其创造的农产品产值比重也仅占 24.2%。而大规模农场只占农场总数的 2.9%，占据着 23% 的土地经营面积，农产品供应量占据 42.4% 的市场份额，见表 9 - 3。

表 9 - 3 美国各类农场数量、规模和产值比较

(曲军、胡胜德，2009)

分类	农场数量比重（%）	土地经营面积比重（%）	农产品产值比重（%）
小规模家庭农场	89.7	48.3	24.2
中等规模家庭农场	6.1	22.6	22.8
大规模家庭农场	2.9	23	42.4
非家庭农场	1.3	6.1	10.6

由于美国借助于各类家庭农场、联合企业以及合作社等新型农业经营主体，长期实行专业化生产和规模化经营，使得其长期是世界上第一大农产品出口国（赵颖文，2019）。美国每年农产品的出口额为1 300 多亿美元，近几年的出口额在农业补贴的刺激下更是不断上升，

2017 年农产品出口额达到 1 383 亿美元。此外，美国农产品占世界贸易的份额也相对较高，如大豆接近 50%，玉米接近 70%，棉花占 21.2%，小麦占 11.6%，畜产品、烟草和水果等产品也都占有很大比重。在粮食产量方面，2013 年美国粮食产量达到 4.32 亿吨，人均占有量超过 1 000 千克，在世界上排名第一。

加拿大是当今世界农业现代化程度最高的国家之一，早在 20 世纪 60 年代，在一系列政策的指导下，加拿大农业就开始步入现代化进程。经过长期发展，现代农业成为加拿大最具竞争力的优势产业之一，是全球农业高度发达的国家之一。加拿大农业实行规模化、产业化和区域化的经营模式，现代化、机械化程度高，农业生产率在世界居于前列。目前，加拿大农业形成了专业化、区域化的布局，在行业上实行比较严格的分工，生产环节上进行细致的专业化分解，建立了各种特色鲜明的产业带。据统计，2009 年，加拿大共有 220 万个农场，土地面积为 3.73 亿公顷，平均每个农场土地面积为 170 公顷。2010 年，加拿大农业从业人口为 205.6 万人，仅占加拿大全部就业人口的 1.4%。平均每个农场只有 1.07 人进行生产和经营，每个农业经济活动人口平均耕地面积高达 181.4 公顷（杭东，2011）。

美国和加拿大的农场模式具有三大特点：

一是经营规模化。家庭农场以经营规模优势取胜，根据不同农产品特性采用相应的生产种植模式，既提升了资源利用率，也节约了经营成本，从而实现整体经济效率的提高。

二是生产区域专业化。美国规划出 10 个农业生产区域，各区根据自然条件和资源禀赋生产 1～2 种农产品，实现了农业生产的多元化。

三是生产合作化。美国的农业服务机构由此应运而生，农场主通过合作方式，赋予农业服务机构农产品生产、加工、运输、销售等权利，转嫁风险，提前锁定利润，主动规避市场波动可能造成的损失。

2. 案例分析　在美国，已有 20% 的农场使用直升机进行耕作管理，很多中等规模的农场和几乎所有大型农场都已经安装了 GPS 定位系统。在美国，耕种离不开先进的农用机械，1 人大约能耕种

3 000 英亩*的土地。美国农业以市场为导向,农民根据市场信息独立作出生产和销售决策。美国农业的信息化程度已经高于工业,上网、读报已成为美国农民生活的一部分。离开了准确、及时、权威的市场信息,美国农业将无所适从。

例如,美国格雷格家庭农场总面积约 3 000 英亩,主要种植大豆、小麦、玉米和荞麦,另有 193 头肉牛。格雷格家庭农场的全部家当包括农场、牧场、房屋、牲畜、农机具等在内,总价值约为 120 万美元。全部资产只有格雷格夫妇 2 人打理,他们需要同时扮演许多种角色:农民、经理、会计、机械师、焊工、木匠、兽医、化学家、农艺师、教师(向帮工演示如何当农民)、市场营销师、投资者、电工等。

机械化与信息化技术是帮助格雷格家庭农场实现高效管理的秘诀。在种植方面,格雷格家庭农场拥有联合收割机、四轮驱动拖拉机、风钻机、农用轨道拖车、捆草机、播种机等多种类型的农机具,涵盖农业生产的各个方面。例如,价值 7 500 美元的自动驾驶和卫星定位系统,可使拖拉机由计算机控制作业,无需人工操作,而且耕地质量高。在养殖方面,也实行信息化管理,每头牛的两只耳朵上都戴有耳标,耳标记录了牛的出生日期、亲属关系及编号等信息,所有信息都可以通过计算机一览无余。

三、以色列

1. 农业发展概况　以色列是一个国土面积狭小、人口密度大、资源贫乏的国家,其农业发展的人口、自然资源及环境条件极其不利。土地总面积 2 万多平方公里,2/3 的土地被沙漠(约 60%)和丘陵所覆盖;耕地总面积 44 万公顷,约占国土面积的 20%(邓启明,2009)。气候干旱缺水,农业就业人员只占劳动力总人口的 1.2%。尽管如此,农业已经成为以色列高度发达的产业之一。截至 2014 年,以色列的农业产品不但能满足国内 95% 的需求,还有 18% 的产品可

---

　　* 英亩为非法定计量单位。1 英亩≈0.40 公顷。

以出口（主要出口欧洲），其中出口的蔬菜水果创汇额达到了 20 亿美元，也因此赢得了"欧洲果篮"的美誉（蓝伟光、孟羽，2019）。

以色列政府高度重视科技创新对农业发展的重要意义，制定有利于激励农业科技创新的政策措施，并成立相应机构专门服务于农业技术创新与发展。以色列的农业技术在许多方面都处于世界领先地位，节水系统尤为突出（杨丽君，2016）。大部分灌溉采用先进的滴灌节水技术，将水和添加的养分直接供给植物根部区，安装的计算机控制系统控制灌水量使水的利用率达到 95%，减少农业用水。以色列的滴灌系统是世界一流的，现在出口到世界各国（张天柱，2008）。

以色列温室种植发展很快。由于温室种植增产、增值显著，一般产量为露地的 4 倍，如番茄平均每公顷产 300 吨，政府加大投入，温室迅速发展。以色列在温室中种植鲜花、蔬菜、水果、装饰植物和香料，将高科技大量用于温室，如自动控制温室用水、施肥、气温和湿度。另外，大力推广用于喜高湿植物的温室农业，白天在温室内喷雾进行降温，将雾滴吸收的热量储存下来，夜间利用它们提高室温（张天柱，2008）。

（1）以色列农业的主要特点。一是完善的农业服务体系。目前，以色列已建立一整套由政府部门、科研机构和农民合作组织紧密配合的农业研究与推广体系。他们的科研项目直接来自于生产一线，并由生产部门提供部分科研经费及试验基地，由农业部下属的农业研究组织来承担。一旦取得成功，通过农业技术推广服务站举办培训班，建立示范点，进行实地推广。以色列支持鼓励科研人员和推广人员结合自身的专业特长，开办或联办私人示范农场、科技型开发企业、推广型的培训示范基地，很直观地传播新技术、新品种。因此，以色列每一项农业新成果、新技术都能以最快的速度得到应用和普及。

在农产品销售服务上，有专业的内、外销组织，它们是独立核算的企业。全国农产品内销组织"努瓦"有职工 7 000 多人，全国 70% 以上农产品通过该组织购销。它是非盈利性组织，通过收取 7%～12% 的手续费维持运行，年收入超过 20 亿美元。以色列农产品出口组织是一个非盈利的半官方公司，现有员工 300 多人，在国外设有 8

个办事处，主要任务是组织货源和批销产品以及收集市场信息。政府不负担费用，靠收取 5％的手续费维持运行，年底农户参与利润分成。此外，农户还成立了一些跨地区的专业组织，如花卉组织、蔬菜组织和畜牧组织等。这些组织组成了利益共享的联合体，配套地为农户提供产前、产中、产后的各种服务。

二是高效节水的灌溉系统。以色列处于干旱与半干旱地区，境内鲜见大小河流，淡水资源极为匮乏。因此，以色列人把水称为"蓝色的金子"。农作物、果园、蔬菜的灌水，由最为节水的滴灌来解决，即利用一系列口径不同的塑料管道，将水和溶于水中的肥料、农药通过压力管道直接输送到作物根部，水、肥料、农药均按需由计算机控制定时、定量供给。目前，以色列 90％以上的农田、100％的果园、绿化区和蔬菜种植均采用滴灌技术进行灌溉，是世界上独一无二的节水滴灌王国。

三是高科技的广泛应用。以色列是世界农业科技最发达的国家之一，其农业的科技贡献率达 96％。把高科技普遍应用于农业生产，是以色列农业的一大亮点，也是以色列农业具有强劲可持续发展能力的源泉。他们利用高科技手段提升农业，主要表现在以下几方面：一是十分重视新品种的选育；二是努力提高农业机械化和化学化水平；三是注重新技术在农业生产中的运用。以色列科学家对不同植物所需的光照、水分、养分、温度、湿度、栽培管理方法和预期产量都做了系统的研究，为农民开好了科学种田的"处方"。农民只需根据"处方"，用计算机对灌溉、施肥、湿度和温度等进行控制与管理。

（2）农业劳动组织形式。以色列主要存在 3 种农业劳动组织形式，并各具特色。这 3 种农业劳动组织形式分别为基布兹、莫沙夫和莫沙瓦。

基布兹是一种以农业为基础的以色列集体社区，一种由单个独立农庄所组成的合作制农业社区。过去主要从事农业生产，现在也从事工业和高科技产业。与我国曾经的人民公社较为相似，基布兹遍布以色列各地（包括被占领的约旦河西岸地区），在前线地区即是耕战结合的前沿基地。基布兹的居民平时为农，战时为兵，发展经济与军事

185

两不误。基布兹主要农业节水技术代表为滴灌，以一个深埋地下的简单喷嘴为例，它凝聚了大量的高科技。首先，它由计算机控制，依据传感器传回的土壤数据，决定何时浇、浇多还是浇少，在绝不浪费的同时保证作物生长的需要。其次，为防止作物的根系生长堵塞喷嘴，喷洞周围精确涂抹专门的药剂，仅抑制周边一个极小范围内的根系生产。最后，为防止不喷水时土壤自然陷落堵塞喷嘴，需要在喷水系统中平行布置一个充气系统，灌溉完毕后即刻充气防堵。

莫沙夫是以家庭农场为基础的社区型合作组织（张岳恒、陈虎城，2000），更重视单个家庭的作用，其特征表现为财产私有、家庭经营、自负盈亏、互助合作和民主管理。莫沙夫的农庄是归个人所有，但是大小是固定、公平分配的。莫沙夫居民在自己的土地上耕种生产，自给自足，自负盈亏。莫沙夫的管理层是由民选的议会组成。社区的建设则是通过一种特别的税收——委员会税来支持。每户人都支付一样数额的税收，因此理论上在莫沙夫，如果你农场的利润越高，你的生活条件也随之更好。这也是与基布兹最大的不同，因为基布兹的成员享受同等生活条件。政府除对莫沙夫提供必要的政策支持外，还通过推动其与其他经济组织的合作，实现各类经济组织的共同发展。莫沙夫的农业技术以北水南调为代表。以色列国家输水系统将加利利海的水直接引向该国中部和北部海岸平原与中部谷地的人口聚居区，最远可运输到南部的内盖夫沙漠。这就是以色列的"北水南调"，每天可输送170万立方米的水。在2006年，其中的60%用于农业灌溉，35.5%为生活用水，其余的4.5%为工业用水。

莫沙瓦则是典型的私有制经济，自主经营管理，土地财产均为私有，创造以色列约20%的农业产值。

2. 案例分析　以色列的约旦河谷，北起以色列的贝特锡安，南至死海北岸整个河谷，呈狭长通道状，海拔150～200米，高温缺水，年降水量只有100毫米左右，原是一片土壤盐化的荒漠地区。1967年后，以色列在这里建立了19个莫沙夫。经过几十年的创业奋斗，这里已成为以色列蔬菜、水果、花卉的主要生产基地之一，供国内消费及出口欧美国家。

其中，托麦尔莫沙夫成立于 1977 年，现有 75 户人家，种植多种作物，包括甜椒、芦笋、大葱等蔬菜，葡萄、香蕉、仙人掌果等水果，以及菊花、椰枣等其他作物。该莫沙夫管理委员会根据农户个人的情况与意愿进行分工种植，确定每户以种植某一品种为主。例如，当地一个甜椒专业户拥有 10 公顷的甜椒园，采用大棚种植，棚高 2米多，周围是可防止害虫飞入的塑料膜。棚内田间管理全部实行机械化，滴灌、施肥都由计算机操作。地区农业技术推广站的技术人员不定期对农户进行技术指导。该农场常年雇用 10 名工人，农忙时，最多要雇用 40 多名工人。该农场还投资建设了甜椒包装车间和冷藏库。包装车间约有 120 平方米，冷藏库 50 平方米，车间里安装一条全自动生产线，配备 10 名工人，甜椒经传送带清洗、烘干，按大、中、小自动分类后，由工人进行装箱打包。农场一年可收获 800 吨，其中大约 40% 内销，主要是卖给批发商，60% 出口到欧洲国家，全年总收入可达 55.5 万美元。

四、荷兰

1. 农业发展概况　荷兰位于欧洲西北部，国土面积约为 4.2 万平方公里，总人口约为 1 636 万人（2007 年数据），是世界上人口密度较大的国家之一，属于典型的欧洲小国（肖卫东、杜志雄，2015）。荷兰农业资源贫乏，全国的耕地与牧场面积加起来不到 200 万公顷。同时，荷兰属于温带海洋性气候，光照不足，会影响农作物的生长，荷兰农业存在"先天不足"的缺陷。但荷兰却是当今世界上最发达的农业现代化国家之一，以耕地面积不足世界 0.07%、农业人口不足世界 0.02% 的资源，创造出了农产品出口占世界 9% 的奇迹，其全国农产品出口总额超过 500 亿美元，仅次于美国，居世界第二位（赵霞、姜利娜，2016）。土地生产率世界第一，设施农业世界一流，创造了举世瞩目的"农业奇迹"。

荷兰农业高度集约化、专业化，农产品加工技术领先，销售网络完善。在农业的构成中，畜牧业占 43.8%，园艺业占 39.5%，种植业占 9.2%，大田作物占 7.5%。畜牧业一度是荷兰最重要的部门，但是近几十年来，由于园艺业的迅速发展，畜牧业的分量降低了很多。荷兰的畜牧业分为两类：放牧型畜牧业主要是养牛业（包括奶牛业）和养羊业，需要大片人工牧草地；集约型畜牧业指的是养猪业和养鸡业，通常是集中饲养，要有建筑物作为饲养场所。养牛业和养猪业对环境的影响比较大，近年来发展受到了控制（张莉，2015）。

荷兰温室园艺产业是国民经济支柱产业，玻璃温室面积约为1.08万公顷，占世界玻璃温室总面积的20%左右，并一直保持稳定。其中，温室蔬菜种植以番茄和黄瓜为主，面积约为4 200公顷；温室花卉以月季、百合、香石竹等鲜花为主，面积约为5 400公顷。荷兰温室园艺的规模化、专业化和集约化程度高，是世界设施园艺生产的主要出口国。2017年，荷兰园艺产品出口额达917亿欧元，占世界园艺产品贸易总额的25%以上（谭寒冰，2018）。

而创造这些"农业奇迹"的主体正是荷兰的家庭农场。在荷兰，家庭农场是一个相对模糊和宽泛的概念，可以将家庭农场界定为家庭经营的农业"企业"，是荷兰农业的重要经营主体和具有较强活力的"细胞"。其家庭农场具有农产品生产高度专业化、经营规模日益扩大化、经营土地自有化、劳动力家庭成员化、经营组织合作社一体化、生产方式集约化和生态化、农场收入来源多元化等经营特征（肖卫东、杜志雄，2017）。以家庭农场为代表的荷兰设施农业园区特点，主要体现在集约化和标准化。

首先，无土栽培技术发达。荷兰的设施农业园区90%以上采取的是无土栽培，普遍采用岩棉作为栽培基质。岩棉中并不含有任何营养成分，便于管理人员在作物不同生长周期调整营养配方，最大限度地为作物生长提供合适的水分与养分。

其次，循环灌溉技术先进。用岩棉作为培养基质，一般需要采取过量灌溉的方式，从而保证基质中养分稳定。岩棉中的栽培营养液回流量一般保持在40%左右。为了提高水分和养分的利用率，荷兰设施农业园区一般采取封闭式的灌溉系统，栽培营养液经过消毒后再次回收利用，其水分和养分的循环率达90%以上。

再次，作物供水精准化。荷兰设施农业园区采取精准化的供水控制系统，按照作物的生长周期调整供水量，并且可以在 1 天时间内按照太阳辐射情况及时调整供水量。既能够保证作物生长的需要，又能够避免过度灌溉造成水资源浪费。

最后，雨水收集系统发达。荷兰的年降水量通常在 800 毫米左右，且降水在不同季节不同地区分布相对均匀。为了能够充分利用雨水，荷兰的设施农业园区普遍建立了雨水收集系统，其雨水灌溉占供水灌溉量的 50%。

2. 案例分析

（1）荷兰阿纳姆的家庭农场。阿纳姆位于荷兰东部，是座省会城市，却被数以百计的各种养殖农场重重包围。这里大多数农场的特点是家庭式经营、科学养殖、产业化管理、高科技深入每个环节。

例如，阿纳姆杜温小镇的乌林柯奶牛场是当地比较典型的一个家庭农场，由乌林柯夫妇经营，没有任何雇工。奶牛场现有奶牛 180 多头，均为新一代优良品种。从牛的喂养、牛棚清理、挤奶到小牛接生，全都利用机械化、智能化的机器人来完成。其中的挤奶系统投资 20 万欧元，由工作间的两台计算机与挤奶机器人连接，配备智能化分析管理软件。在计算机里，每头牛都有自己的一整套档案，每天对牛的健康状况、饮食情况和营养状况进行记录与分析，根据每头牛的体质测算出当天应当产奶的数量。机器人通过每头牛的耳标对其进行识别，识别后控制器屏幕上显示出产奶量等数据。机器人将挤出的牛奶自动输送到一个 3.5 ℃恒温的不锈钢储奶罐中进行保鲜储存。如果实际产奶量低于预测产奶量，则表明牛有健康或饮食方面的问题，可及时发现并对症处理。

荷兰最大的食品公司菲仕兰·坎皮纳每隔 3 天到乌林柯奶牛场取一次奶，通过连接管自动完成。公司每次取奶都要进行严格质检，收购价根据当天牛奶的含脂量等各种指标而定。如果质检发现有安全问题，公司会毫不犹豫地拒收。

为保持高效、高质的生产，农场主需要不断学习新知识，掌握新技能，包括参加当地和全国举办的农业博览会，地方政府和行业协会举办的各种讲座及短期培训班，与其他农场主交流经验等。邻居朋友如果新建了农场或置办了新设备，他们都会去参观学习，看自己家的农场设施在哪方面需要更新换代，保证跟上最先进的技术和理念。

乌林柯奶牛场是荷兰乃至整个欧洲家庭式农场的一个缩影。正是这些现代化的家庭农场、农业合作社和各种行业协会的共同努力，把荷兰打造成了全球第三大农产品出口国，其中仅奶制品年出口额就高达 25 亿欧元。荷兰农业之所以能实现可持续发展，关键在于政府大力扶持，农业科研、推广和教育"三位一体"，形成良性互动。集约化经营、高技术生产、现代化管理和注重环保，给荷兰农业带来高产、高质和高附加值。此外，长期以来欧盟一直实行"共同农业政策"，农业专项补贴占其预算支出的比重高达 40％，荷兰广大农场主自然受益匪浅。

（2）荷兰兰辛格兰市蔬菜产业。荷兰西部兰辛格兰市是一个面积不足 60 平方公里，人口约 5.5 万人的小城市。得益于现代农业技术和发达的物流体系等，这个小城成为农业大国荷兰最重要的"绿港"（农业基地）之一。温室园艺业及其相关产业是兰辛格兰市的支柱产业。兰辛格兰市设施农业极其发达，目前该市拥有 1 100 公顷的温室面积，是荷兰第二大温室园艺业中心。不同于我国的大棚温室，他们主要是玻璃温室，到处都能见到大型的连栋玻璃温室。温室内部全部采用自动化的管理模式，农业种植更加高效。兰辛格兰市蔬菜业以种植番茄、甜椒、黄瓜为主。主要特点为：

一是产销分工明确，种归种，卖归卖。种植者自己并不直接销售产品，集中精力从事生产。运销公司为种植者提供分级包装、冷藏保鲜、配送销售等一条龙服务。育种、温室、基质等公司提供蔬菜种植需要的一切投入品。各环节分工又协作，发挥专业优势，创造最高效益。

二是交易高度诚信。以销定产，生产者和销售者签订严格的协议，严格履行承诺。不论是生产者保质按期地交货，还是销售者保价足量地收购，无不考验着双方对时间精确程度的掌控能力以及自信与诚信。

三是企业、科研、政府紧密协作。政府、高校、企业形成了荷兰农业发展的"金三角"模式。在兰辛格兰市，政府专门为企业兴建温室预留了1 000公顷用地，只要企业有意愿、有产品，就可以前来开展业务。此外，当地还用便利的落户条件和发达的物流体系吸引了大量从事关联服务的企业。

四是执照从业，定期学习。所有蔬菜从业人员都有资格执照，5年为期，期满重新学习。

五是高度重视科研，巨额投入种业研发。荷兰对科技发展极为重视，全国教育和研究经费占到国家总预算的19.19％，远高于其他部门。高度发达的农业技术，已经使兰辛格兰市成为荷兰最重要的农业基地之一。

六是高度智能化和自动化。从蔬菜播种、催芽、分级、移苗、装盘到产中的移栽、灌溉内部运输，从产后的分级挑选、传送到转化为商品的纸箱定型、包装、堆垛、捆扎、贴标等，几乎全程自动化，最大限度地运用机械替代人工，降低生产成本。

七是高度专一化。通常每一农户只栽培一种蔬菜。

八是良好的农业融资渠道。主要采取建立农民合作金融制度、农业担保金和设立农业安全基金3条重要措施。

九是农业合作社。在荷兰农业发展历史上，农业合作社发挥了巨大作用，而且在其农业发展过程中占有重要地位。荷兰有很多种农业合作社，大体上可分为信用合作社、供应合作社、农产品加工合作社、销售合作社、服务合作社等。农业合作社均具有独立的法人地位和完备的立法，具有很强的独立性和自主性，不受政府的干预。在荷兰农民收入中，至少60％是通过合作社取得的。农业所需的大约90％银行信贷来自于信用合作社。

十是温室不仅可以种菜，更可以种花。观赏性植物是荷兰的主要出口产品，出口额为77亿欧元，而蔬菜的出口额为40亿欧元。最早的温室是供蔬菜和葡萄等水果使用，但是逐渐积累起来的技术让他们把温室应用到了花卉上。

第二节　国内乡村产业园案例借鉴

一、北京国际都市农业科技园

1. 概况　北京国际都市农业科技园位于北京市通州区潞城镇，始建于2008年9月，总占地面积1200亩（图9-1）。园区依靠首都北京的区位、科技、人才和信息优势，以集聚国内外先进农业技术、产品和人才，引进全国农业高等院校及涉农研究机构的科研项目为特色，以创新发展为灵魂，以技术孵化为手段，大力发展现代农业高端服务业，发展成为北京市农业科技成果转化、实用技术人才培训和国际设施农业展示示范基地。园区内集聚了农业科研院所上百位专家学者的最新科研成果和百余家农业科技企业的产品，将新型日光温室、栽培新模式、新技术、新品种等300多项先进成果集中进行展示、示范、推广，熟练掌握并常年应用1000多个新奇特生产实用型植物品种。自园区建设以来，紧跟国际农业发展趋势，不断促进国内外先进农业技术、设备、产品、信息等互通与合作，与美国、荷兰、挪威、法国、意大利等近百个国家和地区的200个农业机构有密切技术交流。

图9-1　北京国际都市农业科技园

2. 发展模式

（1）模式概况。北京国际都市农业科技园致力于打造国际都市农业典范，树立现代农业开发建设样板，按照"六新八化"的模式进行运营管理。"六新"：新理念、新模式、新技术、新设施、新设备、新品种；"八化"：全园绿标化、水肥一体化、种植机械化、生态循环化、智能信息化、技能大众化、销售精准化、管理绩效化。

（2）发展策略。北京国际都市农业科技园不断加强国际技术合作，致力于农业科技试验、集成、示范、孵化、推广，在农业科技推广方面已形成一套完整的"产、学、研、推、用"新模式。建设发展过程中逐渐探索出一套发展模式，即"一中心、两面向、三个头、四主体、五平台、六创新"。具体策略如下：

紧紧围绕农业科技服务一个中心；面向国内、国外两个市场，从发达国家引进先进技术在国内推广，同时把国内成熟的技术再推向国外；让农业科技有看头、有学头、有搞头；以政、产、学、研为主体，搭建国际现代农业技术交流合作平台、国内外先进农业设施装备展示平台、农业科研院校先进技术中试平台、农业先进理念模式及技术输出平台和农业实用技术推广培训平台；不断开拓创新农业发展需要的新理念、新模式、新技术、新设施、新设备、新品种。通过科技产业化、技术集成化的方法，集聚国内外先进农业技术、产品及人才，探索出一条现代农业产业链延伸、价值链提升、集约化发展的可持续道路，走在中国现代农业发展的前沿。

（3）主要做法。一是规划引领、合理布局。北京国际都市农业科技园按照北京市通州区农业发展总体布局和城市副中心发展战略，聘请中国农业大学等科研院所专家指导规划建设，以农业科技创新和技术推广为出发点，着力构建与通州区功能定位相一致、与京津冀协同发展相衔接的农业产业结构。坚持规划引领，立足资源禀赋、区位条件和发展基础，合理布局园区农业产业，明确功能分区，推进高水平现代农业园区建设。目前，园区共划分为农业科技展示区、设施果蔬高效种植区、农业科技研发和试验示范区、有机农业研发区 4 个区域，强化园区农业科技创新能力，发展高新技术产业和新型业态，着力开展园区科技创新、国际交流、展示示范、成果转化、教育培训等多种功能（图9-2）。

图9-2　北京国际都市农业科技园布局

　　二是要素集聚、科技创新。园区依靠首都北京的区位、科技、人才和信息优势，集聚国内外农业技术、产品和人才，整合科研院所优秀资源，通过引进集成、自主创新，积极示范、展示、推广先进的农业科技成果，打造高层次、高科技、高品位、高形态的农业产业业态，全力推动农业产业升级。目前，与近百个国家和地区的200多个农业机构建立了现代农业科技战略合作关系与业务往来；获得国内外上千位农业领域专家的支持和认可，已引进和研发超过300项最新实用高科技农业技术，熟练掌握并常年应用1 000多个新奇特生产实用型植物品种，承担参与各类科研项目课题10多项，获得200余项专利技术和研究成果，加速农业科技成果转化与产业化。

　　三是统一标准、绿色生产。作为北京市全程农产品质量安全标准化示范基地、北京市绿色防控基地，园区不断加强农业标准化体系建设，强化农业产前、产中、产后综合管理能力，在产地环境管理、操作技术规程等方面严格按照相关标准执行，提升农业标准化生产能力和农产品质量安全追溯规范化水平。目前园区利用自主研发的水肥一体化系统，已实现水肥一体化园区全覆盖；引进国内外先进农业机械设备百余台，从种植、防控、采收等各环节推进生产全程机械化操作，逐步提高园区农业自动化水平；园区绿色防控覆盖率和产品农药残留检测合格率达到100%，走出一条生产高效、品质保障、食品安全、绿色发展的道路，为市民提供优质、安全、绿色产品（图9-3）。目前，园区获得茄子、辣椒、胡萝卜等有机产品认证3个，欧盟认证7个，绿色产品认证10个，无公害认证24个。

图9-3　北京国际都市农业科技园葡萄避雨栽培

四是生态循环、高效持续。园区积极践行生态循环发展理念，探索农业废弃物资源化利用、节水减肥减药、种养循环等模式，实现现代农业生态循环发展（图9-4）。园区为解决果树枝条不能燃烧、堆沤等问题，探索出"果树枝-平菇/榆黄菇-羊肚菌-有机肥料/基质-还田供果树生长"闭环生态循环发展模式，有效转变农业发展方式，实现果园废弃物循环利用，提高生产综合效益；通过利用"鱼菜共生"系统，把水产养殖与蔬菜生产有机结合起来，让动物、植物、微生物三者之间达到一种和谐的生态平衡关系。此外，在园区农业生产过程中利用禽畜粪便、沼液等有机肥代替化肥；利用黄（蓝）板、植保机、防鸟网、杀虫灯等病虫害综合防治方法代替农药进行绿色防控；利用水肥一体化技术达到精准施肥、节约用水；大面积推广使用可降解地膜，减少土地污染；菜秧粉碎还田增加土壤肥力，减少生产垃圾污染；利用生活污水处理系统实现污水废水零排放。

图9-4　北京国际都市农业科技园循环系统展示

　　五是创业引导、企业孵化。园区作为科学技术部和北京市科学技术委员会授予的"星创天地"，充分发挥农业科技、人才资源和平台优势，集聚农业科技创新资源，积极培育新型农业经营主体，提供场地、服务、技术支持，推动农业创新创业，目前已成功孵化农业企业20余个。园区积极链接各方创新资源，举办、组织参加多次国内外大型农业会议活动，为孵化企业提供资源对接、项目合作、技术咨询、科技转化等全方位、宽领域、多层次的服务；并依托专家资源优势建立层次多元的创业培训师资体系，针对现代农业发展趋势开设特色有效的创业培训课程、研讨会、论坛，全方位构建产业发展服务体系，为农业创新创业孵化企业搭建有效资源对接和交流服务平台，为创业公司提供技术和理念指导发挥了较大的理念转变及方向指引作用，不断提升各企业管理运营水平，助推企业孵化成长与健康发展。

　　六是技术服务、辐射带动。园区在发展自身科技服务的基础上，充分认识到实施产业扶贫项目的紧迫性，综合考虑自身的资源禀赋、产业基础、市场需求、生态环境等因素，为周边农户提供技术咨询和技术指导，积极开展高素质农民培训，传输农业技术和经验，为农民脱贫贡献自己的力量（图9-5）。自园区成立以来，为周边10多个村镇的农户及外地农民提供上千个就业岗位，近两年带动农民就业及农户发展超过 1 600 户；同时，为提升其他农业园区农业生产能力，园区利用自身资源优势建立一支农机植保服务队伍，为通州区各农户、农业园区进行农业科技服务，目前对外农机植保服务面积超过 3 000 亩，提高周边农业经营主体运营管理能力；此外，园区打造科技精准扶贫模式，深化京蒙扶贫对接，在内蒙古土默特左旗、科尔沁右翼中旗、奈曼旗等地，通过会议活动、农业培训、技术指导、产品对接等方式辐射带动当地现代农牧业发展。

图 9 - 5　北京国际都市农业科技园科技服务队

七是科技支撑、打造品牌。园区依托自身科技、专家、项目资源优势，积极实施农业品牌战略。现已连续成功举办 9 届"北京（通州）国际都市农业科技节"和"通州首届中国农民丰收节"等农业主题会议活动，以农业科技示范与推广为主线，拓展农业功能和强化平台建设，获得农业农村部、北京市农业农村局、通州区人民政府、中国农业大学及北京市农业产业化龙头企业协会等多家政府单位、科研院校和行业机构的支持与认可，打造成为具有行业特色的农业品牌活动。同时，园区加大农产品品牌创建力度，形成了一批以芭蕾苹果、网纹甜瓜、芽球菊苣、贝贝南瓜等为主的具有一定规模和知名度的特色农产品品牌，并已获得"北京农业好品牌"荣誉。通过品牌化的产品和服务，促进农业提质增效，不断提升园区整体形象和农业综合竞争力，带动现代农业产业发展。

八是功能拓展、产业融合。在国家大力实施乡村振兴战略的背景下，园区充分发挥品牌、科技等优势，不断拓展农业发展空间，提升园区农业全要素生产率，整合农业科技推广体系上下游。向上游产业链延伸带动绿色有机农产品的生产及农业装备设施水平提升，向下游产业推动农业由传统的生产功能向农产品加工、科技服务、教育培训、休闲旅游、观光采摘、生态循环、文化传承、会议会展等多功能拓展，延长农业产业链、提升价值链、完善利益链，形成"接二连三""跨二进三"的产业融合发展新业态，推进农业一二三产业深度融合发展。目前已建设成为全国科普教育基地、全国青少年农业科普示范基地、全国休闲农业和乡村旅游星级园区、北京市中小学生社会大课堂优质资源单位、北京市高素质农民培训基地、科技农业实践基地等，年接待学生科普、参观考察、农业培训等群体达到 50 000 人次。

二、河北省邢台市南和农业嘉年华

1. 概况 "南和种地不求天，旱了就把辘轳搬。"在华北平原南部、太行山东麓，有着得天独厚自然地理优势的南和县，历史上就凭富庶的农业而见载于史册。昔日的"畿南粮仓"，先后被评为全国粮食生产先进县、全国蔬菜生产重点县。如今，南和县形成了蔬菜、林苗、中药材种植三大特色农业产业。

基于丰富的农产品资源，2015 年，南和县抢抓京津冀协同发展战略机遇，与中国农业大学联合打造建设了全国首家集休闲观光农业、设施农业、农用工业于一体的现代农业综合体——农业嘉年华，成为河北省最具影响力的农业休闲观光及文化产业项目。

同时，南和农业嘉年华是河北省举办的第一个大型农业盛会，项目总投资 3 亿元，核心区占地面积 446 亩，其中设施面积达 50 000 平方米。嘉年华内部设有综合服务区、创意风情馆、高新农业示范区、农业科技园、农业生态餐厅、农业采摘等多个功能区，是南和县政府与中国农业大学合作打造的农业经济综合体项目。

南和县紧邻邢台市区，位于邢清城镇发展轴上，是邢台市"一城五星"最近的卫星城，也是邢台市唯一的铁路、公路、高速路三路交叉口和煤炭运输的重要通道，也是连接晋东南、冀西南和豫北的焦点。南和农业嘉年华景区位于南和县贾宋镇，东侧紧邻"中国树莓谷"产业园，北侧紧邻 S325 省道。距南和县城 10 公里，距邢台市区 20 公里，距高铁站邢台东站 16 公里，地处京津石经济辐射圈，优越的区位条件和便捷的交通，为项目区观光休闲农业的发展创造了得天独厚的"硬环境"。

园区内集中展示 1 000 多个果蔬品种、108 项先进农业技术、44 种实用新型栽培模式，截至 2019 年 6 月，已接待游客达 200 余万人次。农业嘉年华是以农业生产活动为背景、以国际化娱乐狂欢为载体的一种农业休闲体验模式，是建立在市场需求、农业科技、文化创意基础上的现代都市农业的全新体验。在此基础上，南和农业嘉年华以标新立异的思想，紧扣京津冀一体化发展脉搏，以冀南地区为中心，打造出一个科技与艺术共融、观赏与体验结合、产业发展与娱乐休闲并存的农业发展新模式。

南和农业嘉年华秉承"自然、和谐、活力、参与"的活动主题，将农业与中国传统文化相结合，不仅是一场时尚的农业盛会，更是一个展现中国民族特色文化的平台，是一个聚集资源、融汇思想、表达主题的展会。自 2016 年正式开园以来，已接待游客达 200 余万人次，景区接待游客数量呈阶梯式增长，先后获得国家 AAA 级景区、中国农业嘉年华"常务理事单位"、中国农村专业技术协会科普示范基地、中国农业大学研究生实践基地、河北省休闲农业示范点、河北省十大文化产业项目、河北省农业科技园区、河北省休闲农业四星级企业、河北省农业嘉年华星创天地、河北省全民素质教育示范基地、河北省农业产业技术体系企业推广站、河北省高素质农民培育工程实训基地、河北省农业科技小巨人企业、河北省巾帼乡村旅游示范点、河北省农业专家工作站等多项殊荣。这里正在成为广大游客、青少年旅游学习的圣地。

2. 主要做法

(1) 观赏游憩价值发挥。南和农业嘉年华以南和当地六类特色产业为背景，运用创意的多彩农业景观及品种、技术手法打造 6 个单栋面积为 6 508 平方米的场馆。场馆分别为：以各类特色蔬菜新奇特品种和科技栽培为主题元素的"蔬朗星空"；以农耕文化元素为主题的"畿南粮仓"；以中医养生保健为主题的"本草华堂"；以童话乐游为主线、以瓜果为主题的"童话果园"；以花卉文化、花卉应用与花卉科技为主题的"花样年华"；以特色农业展现农业科技创新、节水灌溉技术和水科技为主题的"同舟共冀"，为游客带来愉快的观赏体验。

此外，南和农业嘉年华创意风情馆全馆禁烟，设置了学雷锋便民服务站、多个休息区及生态厕所，为广大游客提供了便利，营造了舒适的旅游环境。

(2) 历史文化资源利用。南和县位于邢台市中南部，地处太行山前冲积平原，地势平坦开阔，处于京津石经济辐射圈内，是邢台市唯一的铁路、公路、高速路三路交叉口县，交通便利。南和县历史悠久，人杰地灵，是传说的观音之乡、宋璟故里，境内有汉墓群、北齐造像碑、白雀庵等名胜古迹。

南和古称"和阳"，南和农业嘉年华创意风情馆的中心主题为"和"文化，源于南和之"和"（"和"文化也是南和最推崇的文化之一），取意生态和谐，域乡和谐，人与自然的和谐，天人合一的精神体现，人与人之间的和谐，人体自身的和谐健康，农作物生长与气候时令的和谐，无公害绿色农产品的体现。例如，将农业嘉年华场馆的外立面用"百和图"作为装饰，让游客对"和"文化有直观的感受；特色美食街的商铺以"和"为主体命名，如和气铺、和乐铺、和治铺、和美铺、和风铺等；精品展销馆的店铺以带有"和"字的四字成语命名，如和气致祥、和衷共济、风和日喧、日和风暖等，全园都可以感受到浓厚的"和"气息。

南和县是传统农业县，历史上有"畿南粮仓"之称，先后被评为全国优质小麦产区、全国蔬菜产业重点县、最具农业投资价值县、品牌农业示范县。为重点突出农业元素，景区吉祥物采用的是金米娃娃形象，园区大门的立柱采用了生长的禾苗造型，园区主题景观、景观小品等都有不同程度的"禾"体现，园区可以定制并售卖吉祥物系列产品，并将园区的明信片、邮戳、产品包装袋上都印制吉祥物，将园区的门票二维码、标识牌上也印制相关元素，让游客时时刻刻都能看到金米等，感受到"禾"的寓意——丰收和希望。

（3）珍奇特异程度提高。南和农业嘉年华创意风情馆中"蔬朗星空"馆以各类特色蔬菜新奇特品种和科技栽培为主题元素，取材自郭守敬的天文星象，打造丰富震撼的"蔬朗星空"蔬菜景观。本馆内种植蔬菜 200 多种，新奇特品种 30 余种，栽培模式 18 种，意在向游客展示迅速发展的农业。如香蕉西葫芦、小可爱多黄瓜等新奇特品种，以及螺旋仿生立柱栽培、立柱栽培、漏窗栽培、螺旋管道栽培等栽培模式。

（4）体验项目丰富多样。南和农业嘉年华核心区占地面积 446 亩，除创意风情馆外，还设置了农业科技园、日光温室、生态餐厅、木屋度假村等，为游客提供丰富的体验活动和服务功能。

农业科技园是以科技示范为主要宗旨，通过观光、采摘、游玩、名优特品种展示，高附加值经济作物栽培为盈利手段，打造河北地区最大的科技示范性农业旅游园区。现有观赏苗木近百种，果蔬苗木 50 余种，观赏花卉、蔬菜种类丰富。其中，花海区域占地 100 亩，含牡丹园、精品花卉小景、中央花坛等景观节点，种植了牡丹、马鞭草、向日葵、千日红、波斯菊、美女樱、虞美人、非洲万寿菊等数百个花卉品种。每年的花海主题栽培多选用花色丰富、花期长、花色艳丽、花量丰富的花卉品种，在春季 5～6 月和秋季 9～10 月打造花的海洋，在鲜花盛开的季节，游人置身于花海之中神清气爽、怡然自得。

日光温室占地 42 亩，由 16 个日光棚组成。根据不同季节，种植草莓、樱桃、葡萄、西瓜、番茄、黄瓜等果蔬，供游客采摘。让游客享受生态旅游、绿色采摘的乐趣。

生态餐厅位于南和农业嘉年华园区西南角，依托高档连栋温室，温室内部以园林景观营造宜人的就餐环境，结合智能系统，主打特色养生膳食和花卉膳食，让游客体验全新的就餐服务。

木屋度假村是由全实木打造的木质别墅，节能环保，安静舒适，健康原生态，给游客带来独特的居住体验，使游客远离城市喧嚣、体验绿色生活。

3. 经验总结

（1）不断提高知名度。南和农业嘉年华秉承"自然、和谐、活力、参与"的活动主题，自 2016 年正式开园以来，景区接待游客数量呈阶梯式增长，累计接待游客量达 200 余万人次，吸引了石家庄、邯郸、邢台、保定、北京等地区大量游客，也有部分山西、河南等地的游客。

南和农业嘉年华极大地促进了周边经济的发展，为周边村镇村民脱贫致富提供了新的思路，实现了良好的社会效益和经济效益。南和农业嘉年华特色小镇已成功入围河北 100 个旅游特色小镇榜单，作为实现一二三产业融合发展的典范，为乡村振兴和全域旅游发展提供了有力支撑。

为提高景区知名度，南和农业嘉年华定期举办各类主题活动，如灯光节、萌宠站、风车节等，精心打造了众多极具特色的景观，令游客流连忘返、赞不绝口；宣传方面，采用线上与线下结合，应用多元化宣传方式，利用报纸、省市（区）县电视媒体宣传、新媒体、高速公路广告、高铁座椅广告、道闸广告、电梯广告、大型商超广告及参加同行业知名展会，与当地多家婚纱摄影公司合作（提供外景场地）等方式，极大地提高了景区知名度；同时，南和农业嘉年华与中青旅等国内大中型旅行社达成战略合作，与省、市知名媒体保持良好关系，极大程度地提高了曝光率，使景区知名度达到了全省闻名、全国知名的程度。

（2）赢得广泛美誉度。南和农业嘉年华自 2016 年开园至今，已荣获国家 AAA 级旅游景区、中国农村专业技术协会科普示范基地、中国农业大学研究生实践基地、河北省休闲农业示范点、河北省十大文化产业项目、河北省农业科技园区、中国农业嘉年华常务理事单位、河北省休闲农业四星级企业、河北省农业嘉年华星创天地、河北省全民素质教育示范基地、河北省农业产业技术体系企业推广站、河北省高素质农民培育工程实训基地、河北省农业科技小巨人企业、河北省巾帼乡村旅游示范点、邢台市委党校教学科研基地、国家科技型中小企业邢台市科普示范基地等诸多荣誉。

（3）扩大市场辐射力。自开园以来，南和农业嘉年华不仅接待国内游客，也迎来国际考察团及游客相继参观考察。

2016年12月13日，接待外国使团，来自美国、英国、冰岛、尼泊尔等21个国家的28位外宾采访团走进南和农业嘉年华，并在馆内与南和县领导就"精准扶贫"展开座谈。

2017年5月16日，Hoogendoorn Martin Helmich 国际总监考察南和农业嘉年华，对嘉年华的建设和科技运营模式提出了肯定，希望双方以后建立合作。

2017年5月22日，特立尼达和多巴哥西印度大学副院长一行考察南和农业嘉年华。

2017年6月23日，尼日利亚卡杜纳州代表团参观南和农业嘉年华。

2018年2月1日，英国贝尔法斯特女王大学 Christopher Elliott 教授参观考察中国南和现代设施农业产业集群。

2018年5月15日，中荷农业园艺代表团一行参观考察南和农业嘉年华及中国南和现代设施农业产业集群，并在河北富硕农业科技发展有限公司举行中荷现代农业研讨会。

2018年8月28日，以色列设施农业专家 Kenig Elisha、Shmuel Katz 参观考察南和农业嘉年华和中国南和现代设施农业产业集群。

（4）专攻主题强化度。农业嘉年华是以农业生产活动为背景，以国际化娱乐狂欢为载体的一种农业休闲体验模式，是建立在市场需求、农业科技、文化创意基础上的现代都市农业的全新体验。在此基础上，南和农业嘉年华以标新立异的思想，紧扣京津冀一体化发展脉搏，以冀南地区为中心，打造出一个科技与艺术共融、观赏与体验结合、产业发展与娱乐休闲并存的农业发展新模式。南和农业嘉年华将农业与中国传统文化相结合，不仅是一场时尚的农业盛会，更是一个展现中国民族特色文化的平台，是一个聚集资源、融汇思想、表达主题的展会。

南和农业嘉年华汇集国内外蔬菜生产先进设施和设备技术，配套高新科技，常年对游客开放。其中，在创意风情馆中，将农业主题升华，向游客展示高新农业科学技术。此外，定期举办各类传承传统文化活动，弘扬传统文化。例如，设置水培生态屋，一方面，向游客展示管道水培技术；另一方面，增加园区趣味性，吸引游客到来。举办邢台市汉式集体婚礼，让游客感受汉式文化，弘扬传统文化。举办河北省非遗文化演出，抬黄杠、梅花拳等演出让游客眼花缭乱，亲身体验非遗文化。

三、河南省正阳县国家现代农业产业园

1. 概况　正阳县位于河南省的东南部，隶属于驻马店市，全县辖 19 个乡镇 298 个行政村，总人口 82 万人，其中农业人口 68 万人，现有耕地面积 230 万亩，是河南省人均耕地较多的县。正阳县处于淮、汝河北岸，是北亚热带向暖温带过渡地区，属大陆性季风型湿润气候，年平均气温 15 ℃，年平均降水量 938 毫米。日照、降水充足，土壤肥沃，物产丰富，四季分明，气候温和，史称"膏粱丰腴之地"，正阳县优越的地理条件为正阳花生产业化发展提供了良好的生态环境基础。河南省驻马店市正阳县的花生种植历史悠久，最早可以追溯到清代光绪年间。到了 20 世纪 80 年代以后，花生产业开始得到迅猛发展。自 1998 年以后，正阳花生常年种植面积达到 100 万亩，占到秋收作物种植面积的 70％。其中，最高年份种植面积达到 150 万亩，总产量达到 35 万吨以上，现已成为全国珍珠豆型花生生产最集中且生产规模最大的地区，花生年产值最高年份可以占到正阳县农业总产值的 60％左右。花生产业已发展成为正阳县农业的支柱产业之一，为当地农民增收作出了突出的贡献。

2018 年 12 月 30 日，全国 20 个现代农业产业园被认定为首批国家现代农业产业园，正阳县国家现代农业产业园名列其中。短短一年

多的时间，正阳县委、县政府从花生产业、基础设施、公共服务等方面齐头并进、迅速崛起，打造了真正的"正阳速度"。

河南省正阳县花生国家现代农业产业园，涵盖真阳、慎水、兰青、熊寨、傅寨、新阮店 6 个乡（镇）的 23 个村，包括县农场及产业集聚区内的农产品加工、商贸流通区域为园区，总面积 150 平方公里，其中耕地面积 17 万亩，人口 6 万人。园区内共有新型农业经营主体 282 家，其中包括加工企业 23 家、家庭农场 130 家。截至目前，园区内共有新型农业经营主体 282 家，其中加工企业 23 家、家庭农场 130 家、农民合作社 112 家、种植大户 17 家；上市公司 4 家，省、市级农业产业化重点龙头企业分别有 2 家和 7 家；国家级、省级、市级农民示范合作社 22 家，拥有产业工人 15 000 人。

产业园培育了花生标准化生产基地、花生食品精深加工基地、农村一二三产业融合发展基地、花生全程机械化示范基地"四个基地"；建设了良种繁育中心、花生制品加工中心、检验检测中心、研发与双创孵化中心、电商物流中心、花生文化展览中心"六个中心"，推动正阳花生产业高质量发展，立志将产业园建成"世界一流、全国领先、全省样板"的国家现代农业产业园。如今，产业园内 17 万亩耕地种植优质花生 16.6 万亩，主导产业覆盖率 98%。并带动全县种植花生 170 多万亩，帮扶 1.1 万多户贫困户增加收入，稳定脱贫，辐射周边市县种植花生近 1 000 万亩。该县还围绕花生产业链催生了一大批新型农业经营主体，培育新型经营主体 282 家。目前，正阳县 85% 农民从事花生生产、加工、经营，园区年产值 34 亿元，花生加工业产值 18.6 亿元。正阳花生产业成为富民强县精准脱贫的支柱。

2. 做法经验

（1）"三个模式"，高标准夯实现代农业基础。一是"六统一模式"。目前，正阳花生生产实现全程机械化，采取统一供种、统一栽培、统一技术、统一供肥、统一管理、统一回收的"六统一模式"，在政策上实行全覆盖，提高群众种植花生的质量和效益。建设高标准良田，改善生产条件，提高花生抵御自然灾害的能力，降低风险，保障群众花生种植的效益。园区建设高标准良田 12 万亩，占产业园 17 万亩耕地的 70%，种植优质高油酸花生价格高、销路好。

二是"土地流转模式"。以农民专业种植合作社为平台，开展土地托管和土地入股分红，减少化肥、农药施用量，标准化生产，规模化经营，全方位服务，使产品达到绿色农产品标准。正阳县红旗合作社托管土地 5 万多亩，正阳牛打药队托管土地 3 万亩，亩均可节支增收 200 元；山东元瑞农业以土地入股分红的形式流转土地 3 万亩，农户每亩每年保底分红最低 800 元。

三是"智慧农业模式"。推广起垄种植、测土配方施肥、病虫草害综合防治、化学调控、黄曲霉素防控等高产高效无公害栽培集成技术模式。在园区内王大塘万亩高油酸花生种植基地，与元瑞智慧农业结合，建设"田成方、路成网、渠相通、旱能灌、涝能排"的智慧农业"五大工程"，提高劳动生产效率 20%，实现从生产、加工、销售、原产地均可追溯的目标。建设花生科普、休闲旅游、信息服务、物联网等相关设施，这一举措处于全国领先水平。

（2）"四个举措"，高效率破解产业发展难题。一是出台政策。正阳县围绕"姓农、务农、为农、兴农"的建园宗旨，出台了《正阳县国家现代农业产业园招商引资的优惠政策》《正阳县加快花生食品加工企业发展的意见》《农业人才引进办法》《正阳县创建国家现代农业产业园优惠政策》等优惠政策，启动金融支持，7 家商业银行为园区 131 家企业提供贷款 11.65 亿元。正阳快速形成了以产业集聚区为核心，以熊寨、兰青、真阳、慎水、傅寨、新阮店 6 个乡（镇）23 个村为"两翼"的建设园区。

二是招大引强。积极开展招商引资，君乐宝、鲁花等国内知名企业相继落户正阳。花生天地、正花食品、正味粮油、维维粮油等以花生油、休闲食品、花生饮料、花生蛋白、花生保健食品为主的深加工企业达到 30 家，花生机械生产企业 38 家，君乐宝乳业延伸产业链，建成了 4 000 多亩的乐源观光牧场，形成了龙头带动、品牌集中、品类齐全的加工体系。同时，花生销售、物流等产业发展迅速。每年举办中国·正阳"互联网＋花生产业"高峰论坛、花生文化节等，依托正阳渤海花生交易中心、京东、阿里巴巴等知名电商签订合同，实现花生产品"线下、线上"双向销售。正阳八个人电子商务花生产品销售到全国各地及欧美国家。探索出"花生专业合作社＋农机合作社＋金融机构＋龙头企业＋农户""合作社＋龙头企业＋科研院所＋基地＋农户"五位一体的模式。创新举措，撬动社会资金，采用"以奖代补""先建后补""担保贴息"的方式，园区总投入 68 亿元，已完成投资 63 亿元。

三是科技引领。以科技支撑建园，中国工程院院士、花生首席专家张新友等 6 个体系的 60 多位专家在正阳成立了首个国家花生产业技术体系成果转移转化中心，现场指导产业园创建工作，实现了花生产业的良种化、标准化、机械化、产业化。成立首个国家花生产业技术体系成果转移转化中心和河南省农业科学院正阳分院，建立 1 个院士工作站、5 个博士工作站，形成了"科研院所＋农业技术人员＋高素质农民"的三级技术服务体系和"专家组＋农业技术人员＋科技示范户＋辐射带动户"的技术服务模式。

四是提供服务。通过调整存量土地资源，优先解决科技含量高、对花生产业和农户带动能力强的龙头企业与农民合作社的建设用地需求，提供建设用地 3 800 多亩，破解土地难题；通过"银行＋信贷风险基金＋新型农业经营主体"和"保险＋信贷风险基金＋新型农业经营主体"的形式，7 家商业银行为产业集聚区内 131 家企业累计贷款 11.6 亿元，破解了金融难题。

（3）"五个方向"，高质量引领应用推广高地。一是规模化。产业园 17 万亩耕地种植花生 16.6 万亩，主导产业覆盖率 98％，带动全县 88.6％农民种植花生 170 万亩，辐射周边种植花生近 1 000 万亩。围绕花生产业链催生了一大批新型农业经营主体，培育新型经营主体 282 家，土地适度规模经营率 75％。

二是集约化。采用农业新技术，培育花生加工企业，发展花生产业综合体，促进一二三产业融合发展，形成百亿级产业集群。在国家现代农业产业园内，花生天地集团公司梦工厂原本是做房地产的企业，进入园区后，与科研机构合作，投资 26 亿元打造花生全产业综合体，发展种植、加工、文化旅游和健康养生产业，建设"花生小镇"，促进一二三产业深度融合发展，公司融入正阳花生产业群，就是为了打好花生这张"王牌"，打造花生全产业综合体。产业园按国家标准规划，建成集产业园、观光园、博物园、文化园等于一体的现代农业产业园。特色产业的发展也带动了商贸物流业，冷链物流企业纷纷进驻正阳，包装、印刷等产业迎来了发展的春天。

三是循环化。围绕花生"吃干榨尽"的目标，实现花生全产业链的转化增值。成立"花生秸秆秧行"和中国花生秸秆电商交易平台，花生秸秆养殖奶牛、湖羊，牛羊粪生产有机肥还田，花生秸秆综合利用率达到100％。花生壳种植食用菌，并开发花生叶茶、花生壳枕头等。通过测土配方施肥等技术推广措施提高用肥的精准性，提高肥料利用率，实现"一控两减三基本"。新型经营主体认证"三品一标"农产品48个、绿色花生10个，认证比例达到85％，花生产品抽检合格率100％，170万亩"正阳花生"通过农业农村部农产品地理标志认证，促进农业绿色可持续发展。

四是机械化。投入2亿元，建成3个花生机械产业园，培育花生机械生产企业38家，获得国家发明和实用新型专利109项，年产花生生产机械6万多台，实现产业园花生生产全程机械化。

五是品牌化。在做强做优品牌上，召开"互联网＋花生产业"高峰论坛和举办花生文化节。申报认证"三品一标"农产品48个，其中170万亩"正阳花生"通过农业农村部农产品地理标志认证。作为全国26个特色农产品之一，在第15届中国国际农产品交易会上，中央电视台节目主持人海霞为"正阳花生"公益推介代言。2018年10月17日的中国扶贫日，"正阳花生"作为全国32个"一县一品"品牌扶贫农产品在北京会议中心和王府井展出。研发160多道以花生为食材的菜品，形成具有正阳地方特色的"花生宴"，打造"中国花生美食之乡"。

3. 发展模式

（1）打造"四个基地"。一是花生标准化生产基地。在产业园内的熊寨镇3个行政村以及慎水乡等沿高速引线和息邢高速出口到乐源现代化旅游观光牧场一带，打造 2 个各 2 万亩的高标准花生种植基地。目前，园区内道路升级改造、园区环境整治、沟渠硬化及水电配套建设等附属设施已实施完毕，种植基地已基本实现田成方、路成网、渠相通。

二是花生食品精深加工基地。引进、培育龙头企业，君乐宝、鲁花两个"国家品牌计划"企业相继落户正阳，壮大了正阳花生加工产业的实力，拉长了花生产业链条。支持正花食品产业园、温州特色食品产业园围绕花生产业做大做强。以花生休闲食品、花生饮料、花生蛋白、花生保健食品为主的深加工企业达到 23 家。

三是国家农村一二三产业融合发展基地。投资 20 亿元、面积 613 亩的正阳国际花生产业园，集花生加工、期货交割、花生交易于一体，已建设面积 3 万平方米，2019 年 8 月底投入使用。已开工建设的正阳"花生天地"项目以花生深加工为基础，由花生梦工厂、花生梦幻大道、花生食品世界等七大板块组成，总投资 26 亿元，占地约 1 万亩。

四是花生全程机械化示范基地。出台扶持政策，积极与科研院校联姻搞科技研发，先后投入 2 亿多元建成 3 个花生机械产业园。目前，花生机械生产企业 38 家，获得国家发明和实用新型专利 109 项，年产花生生产机械 6 万多台，产品除远销全国各地外，还出口"一带一路"沿线国家。

（2）集中形成"六个中心"。一是花生良种繁育中心，与河南省农业科学院张新友院士团队合作，依托良好的花生生产条件，在正阳建成了高油酸花生等良种繁育中心。

二是花生加工研发中心。以正花食品加工研发中心为依托，建立以油脂加工、蛋白质加工和综合利用为重点的全国花生加工研发中心。目前，7 000 多平方米的研发大楼已于 2019 年 8 月建成，中国农业科学院油料作物研究所副所长王强等 20 多名食品加工研发专家团队多次到正阳指导。

三是花生产品质量检验检测中心。依托正阳县检验检测中心，与河南农业大学、河南省农业科学院、青岛农业大学等科研院所开展战略合作，打造全国知名的花生产品检验检测中心。

四是花生产业双创孵化中心。依托正阳县天润农业、信息产业园，打造优客工厂，集聚创新人才，引导和支持大学生、返乡农民工、专业艺术人才、青年创业团队、科技工作者等自主创业，开展"市外淘园、创客空间"等活动，为设计师、发明者提供实践空间和平台。

五是花生产品电商物流中心。依托正阳县佰德城乡信息产业园，与京东、阿里巴巴等知名电商签订合同，实现花生产品"线下、线上"双向销售，推动一二三产业深度融合。八个人电子商务花生产品销售到全国各地及美国。

六是花生文化展览展示传播中心。建设花生主题公园和博物馆，该项目以花生为主题，集园林景观、花生历史文化、花生商务论坛等于一体，打造文化交流平台和花生园艺景观，配套花生传统文化展览展示系统、花生科普系统及其他相关设施等，于 2019 年 9 月底建成投用。充分利用花生食材资源，依托豫菜协会研发 60 多个以花生为食材的佳品，形成具有正阳地方特色的宴席，打造"中国花生美食之乡"。

（3）倾力服务"四个基地""六个中心"。一是建立农业产业化第三方服务体系。围绕耕、种、管、收、储、销等环节，探索完善全产业链闭环形式的社会化服务。正阳县邦农合作社采取统一供种、统一栽培等"六统一模式"，在园区内开发推广新品种豫花 37 高油酸花生 6 万多亩，仅此一项，比种玉米亩均增收 1 000 元。正阳县红旗合作社在园区内建立村级分社 26 个，托管土地 5 万亩。花生托管套餐每亩可为农户节省投资 102 元，亩均增收节支 600 元以上。

二是建立系统化科技支撑。聘请中国工程院院士、花生首席专家张新友院士为正阳花生种植顾问，聘请农业农村部南京农业机械化研究所书记、农业机械化推进花生专业组组长胡志超研究员为正阳花生机械顾问，聘请中国农业科学院油料作物研究所副所长、中国花生食品学会会长王强研究员为正阳花生加工顾问，强化人才科技保障。

三是坚持农业专业化方向。正阳县绿源食用菌专业合作社以花生壳为原料，集生产、储藏、销售于一体，发展食用菌大棚200余座、菌袋500多万袋。正阳天润农业成立"花生秸秆秧行"，用花生秸秆养殖湖羊，成为河南省湖羊养殖重点基地，发展种羊1.1万只，并把养殖业的粪污采用优质菌种发酵，把羊粪加工成精制有机肥、微生物菌肥和花卉专用肥，发展种植与养殖相结合的循环农业。

四是吸引龙头企业延伸花生产业链条。制定出台了《国家现代农业产业园招商引资的优惠政策》，鼓励龙头企业投资花生精深加工业。建设实施了总投资30亿元的君乐宝乳制品产业园。一期君乐宝乳制品加工项目，打造华中地区君乐宝乳制品和花生奶生产基地。二期AAAA级万头奶牛旅游观光牧场已引进澳大利亚奶牛6 000头，于2019年8月全部建成，弥补河南省没有AAAA级观光旅游牧场的空白。投资20亿元的正阳国际花生产业园，集花生加工、期货交割、花生检测、花生交易于一体，打造中国最大的花生交易中心和集散地。投资15亿元的温州特色食品产业园，除加工"乡巴佬"食品外，还研制花生休闲小食品。投资10亿元的正花食品产业园，集产品研发、食品加工、冷链物流于一体，加工各类花生食品20多种。

五是积极实施品牌带动战略。连续召开了4届中国·正阳"互联网＋花生产业"高峰论坛暨河南省优质花生产销对接洽谈会，积极谋划申报"三品一标"认证。正阳县申报认证"三品一标"农产品48个，170万亩正阳花生通过农业农村部农产品地理标志认证。中央电视台《新闻联播》主持人海霞为正阳花生公益推介代言，大大提升正阳花生发展的价值空间和品牌影响力。

六是突出党建引领助推产业扶贫。充分发挥园区内党组织的引领作用，把党组织建在产业链上，把贫困户引到产业链上，把群众富在产业链上，围绕产业链成立红旗合作社党支部、天润农业党支部、君乐宝党支部等153个"两新"党组织，实现党组织建设加强、企业效益增收和贫困户脱贫。目前，花生产业担负全县80%以上建档立卡贫困户的精准脱贫任务，年可吸纳1万多名贫困人口就业脱贫、参股分红脱贫。

四、广西壮族自治区玉林市"五彩田园"现代特色农业示范区

1. 概况 "五彩田园"位于岭南都会玉林市，坐落于绿水青山的茂林镇。茂林镇涵盖10个社区，涉及人口3.26万人。"五彩田园"堪称广西区位条件最优、农业生产基础最好、三产融合发展最快、自然环境最美的农业示范园区。项目区位于海峡两岸（广西玉林）农业合作试验区内，规划区总面积为8.85万亩，涵盖鹿峰村、鹿塘村、鹿潘村等10个行政村，是广西壮族自治区玉林市和玉州区两级共建的现代农业园区（张天柱，2019）。

项目于2014年4月启动建设，2015年1月被广西壮族自治区人民政府认定为广西首批自治区级现代特色农业（核心）示范区。项目开展4年多的时间里，先后被授予"国家农业产业化示范基地""全国首批国家级专家服务基地""全国休闲农业与乡村旅游示范点""中国农业公园""国家AAAA级旅游景区""五星级乡村旅游示范区""中国电商旅游第一村""2016百佳田园小镇"等称号。自2015年开园以来，年接待游客889万多人，实现旅游收入3.06亿元；初步统计，有5 000多人在园区就业，核心区农民年人均可支配收入18 036元，分别高于玉林市和广西平均水平的43.3％和74.1％。

2. 主要做法 "五彩田园"以"两区同建、全域AAAAA、国际慢城"为理念，以标准化、规模化、品牌化、特色化、生态化、田园化"六化"为要求，从"山水田园路、三产融合、三生同步、创意科技人文"等多维度规划建设，立足"现代特色农业产业园区"和"新型农村社区"两个功能支点，同步推进深化农村改革、培育新型农业经营主体、引入现代农业科技、发展农业休闲旅游、引进农业新兴产业、开展美丽乡村建设等工作，创新提出了"现代特色农业出彩、新型城镇化出彩、农村综合改革出彩、农村生态环境出彩、农民幸福生活出彩"的"五彩"功能定位。

当前，"五彩田园"建成了包括30多公里环园道路和自行车绿道、"五彩田园"规划展示馆、樱花公园、樱花大道、圆之源、荔之

源、荷之源、岭南农耕文化园、农友草堂、铁皮石斛林下经济示范园（石斛龙园）、海峡两岸（广西玉林）农业合作科技示范园、宝相寺公园、本草禅园、农业嘉年华（中国现代农业技术展示馆）、儿童游乐园、生态餐厅、耕读山庄、南药种苗培育中心、蘑菇部落、南美园、荷塘月色、隆平高科援外实训基地和杂交水稻种植示范基地、中农富玉组培中心、玫瑰庄园、牛大力农场、树棉种植示范基地、中国南药园、水月岩、龙珠湖、会仙河湿地公园等在内的一大批旅游观光点和园区。建成集现代农业生产、文化旅游观光、乡村特色食宿、美丽乡村建设于一体，已成为"美丽广西"乡村建设和现代特色农业示范区建设的成功典范、现代农业产业园的深度践行者。其主要做法包含以下6个方面：

一是一二三产业深度融合。"五彩田园"整合一产、二产和三产资源，打造不同业态形式，加快产业融合。夯实提升第一产业，打造"海峡两岸高科技农业示范基地＋现代农业特色产业化基地"，将"五彩田园"打造成为玉林乃至广西现代特色农业的标准化示范基地和展示窗口；优化做强第二产业，打造"五彩田园"农产品深加工产业园，推行"公司＋基地＋农户"的发展模式，形成生产、加工、销售一条龙服务的产业链，实现农业增效、农民增收；孵化引导第三产业，打造"乡村休闲旅游产业＋农业科普教育基地＋生态健康养生产业"，以农业为基础，促进农业的生产、生态、生活等多种功能的全方位开发。通过建设科技园、加工园、流通园、观光园和辐射带动园这"五园"，探索发展新模式，推动全产业链发展，推进休闲农业旅游，增强辐射带动作用，促进一二三产业融合发展。

二是创新联农带农机制。园区通过租赁、农民入股等方式，集约利用土地，盘活土地资源，促进资源资产转化为资本，实现了园区与农民直接关联、带动发展，形成与农民之间的有效利益联结。主要采取的形式有"公司（合作社）＋基地＋农户"、"保底＋分红"、"土地流转租金＋返聘务工"、土地入股、经营权拍卖等，使园区农民实现了土地流转金、薪金、股金、房屋租金、养老保险金"五金"收入。

三是推进多主体协同发展。园区在发展过程中不仅坚持市场机制在资源配置中的基础性作用，促进生产要素自由流动，还依托政府引导、扶持；同时，让农民以土地入股形式参与；引进隆平高科、光大实业、中农富通等新型农业经营主体。充分利用政府、社会和农民个体的力量，促进多主体协同推进。

四是推动农业科技创新。园区以农业科技为基础，促进互联网信息技术、水肥一体化、精准灌溉等栽培技术融合。场馆内展示各种新品种、新工艺和新技术，其核心项目农业嘉年华运营企业，通过自身科技研发与培育，借助中国农业大学、当地院校等科研平台，推广展示前沿科技。并且，通过农业嘉年华项目和 1 000 亩科技园相结合的方式，推广农业新技术、新品种、新设备、新设施等，同时面向西南地区及东南亚进行农业科技服务。

五是推进农业绿色发展。"五彩田园"在建设过程中始终坚持绿色发展、低碳发展、循环发展同步推进，科学规划布局生产空间、生活空间、生态空间，扎实推进生态环境保护，对入园企业和项目实现绿色环保准入。大力推广节水农业，滴灌、喷灌技术应用率达 85％。深入实施化肥农药零增长行动，大力推广农作物绿色防控技术和生物防治技术，清洁生产面积达 100％。致力将园区打造为望得见山、看得见水、记得住乡愁的"中国最美田园""中国最美乡村""国际养生养老示范区"。

六是发挥品牌效应。农业嘉年华作为"五彩田园"开发核心区的引爆项目，自 2015 年开园以来，积累了很高的人气，提升了"五彩田园"区域农业品牌知名度，带动了"桂皇""全上品"等地方农产品品牌的发展，扩大"南方药都"等产业品牌效应，带动了区域农业经济发展。

3. 经验总结 一是规划理念科学，功能定位准确。五彩田园现代特色农业示范区的规划理念与国家现代农业产业园建设"生产＋加工＋科技"的现代农业产业集群的发展目标一致。按照"一主多辅、一体多元"的产业发展思路，规划建设了以中药材、特色粮食、优势果蔬为主的农业种植科技示范园，以中药材、粮食、果蔬为主的农产品深加工园，以特色农产品流通为主的农产品物流园，以田园风情、农事体验、农耕文化为主的休闲农业观光园，以产业延伸、农民培训、科普教育为主的辐射带动园。

二是特色"五创新"驱动，激活发展动力。①地域创新：农业嘉年华走出北京，在广西玉林因地制宜发展，撬动了 7.8 万亩"五彩田园"的全面发展；②时间创新："五彩田园"内农业嘉年华项目突破季节性限制，全年运营开放，全年有活动；③技术集成创新：通过农业嘉年华项目与科技园相结合的方式，推广农业新技术、新品种、新设备、新设施，面向西南地区及东南亚进行农业科技服务；④模式创新："五彩田园"将服务市民的嘉年华、服务农民的科技园和卖场有机整合，通过建设"五园"，探索发展新模式，推动全产业链发展，推进休闲农业旅游，增强辐射带动作用，促进一二三产业融合发展；⑤经营主体创新：构建了"一体系＋三机制"建设运营管理模式，推进农村产权制度改革、经营模式、管理体制等方面的创新，构建了政策保障体系和投融资、利益联结、运营管理三大机制，促进"五彩田园"建设发展走上正轨。

三是完善利益联结机制，保障多方共赢。五彩田园立足现有的资源禀赋进行升级改造，不搞大拆大建，推进土地确权，从统筹城乡发展入手，就地推进城镇化。主要对包括土地、农房、山林、荒地、水域、滩涂在内的"六权"进行确权颁证，让资源变成了资产，放大了农民的财产权及资产性收益。"五彩田园"核心区、拓展区村庄的"六权"确权登记颁证已全部完成。确权后，再采取"政府收储、二次流转"的模式，破解土地流转难题，从分散耕作到规模经营，土地从农户手中向新型经营主体集中。市政府调整一定用地指标用于支持基础设施建设，积极支持农产品冷链、初加工、仓储等设施建设。对入园企业租用土地实行"三免两减"优惠政策，突破镇村原有土地归属的局限，入园企业流转使用土地，不再受行政区划限制。通过实行多种利益联结模式，使农民实现"五金"收入。开展跨村、跨组的合作农场试点，支持农户以土地经营权、资金、房屋使用权等入股龙头企业和农民合作社，创新以保价收购、利润分成、二次分红等多重分配方式，让更多农民受益。

四是创新投融资渠道，破解发展难题。"五彩田园"创建项目立项、考察评估、规划编制等前期费用，由市、区两级财政负担。整合发改、农业、水利、畜牧、林业、国土、环保、商务等部门项目，从农业综合开发、现代农业发展、农村综合改革、农村基础设施建设、乡村旅游等专项资金中，列出一定比例用于设立"五彩田园"建设专项资金，集中财力推进项目建设。其中，涉及乡村道路建设、农田水利建设、农业科技推广、乡村风貌改造等方方面面。鼓励社会资本积极投资农业基础设施，综合运用奖励、补助、税收优惠等政策，引导社会闲散资金参与"五彩田园"建设，引入投融资主体，撬动各类经营主体投入资金20多亿元，灵活的奖励、补助机制还触动了回乡投资的热潮。

五是创新管理机制，优化管理流程。建立高效顺畅的现代运营管理机制，采取市、区两级共建的模式，市、区两级分别成立了以党委、政府主要领导任指挥长的"五彩田园"建设管理项目指挥部，统筹、协调、决策"五彩田园"建设、管理等过程中需要解决的原则性重大事项和问题。成立了"五彩田园"管理中心，具体负责或牵头协调属地政府落实园区相关的各项公共事务、社会事务；明确了由交旅投集团具体负责园区的规划、开发、建设、经营及管理，构建了"一个中心抓管理，一个公司抓运营"的工作格局。通过引进专业运营公司，实现了先进理念、高端人才、社会资本的加速流入。整个园区形成"政府引导、市场主导、多元投入、统一管理"的运营管理机制。

经过3年多时间的倾力打造，"有边界、无围墙"的"五彩田园"立足于乡野自然景观，融入现代发展要素，实现了乡与城、农与工、传统与现代、生产与生活的融合，成为"美丽广西"建设的成功实践。"五彩田园"不仅仅是一个样板、模式，其创新理念与辐射力，成为带动周边区（县）发展的助力器。从"五彩田园"到"五彩玉林"，以"五大发展理念"为指导，广西乡村建设和现代特色农业走出了一条产业强、百姓富、生态美的绿色转型崛起之路。

216

五、浙江省安吉县"田园鲁家"美丽乡村田园综合体

1. 概况　浙江省安吉县"田园鲁家"美丽乡村田园综合体试点示范项目为全国首批田园综合体项目建设试点项目，项目的实施力争为浙江省"三农"探索一套可复制可推广的新型生产生活方式，为全国开展美丽乡村田园综合体建设提供浙江样板，是"绿水青山就是金山银山"理念的现实体现。

往昔鲁家村是安吉县最穷的村庄之一，寻找经济增长点成为发展的唯一出路。在国家政策大力扶持的大背景下，建设美丽乡村、发展美丽经济这条第三产业道路显得无比正确——自鲁家村转型发展以来，村集体资产从 2011 年不足 30 万元增至近 1 亿元，村集体经济年收入从 1.8 万元增至 286 万元，农民人均纯收入由 1.95 万元增至 3.29 万元，实现了村集体经济的迅速壮大和农民收入的显著增加。

"田园鲁家"美丽乡村田园综合体试点示范项目旨在建成家庭农场、高端民宿、乡村旅游相结合，集生产、生活和生态功能于一体的美丽乡村田园综合体示范区。该项目以鲁家村为核心，辐射、带动周边南北庄、义士塔、赤芝 3 个行政村，构筑"1+3"格局，项目共分 3 年完成，预计总投资超过 4.5 亿元，撬动社会资本达 2.5 亿元。

鲁家村有基础和优势，鲁家村以 18 个家庭农场为核心，初步形成村乡土乐园景区，为田园综合体项目建设提供了自然资源支撑；同时，该村已形成"村＋公司＋农场"的发展机制，并引导有条件的村民参与经营，十分吻合项目定位，所以将其作为打造目标，再合适不过（张天柱、李国新，2017）。

2. 主要做法　为建设好"田园鲁家"，县政府公布了把环境做美、设计做精、业态做强、模式做优、配套做好、进度做快的六项原则（张天柱，2018）。

一是田园综合体建设首先要把环境做美，充分利用丘陵地带错落有致的地形地貌优势，打造全县一流的环境。在规划设计上，要凸显鲁家的田园特色，体现土地节约集约利用的特点，打造项目亮点，突出精神、精准、精彩的设计理念。

217

二是在业态布局上要坚持多元化理念，实现业态做强，形成错位竞争。在发展模式上，要坚持一二三产业融合发展，将鲁家的优势资源转化为生产力，做到农旅结合、文旅结合。

三是在配套设施上要通盘考虑交通出行、生活污水、垃圾处理、公共厕所等布局。要科学编制项目推进计划，明确时间表、任务书、路线图，加快项目推进速度，确保项目及早建成运营，为安吉"两山"理念转化创新载体，为在绿色发展中率先崛起创造更多经验。

"田园鲁家"美丽乡村田园综合体项目规划范围总计 55.78 平方公里，将核心功能板块划分为"一廊三区"。其中，"一廊"即鲁家（二庄）—南北庄（宜茂村）—赤芝（赤山）的竹海走廊，打造最美自驾车风景道，规划总长 7.5 公里，起到各村联动互助的交通优势。"三区"有"溪上田园"绿色生态农业示范区，该示范区为核心先导区，主要为家庭农场集聚区，涉及家庭农场、房车营地、观光火车、飘香农田等多个经营业态；还有"岭上家园"创意农业休闲度假区和"溪谷林园"生态农林乡居体，分别为辐射带动区和拓展延伸区，布置主题营地服务区、梅园溪河谷和市民农庄等业态。"田园鲁家"美丽乡村田园综合体项目以线串点、以点带面、整合资源，最终形成"一带为核、一环贯通、三点辐射、四村共赢"的局面。

六、贵州省水城县国家现代农业产业园

1. 概况　贵州省水城县国家现代农业产业园位于"中国凉都"六盘水市腹地，沪昆高速、都香高速、杭瑞高速、纳兴高速 4 条国家级高速公路均通过六盘水。产业园总面积 101.32 万亩，覆盖米箩、猴场、蟠龙、阿戛、双水 5 个乡（镇、街道），涵盖 28 个村 3.52 万户，共 13.38 万人，总面积 675.47 平方公里。主导产业为猕猴桃，其种植面积 15.8 万亩，2018 年猕猴桃产量 1.29 万吨，产值 32.1 亿元，占产业园总产值的 84%。猕猴桃加工与种植产值之比达 3.01：1，农村居民年人均可支配收入达到 1.25 万元，比水城县平均水平高出 33%。

产业园的空间布局为"一园、一带、三区"，即产业融合示范园，

百里猕猴桃观光带，农产品加工物流与品牌展销区、喀斯特现代生态农业生产区、生态涵养区。截至 2018 年，有 123 家新型经营主体入驻，标准化基地规模 13.2 万亩；产业园内企业 43 家，龙头企业 30家，农民合作社 30 家；吸收 1.93 万人就业，月平均工资达 2 600 元。2014 年 12 月，成立产业园管理委员会，建设期内计划投资 35.5亿元。

2. 主要做法

（1）制定严格标准与管理记录，打造可追溯循环绿色农业。一是按照猕猴桃"生态原产地产品保护证书"的标准要求，制定并发布了《六盘水市猕猴桃生产技术标准体系》等 10 项地方标准，产业园大力开展集中连片的规模化标准化种植基地建设，建成"国家级出口食品农产品质量安全示范区""国家有机产品认证示范创建区""贵州省农产品地理标志示范样板"。县东部园区管理委员会结合猕猴桃生产标准制定了《猕猴桃生产农事管理记录》，下发到所有猕猴桃生产企业和农户，要求如实按生产标准要求开展生产，如实填写农事管理记录；管理委员会在每个农事环节均组织猕猴桃生产企业、乡村技术骨干和大户开展技术培训，统一技术标准要求，并组织乡村技术骨干进入果园开展技术指导和督促检查；每季度管理委员会均会同县农业、市场监管等部门开展质量督促检查。新建有机肥厂 1 座，实现枝条、秸秆回收循环利用，全域实施有机肥替代化肥行动和生草栽培；全面推广高效节水灌溉、物联网和绿色防控等新技术，覆盖面积分别达35%、28%、96%，通过 ISO 9001 认证和出口水果果园注册登记的果园基地覆盖 90% 以上，有 45 家企业的种植基地纳入贵州省农产品质量安全追溯系统，实现全程可追溯。

二是在绿色兴农、质量兴农转型升级的新阶段，优良生态环境的后发优势日益凸显。依托绿色无污染的先天优势，荣获"国家级出口食品农产品（猕猴桃）质量安全示范区""国家有机产品认证示范创建区""贵州省农产品地理标志示范样板""贵州省农业（猕猴桃）标准化示范基地""生态原产地产品保护创建基地"，猕猴桃产业绿色发展特点突出。

（2）推进三产融合，完善配套设施。一是建设 2 个猕猴桃系列产品加工园——水城县猕猴桃果汁加工厂、凉都弥你红生态食品加工园，3 个冷链仓储中心——米箩镇猕猴桃产地冷链物流中心、水城县冷链物流中心和凉都农投万吨冷链仓储中心。已建成气调保鲜库（冷库）14 座，库容达 2.6 万吨，引进选果设备 2 条，配备冷链物流车14 辆；建成果酒加工厂 1 座、果汁加工厂 1 座，年产能达 13 万吨，加工产值达 24.1 亿元。

按照产加销、贸工农一体的思路，园区大力推进一二三产业融合发展，进一步扩展农业发展空间，挖掘农业休闲、旅游、康养等多种功能，实现生产生活生态有机融合。

二是聚焦现代生产要素，科技服务体系更加完善。建立了面向生产、市场和企业的人才集聚和科技支撑保障机制，实行了产业园首席专家制，明确每个产业园有 1 名首席专家定点指导，与中国科学院武汉植物园、中国农业科学院郑州果树研究所等科研单位建立了长期合作关系，促进"生产＋加工＋科技"的交叉融合，不断延伸产业链条。猕猴桃酒、猕猴桃果汁、猕猴桃果脯等加工产品纷纷上市，市场口碑反响不俗。

（3）以"三变"改革为基础引领，创新模式保农户权益。产业园联农带农机制以"三变"改革为基础，在"三变"改革的引领下，形成了"三变驱动、五连融合"的联农带农创新模式。始终坚持以农民利益为核心，通过充分发挥企业、合作社优势，将小农户与大市场对接起来，建立合理的利益分配方式，激发利益分配组织载体的活力，并通过有效的激励约束机制和风险防范机制，促进利益联结的稳定，实现合作共享、多方共赢。

企业连集体，具体做法就是围绕产业升级与宜居宜业美丽乡村建设需求，建立龙头企业与村集体联合开发机制，发挥村"两委"的组织协调作用，通过村委会组织发动群众、协调矛盾纠纷，协助龙头企业推进产业升级、争取政策支持。发挥龙头企业市场开拓与产业增值优势，探索"产业融合＋美丽乡村建设"的捆绑开发机制。有利于处理好龙头企业与农户的利益关系，让农户分享到产业化的成果。按照

"企业＋村集体＋基地＋农户"的模式进行，即村集体将农户的土地等资源集中起来，与企业合作发展相关产业，企业负责投入、生产和经营；村集体负责发动群众、协调矛盾纠纷，协助龙头企业推进产业升级、争取政策及项目支持；入股农户优先在产业发展各环节务工，享受务工收入。利益分配方式为企业 60％、村集体 10％、农户 30％。村庄建设主要为企业结合产业发展需要，按照"园中有镇、镇中有园"的思路，自身投入或村集体帮助争取各级项目资金投入建设，主要为公益性质。

以产业为平台、以股权为纽带、以农民为主体，将农村各种资源要素整合到产业平台上来，为农业提质增效与农民持续增收营造良好有序的制度环境，从根本上破解体制约束，实现了产业集中连片、现代要素聚合、农民资产增值、农村确权赋能。

（4）收益导向，股份分红。促进普通农户分享二三产业增值收益为导向，以股份合作为纽带，采取土地入股、资金入股、资产入股、技术入股、扶贫资金量化股份给贫困户入股等方式，创新实践"入股保底金＋固定分红＋务工工资＋管理地块 30％股权"的主体融合共营模式，打造企业、农户、村集体等多方责任连体的利益共同体。扶贫资金量化给贫困户入股：一般按照 5 万元 1 户量化给贫困户入股相关产业、项目的实施主体发展经营，相关产业、项目的实施主体每年给予贫困户 2 500 元分红。

产业园内通过股份合作带动农民股东人均增收 1.9 万元以上，连续 3 年收入增速 12％以上。其中，米箩镇俄戛村农户 875 户全部参与股份合作，入股农户在盛果期的猕猴桃基地实现亩均收益达 1.3 万元，包括亩均 600 元固定分红和 1 900 元收益分红。这可以让农民充分参与到产业园创建中来，着力点在于构建完善的利益联结机制，充分保障农民利益、调动农民积极性，关键要通过股权纽带，重塑合作主体间的利益牵引与制衡机制，把村集体、企业、农民连成一个责任共同体、利益共同体，实现联产联业、联股连心，引导农民激发发展愿望、明晰责任意识、分享增值收益。

（5）打造猕猴桃观光带。推进农旅融合丰富产业形态，建成集猕

221

猴桃产业观光带、猕猴桃科技博览园、"三变"改革展示中心、"三变"培训中心、巴朗庄园、半方塘旅游度假区等于一体的猕猴桃特色小镇，农旅融合业态进一步丰富，不断撬动农业消费提档升级。

（6）特色变品牌，农户享收益。推进产品由特色化向品牌化转变，创建"凉都弥你红""水城猕猴桃"两个区域公共品牌，打造凉都红心、黔宏两个贵州省著名商标，产品获第 14 届中国国际农产品交易会参展农产品金奖等 10 个奖项，入选《全国名特优新农产品目录》，红心猕猴桃果酒获美国 FDA 认证，构建线上线下融合的营销体系，重点建设国内一二线城市线下品牌直营店体系，搭建水城猕猴桃电子商务中心，实现线上年交易额达 3.8 亿元。依托品牌营销，实现生态价值、经济价值、社会价值、旅游价值"四个价值"最大化，猕猴桃亩均产值突破 2 万元。

如今，水城县猕猴桃在温州等地新建品牌专营店 12 个，入驻百果园等水果连锁企业；与上海心加、黔农良品等电商企业合作，网销渠道得到大幅拓展；举办了猕猴桃商务洽谈会，鲜果已出口加拿大 1.5 万吨、我国台湾 3 吨，与美国企业达成 6 万吨猕猴桃鲜果酒出口协议，为贵航航空水果配餐等，产品可谓实现了"跨洋""上天"。

品牌分别由市、县平台公司负责建设和维护，每年品牌建设的花销在 500 万元左右。与非品牌相比，每斤增值收益 3 元左右，总增值收益达 6 000 万元。自主种植的农民在销售时即可获得这些收益，入股农民在分红时即可获得这些收益，农民能享受到的品牌增值收益占比 40％左右。

（7）产学研平台多方位提供支持。搭建产学研平台，与中国科学院武汉植物园、中国农业科学院郑州果树研究所、贵州大学等 10 余家科研机构和高校合作，建成猕猴桃产学研基地 2 个、种质资源圃 1 个、科技示范园 1 个、试验站 1 个，新建水城县农业云平台；研发和转化成果获"省科技成果转化奖二等奖""贵州省农业丰收奖"；建立"科研机构＋企业＋基地＋农户"的技术推广模式，以市场化、社会化的方式，促进红心猕猴桃病虫害综合防治、储藏保鲜等先进适用技术的大面积推广应用。

3. 发展模式 贵州省水城县现代农业产业园以猕猴桃种植为主要产业，以充分发挥"三变"改革发源地的先发优势，以品牌强农、绿色兴农为目的，积极进行产学研合作，打造现代标准化猕猴桃产业园。

种植：园区管理委员会依据专家制定生产标准，对农户开展培训，统一技术标准要求，进行严格要求和把控，力求保证生产环节的标准化。

物流加工：积极推进三产融合。配备行业专家，同时积极打造专有食品加工园区以及 3 个冷链仓储中心，为良好猕猴桃品质和加工产品提供最好的配套设施。

销售：4 个猕猴桃专业交易市场支撑——米箩镇猕猴桃产地交易市场、水城县猕猴桃交易市场、六盘水市东部城区农产品批发市场和贵州西部农产品物流园，30 个一二线城市品牌直营店。成立猕猴桃电商中心，培育专业电商企业，远销国外。

科技技术支撑：与高校、政府、科研院所多方合作，建立"科研机构＋企业＋基地＋农户"的技术推广模式，为水城县猕猴桃产业链全程提供专业、前端、创新的科研支持。

旅游：建成集猕猴桃观光带、"三变"改革展示中心、猕猴桃小镇等旅游。依靠布依族"六月六"民族风情，举办猕猴桃采摘节。

七、四川省眉山市东坡区国家现代农业产业园

1. 概况 四川省眉山市东坡区国家现代农业产业园位于东坡区东北部，园区紧邻眉山城区，距成乐高速、成昆铁路、成绵乐城际轻轨仅 3 公里。整合投入资金 9.5 亿元，核心区眉山"中国泡菜城"建有 12 个万亩泡菜原料基地、16 万亩高标准泡菜原料基地，覆盖 12 个乡（镇）123 个村的 345 万人口，辐射带动发展标准化蔬菜种植基地 33.5 万亩，建成国家级绿色食品原料（蔬菜）标准化生产基地 18.4 万亩，年总产值 225 亿元。主导产业为泡菜加工，主导产业集中度达 78%。2018 年加工泡菜原料 176 万吨，产值 171 亿元，占产业园总产值的 76%、占全国泡菜市场份额的 1/3、四川省泡菜市场份

额的 1/2（牛春安，2018）。

产业园空间布局为"一中心六基地"，即中国泡菜加工中心、中国泡菜交易展示基地、中国泡菜质量检测基地、中国泡菜研发基地、中国泡菜教育培训基地、中国泡菜文化旅游博览基地、万亩泡菜原料基地，实现六个"全国唯一"：全国唯一的泡菜食品产业城、唯一的国家级泡菜质量监督检测中心、唯一的泡菜产业技术研究院、唯一的泡菜专业博物馆、唯一的中国泡菜行业标准、唯一的泡菜行业国家 AAAA 级旅游景区。产业园累计培育新型经营主体 890 家，吸收 26 万人就业，月平均工资达 3 100 元。2006 年 10 月，成立"中国泡菜城"管理委员会，建设期内计划投资 38 亿元。

2. 主要做法

（1）优化发展环境，夯实产业基础。产业园按照"整合项目、集中打造、连片推进、资源共享"的工作思路，在田网、渠网、路网等基础设施建设上，重点向农业产业化龙头企业、农业专业合作社、家庭农场、种养大户四大新型经营主体倾斜。并制定蔬菜绿色生态种植、采收、储运标准，引导蔬菜合作社、基地农户和周边农户采用大棚、喷灌、水肥一体化等节地、节水、节肥等技术，高标准、规范化推进蔬菜基地建设。

近年来，累计投入 9.5 亿元，建成标准化泡菜原料基地 16 万亩，辐射带动发展标准化蔬菜种植基地 33.5 万亩，推广发展"稻菜轮作"粮经复合模式 25 万亩，建成国家级绿色食品原料（蔬菜）标准化生产基地 18.4 万亩。

（2）狠抓标准建设，提升泡菜质量。一是制定泡菜行业标准。标准化是产业化、规模化的重要前提和基础。2012 年 11 月，由东坡区组织泡菜企业起草的国家泡菜行业标准获商务部审核通过，成为中国泡菜行业标准，为进一步规范泡菜生产标准奠定坚实的基础。

二是坚持以提高东坡区泡菜产品质量安全水平和市场竞争力、促进东坡泡菜产业的可持续发展为目标，以标准化生产、农业投入品监管、泡菜产品质量安全监测为重点，最终全面提升东坡泡菜产品质量安全水平，防止出现质量安全问题。

三是强化泡菜产品质量安全监管意识，依法科学监管，对原料生产基地、农业投入品市场和泡菜产品加工企业的全面监管，推行使用"东坡泡菜"证明商标和地理标志，保护"东坡泡菜"商标权和知识产权，努力打造泡菜产品质量安全放心品牌。

（3）做强产业集群，增强产业优势。一是建设中国泡菜城。本着"产业集中、企业入园、集群发展"的思路，在市中心城区岷江东岸建设面积 10 余平方公里的"中国泡菜城"园区。同时，在东坡区松江镇、太和镇建设泡菜集中区，形成李记、吉香居、味聚特三大泡菜产业工业园。泡菜加工与包装、冷链、物流形成产业集群，"中国泡菜城"已聚集泡菜及上下游龙头企业 30 余家，其中亿元以上企业 12 家。园区始终坚持一二三产业深度融合和科学规划布局，建成了以泡菜加工为龙头，原料基地、研发检测、商贸物流、文化旅游等全产业链一体发展的现代农业园区。

二是龙头企业示范带动。坚持把企业作为泡菜产业发展的核心，通过建立"市场牵龙头、龙头带基地、基地联农户"的利益联结机制，从资金、环境、服务等方面落实扶持措施，建立大型泡菜龙头企业和集团。目前，园区内培育泡菜加工企业 60 家，其中国家级龙头企业 4 家、省级龙头企业 7 家，发展专业合作社 370 家、家庭农场 34 家、蔬菜种植大户 182 户，主导产业集中度达 78％，年加工泡菜原料 176 万吨，农产品初加工转化率达 95％，年产值 171 亿元，带动 15 万农户种植泡菜原料、解决 2.6 万名农民就近务工。

三是打造产学研科技联合体。按"民办公助"原则成立四川东坡中国泡菜产业技术研究院，主要从事泡菜原料品种选育及生产、泡菜功能微生物研究及应用、泡菜生产加工及综合利用、泡菜新产品新技术新工艺开发、标准制修订、分析检测和培训及咨询、规划与可研报告的编制等业务，建设以泡菜研究院为龙头，以四川农业大学、四川省农业科学院等科研院校为支撑，企业为主体的"泡菜研究院＋院所＋企业"的科研创新联合体。

每年投入 1 亿多元，加大新工艺、新技术、新品种的研发，参与制定国内、国际标准，建设联合实验室 3 个、中试示范线 2 条。依托行业建联盟，成立四川省优质中国泡菜现代化产业技术专利联盟，先后荣获国家行业科技进步奖二等奖 1 项、省科技进步奖一等奖 2 项，新增国家发明专利 31 项。依托企业建中心，政策扶持泡菜企业研发创新，建成省级工程技术研究中心 4 个、市级工程技术研究中心 8 个，科研成果转化为新产品 26 个，科技成果转化率在 90％以上，每年成果转化经济效益亿元以上。坚持把技改升级作为壮大泡菜产业的第一抓手，近 5 年投入 140 多亿元，开发了吉香居、惠通食品、千禾味业等 150 多个泡菜食品。

四是品牌营销提升价值。通过实施泡菜"进学校、进超市、进宾馆、进工地、进社区、进军队、进监狱"的"七进"活动，大力开拓泡菜市场。借助中央电视台《味道》《舌尖上的中国》等栏目宣传东坡泡菜，持续提升知名度和影响力。"东坡泡菜"成功创建国家地理标志保护产品和产地证明商标，获得中国驰名商标 7 个，省级著名商标、名牌产品 18 个，连续两年荣登中国品牌价值榜，品牌价值达 105 亿元。泡菜产品走上了北京奥运会、全国两会和党的十八大会议的餐桌，并远销欧美、日韩等 70 多个国家和地区。

（4）延伸产业链条，促进产业融合。一是坚持产城一体协调发展。依托"中国泡菜城"，将泡菜文化与东坡文化相融互动，在城市规划、园区建设上增添文化元素，建设泡菜风情街、美食街和泡菜文化广场，入驻泡菜食品商家，聚集商气人气。

二是坚持线上线下同步发展。推行"互联网＋泡菜"模式，连续 8 年成功举办中国泡菜博览会、展销会，每个企业建立线上销售平台，成功与京东、阿里巴巴等知名电商携手，拓宽销售渠道。2016年，签订购销协议 67 亿元。

三是园区景区共同发展。创建"中国泡菜城"AAAA 级景区，建设以泡菜博物馆、泡菜主题公园、泡菜种植体验基地为核心的旅游观光环线，常年接待游客 300 余万人次，年旅游收入实现 14 亿元，实现"园区变景区、田园变公园"。

（5）拓宽发展途径，创新利益联结。探索完善"企业＋基地＋农户""企业＋合作社（集体经济组织）＋农户"等多种利益联结机制，让农民最大限度地分享产业增值收益。产业园70%以上的农户加入合作社联合经营，75%的农户依托企业发展种养业。

一是"投改股"模式。引导金光村集体以300万元奖补资金参股大自然惠川食用菌项目。前5年，村集体不参与经营，每年按3万～8万元参与分红；第六年起，双方共同管理、风险共担、按股分红。

二是以"企业＋农户"为主的订单合同型模式。农户与龙头企业签订合同约定产品及服务事项，确定最低合同价，企业按合同收购产品。当市场价格高于合同价时，收购价格随行就市。农户根据合同组织生产，企业按照合同要求收购产品，促进农户与企业互利共赢。目前，园区12万户种植农户订单率在90%以上。以泡菜食品企业吉香居公司为例，2016年，该公司与4 200余户农户签订榨菜购销合同，确定榨菜收购保护价为550元/吨。2017年初，实际收购价为1 050元/吨，共收购4万吨，直接帮助农民增收2 000余万元，确保泡菜食品企业的原料供应。

三是以"企业＋基地＋农户"为主的流转聘用型联结模式。农民将土地流转给龙头企业，由龙头企业打捆整合统一规划，建立规模化、标准化原料种植基地。同时，农民可以进基地务工，从事蔬菜种植工作；也可以进厂房务工，从事泡菜食品加工工作。这样既增加农民务工收入，又解决了企业用工荒、用工贵等问题。以泡菜食品企业惠通公司为例，通过从农户手中流转土地，自建标准化泡菜原料基地2万余亩。同时，聘用当地农户就近务工，共解决常年务工和季节性务工1 200人以上，当地农户人均增收5 000元以上。

四是以"企业＋合作社＋农户"为主的服务协作型联结模式。农户自发成立专业合作社，抱团式发展农业产业合作社外连龙头企业和市场，内连每家每户，统一为农户提供技术服务、销售渠道，构建"按股分红＋利益共享＋风险共担"的利益联结机制。以好味稻合作社为例，该合作社是西南第二大农业社会化服务组织，创新了"统一农技知识、统一农资购买、统一农机服务、统一质量标准和统一销售"的"五统模式"，带领农户以"稻-菜轮作"模式种植优质水稻和泡菜原料，极大地提高了农户种植效益。

（6）强化发展保障，促进持续发展。一是强化金融服务。区财政出资设立农业和中小企业融资担保有限公司和农业信贷风险基金，区信用联社放大 10 倍总体授信。目前，已为 21 户新型经营主体和部分农户提供担保贷款 4 450 万元，帮助解决了融资难、融资贵的问题。全面实施蔬菜特色保险、蔬菜价格指数保险等 4 种特色农业保险，保费由区财政直接补贴 80％。目前，东坡区累计投保面积 33 万亩以上，保费 1 700 余万元，财政补贴资金达 1 300 余万元，有效地防控家庭种植户的种植风险。

二是强化质量监管。通过建立园区、镇、村三级监管体系，形成"园区负总责、乡镇有机构、监管到村组、检测全覆盖"的工作机制，为农产品质量安全监管提供强有力的组织保障。建成全国唯一的泡菜质量检测中心，成立区农产品质量安全检测站、乡镇农产品质量安全检测室，加强农产品农药残留重金属检测，督促农业生产企业、合作社开展自律性检测标准化生产覆盖率达 90％以上，无公害农产品、绿色食品、有机农产品、地理标志农产品生产面积占农产品生产总面积的 60％以上。

三是加强产业园建设组织领导。健全管理体系，成立省泡菜协会、市重点项目推进办、中国泡菜城管理委员会、区项目推进中心、泡菜商会、泡菜行业人民调解委员会，通过省、市、区三级统筹协作，构建自上而下的泡菜产业管理体系。创新管理机制，依托"领导小组＋管理委员会＋国资开发公司"，建立"三位一体"的组织管理架构，明确职责和任务分工，把产业园纳入市区经济发展目标重点谋划。强力推进建设，将产业园列为东坡区十大农业重点项目。建设期内，集中人力、物力，着力打造四川省现代农业的样板区。

3. 发展模式 四川省眉山市东坡区现代农业产业园以泡菜加工为主导产业，向前推动蔬菜种植规模化发展，向后带动乡村旅游迅速崛起，创新产学研用科技支撑模式，形成以二产为核心、双向带动一三产业发展的全产业链产业发展模式（图 9 - 6）。

蔬菜种植：产业园以企业增效、农民增收和区域经济发展为目标，通过龙头企业以订单农业的形式带动当地进行泡菜蔬菜规模化、

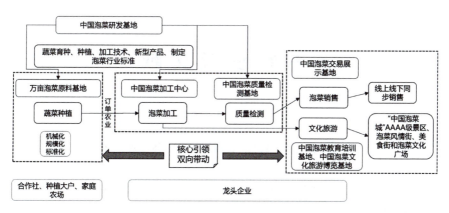

图 9-6　四川省眉山市东坡区现代农业产业园产业发展模式

标准化种植，实现泡菜产业由分散经营向集群发展转变，由粗放管理向集约化管理转变，由传统作坊式生产向机械化、规模化、多元化、标准化生产转变。

科技支撑：建立泡菜研究院，与其他科研院所合作，聚集泡菜产业人才、品牌、市场等发展要素，进行原料专用品种及配套技术创新，泡菜加工工艺创新、泡菜新产品创新、泡菜品牌和市场创新，由主要适应本地消费需求向满足国内外消费需求转变，全面提升泡菜产业发展水平，打造成全球最大的泡菜生产基地。

旅游产业：融合泡菜文化和东坡文化，建设泡菜风情街、特色民宿等，将产业园建设成为唯一的泡菜行业国家 AAAA 级旅游景区，打造"中国泡菜之乡"，带动全区旅游业发展，实现一二三产业融合发展，把泡菜产业发展成为农业产业化的支柱产业和农民增收致富的主导产业。

主 要 参 考 文 献

白春明，尹衍雨，柴多梅，等，2018. 我国田园综合体发展概述 [J]. 蔬菜（2）：
　　1 - 6.

毕捷，2013. 全产业链视角下三亚海棠湾都市农业园区规划策略研究 [D]. 哈尔滨：
　　哈尔滨工业大学.

布淑杰，2019. 浅析我国种植业结构调整的历程 [J]. 现代农业（3）：71 - 72.

蔡佳伟，贺子轩，沈丽，等，2018. 新常态下农牧电商发展路径探析 [J]. 中国市场
　　（8）：192 - 193.

曹震，2002. 国际工程承发包模式之比较 [J]. 建筑（3）：43 - 45.

曹子豪，2019. 南京市江宁区休闲农业与乡村旅游发展浅议 [J]. 戏剧之家（18）：
　　225、227.

常心怡，2018. 论 "农超对接" 可持续发展的长效机制 [J]. 学理论（4）：
　　108 - 110.

陈恩东，2019. 探究农业科技推广方式与实施 [J]. 农家参谋（23）：46.

陈建树，2001. 农业科技园区的建设与运营机制探讨 [J]. 厦门科技（6）：31 - 33.

陈名锋，2019. 推动畜牧业高质量发展思路探究 [J]. 畜禽业，30（6）：55 - 56.

陈维云，2016. 农产品产地加工及储藏工程的技术分类 [J]. 江西农业（7）：76.

程勤阳，孙洁，2015. 加快发展我国农产品产地初加工势在必行 [J]. 农村工作通讯
　　（10）：24 - 25.

程郁，刘明国，周群力，2017. 农产品产地初加工补助政策的效果及完善措施 [J].
　　经济纵横（4）：96 - 104.

程郁，王胜光，2010. 科技创新人才的激励机制及其政策完善 [J]. 中国科学院学
　　报，25（6）：602 - 611.

邓启明，黄祖辉，胡剑锋，2009. 以色列农业现代化的历程、成效及启示 [J]. 社会
　　科学战线（7）：74 - 78.

丁香香，2019. 中国与加拿大农业现代化发展的差异性分析 [J]. 世界农业（5）：
　　39 - 44、112.

董海燕，何正东，2019. 农业职业教育发展 70 年：历程、成就与展望 [J]. 中国职

业技术教育（36）：34-41.

董通升，2017. 支持产业园区发展的财政体系策略研究［J］. 经贸实践（17）：245.

樊祥成，2018. 我国农业基础设施建设政策的演变与发展——以中央1号文件为中心的考察［J］. 青海社会科学（6）：78-84.

冯蔓蔓，2014. 国家现代农业示范区发展现状及运行机制研究［D］. 北京：中国农业科学院研究生院.

高强，孔祥智，邵峰，2012. 现代农业园区建设中的土地问题与对策分析［J］. 农村经济（11）：9-13.

高随润，2016. 现代农业科技产业园发展规划探讨［J］. 农家科技（20）：26.

郭爱君，毛锦凰，2018. 新时代中国县域经济发展略论［J］. 兰州大学学报（社会科学版），46（4）：82-89.

郭渐强，严明，2017. 地方政府重大行政决策第三方评估机制研究［J］. 湘潭大学学报（哲学社会科学版），41（5）：35-37，70.

郭永田，2016. 澳大利亚现代农业发展的特点与启示［J］. 世界农业（1）：162-166.

郭咏嘉，2017. 政产学研结合推进区域协同创新［J］. 中国高校科技，1（17）：56-58.

国家自然科学基金委员会，中国科学院，2012. 未来10年中国学科发展战略［M］. 北京：科学出版社.

韩葆颖，2015. 大同市农产品产地初加工机械化发展浅析［J］. 当代农机（8）：76-78.

韩丽，李永志，2019. 打造美丽牧场，点靓美丽乡村［J］. 中国畜禽种业，15（6）：38-39.

韩长赋，2018. 大力推进质量兴农绿色兴农加快实现农业高质量发展［N］. 农民日报，02-27（7）.

韩长赋，2018. 中国农村土地制度改革［J］. 农村工作通讯（23）：8-19.

杭东，2011. 加拿大现代农业的主要特点［J］. 北京农业（16）：44-45.

何仙珠，2006. 福建省农业科技园区运营管理的研究［D］. 福州：福建农林大学.

何志文，唐文金，2007. 农业科技园区研究综述［J］. 安徽农业科学，35（24）：76-80.

湖北省水产局，2017. 湖北潜江虾稻共作模式"四推进一稳定"效果显著［J］. 渔业致富指南（7）：5-6.

黄梅娟，陶明亮，2017. 发展现代农业园区带动农民持续增收［J］. 基层农技推广，5（4）：54-56.

黄鹏进，2006. "农企对接"，推进农业产业化——江苏省兴化市周庄镇"农型工业化"调查与思考 [J]. 唯实（3）：39-41.

黄小勇，2017. 编好"三张网"走好"四条路"促进信丰脐橙产业转型升级 [J]. 江西农业（8）：32-33.

黄跃成，唐卫东，2018. 构建科技人才支撑体系努力促进乡村产业振兴 [J]. 四川农业科技（11）：53-55.

黄中丽，2018. 强化人才支撑助力乡村振兴 [J]. 中国经济导刊（7）：50-51.

吉林省率先办，2017. 省农委副主任夏季在全省现代农业产业园创建工作视频培训班上的讲话 [J]. 吉林农业（19）：36-39.

籍洪娟，张文涛，2018. 中国农业产业价值链现状、问题与对策分析 [J]. 中外企业家（6）：131.

季祖平，刁春宏，陆仁峥，等，2012. 现代农业产业园引领农业新发展 [J]. 农村工作通讯（6）：34-35.

江苏科技信息编辑部，2010. 科技人才激励及知识产权保护政策解读 [J]. 江苏科技信息（3）：1-4.

蒋小忠，邓建平，唐明珍，2018. 新形势下种植业结构调整的思考 [J]. 中国农技推广，34（8）：9-11.

矫健，陈霞，陈伟忠，等，2018. 现代农业园区发展现状及国际经验借鉴 [J]. 农业展望，14（11）：20-24、34.

孔德议，张向前，2015. 我国"十三五"期间适应创新驱动的科技人才激励机制研究 [J]. 科技管理研究（11）：45-49.

孔祥智，楼栋，2012. 农业技术推广的国际比较、时态举证与中国对策 [J]. 改革，215（1）：12-23.

兰辛珍，2019. 牢记总书记嘱咐实现乡村全面振兴 [N]. 北京周报网，03-09.

蓝伟光，孟羽，2019. 以色列农业：化危为机的理念和实践 [J]. 宁波经济（财经视点）（4）：48-49.

李帮东，王红莲，2012. 大力培育农业产业园着力推进农业产业化 [J]. 安徽科技（3）：32-33.

李成成，李晓林，2019. 科技小院：新时代农业科研、科技服务与人才培养有机融合的新模式 [J]. 民主与科学（4）：20-22.

李国祥，2014. 农村土地制度改革难点剖析 [J]. 国土资源（6）：4-6.

李红敏，2018. 农业种植业结构调整的必要性及策略 [J]. 乡村科技（31）：29-30.

李华，蒲应奘，等，2013. 新西兰农业——全球化中的大国农业 [M]. 北京：中国农业出版社.

李慧，2005. 发展产业集群推动现代农业发展——关于杨凌农业示范园区建设的基点思考［J］. 价格与市场（5）：34-35.

李佳芹，2019. 浅析农业技术推广模式的优化［J］. 农家参谋（9）：41.

李建平，2014. 创新农产品产销对接模式［J］. 农经（10）：11.

李静，刘兴叶，2019. 乡村振兴战略下休闲农业与乡村旅游协同发展研究［J］. 山西大同大学学报（社会科学版），33（3）：120-123.

李腾飞，周鹏升，汪超，2018. 美国现代农业产业体系的发展趋势及其政策启示［J］. 世界农业，471（7）：6-13、224.

李鑫，尹梦秋，2019. "互联网＋农业"经营模式研究［J］. 湖北农机化（7）：6-7.

李秀明，2019. "五常大米"品牌建设探讨［J］. 现代农村科技（6）：15.

李燕，成德宁，郑鹏，2017. 农业基础设施对农业产出的影响及其区域差异——基于2004—2013年中国232个地级市的分析［J］. 广东财经大学学报，32（6）：106-113.

李云芳，2018. 供给侧改革下农村经济发展的优化与调整［J］. 现代经济信息（8）：14、16.

梁文芳，2018. 浅谈我国农业科技园区的建设和管理［J］. 农业开发与装备（2）：142、171.

梁秀清，宗胜春，2019. 农村电子商务发展现状分析［J］. 商场现代化（5）：32-33.

林巧，聂迎利，杨小薇，等，2018. 英国现代农业发展特征及现行政策规划综述［J］. 世界农业（12）：11-15.

刘春芳，王济民，梁辛，2009. 中国农业科技推广体系主要模式评价［J］. 经济研究导刊（10）：48-53.

刘东辉，2016. 我国现代畜牧产业的现状及健康发展策略［J］. 黑龙江畜牧兽医（12）：87-89.

刘恒录，2019. 农超对接发展存在的问题及对策分析［J］. 新乡学院学报（4）：18-21.

刘家祁，王光华，黄小勇，等，2018. 构建五大体系，推进信丰脐橙产业转型发展［J］. 现代园艺（1）：33-34.

刘杰，2017. 产业精准扶贫的实践创新［J］. 中国扶贫（19）：38-41.

刘金祥，2012. 国内外工程项目管理现状比较研究［J］. 城市建设理论研究（36）：1.

刘彭娟，2019. 农村电子商务的发展现状与分析——以池州市农村电商为例［J］. 经营与管理（8）：127-129.

刘庆伟，陈卫东，2019. 我国畜牧业生态经济发展的系统分析 [J]. 农业开发与装备（5）：65.

刘然然，王梁，2019. 国家农业科技园区发展研究综述 [J]. 江苏农业科学，47（2）：9-14.

刘荣和，2019. 休闲农业旅游发展策略浅析 [J]. 农业工程技术，39（11）：14.

刘双娥，谢慧，2016. 2016 年农产品产地初加工补助政策 [J]. 湖南农业（7）：8.

刘涛，2019. 浅议国家现代农业科技推广体系发展策略 [J]. 农业科技管理，38（2）：50-52.

刘晓宇，王曙光，公伟，等，2019. 农村电子商务标准化初探 [J]. 信息技术与信息化（6）：173-175.

刘馨秋，2019. 农业特色小镇：如何定位与怎样建设 [J]. 中国农史（3）：132-138、122.

刘星，2018. 产城融合视角下产业园区要素集聚的规划与重构 [J]. 财经界（学术版）（14）：50.

刘亚飞，2015. 江苏省现代农业产业园区运营机制研究 [D]. 南京：南京农业大学.

刘妍佼，宋士清，苏俊坡，等，2015. 我国现代农业园区的基本特征、功能、类型研究综述 [J]. 中国园艺文摘，31（2）：45-47、79.

刘艳芳，2017. 夯实农产品初加工项目减少产后损失 [J]. 新农业（15）：42-43.

刘源，2014. 美国的家庭农场 [J]. 中国畜牧业（2）：52-54.

刘战平，2007. 农业科技园区技术推广机制与模式研究 [D]. 北京：中国农业科学院研究生院.

柳金平，2013. 现代农业建设与路径研究——基于国家现代农业示范区的实践 [D]. 北京：中国农业科学院研究生院.

柳志华，梁玉琴，张天柱，2019. 现代农业产业园规划编制要点探讨——以东台市现代农业产业园为例 [J]. 农业与技术（23）：160-164.

罗其友，刘洋，唐华俊，等，2018. 新时期我国农业结构调整战略研究 [J]. 中国工程科学，20（5）：31-38.

马敬桂，2019. 发展特色农业助推乡村振兴——《乡村振兴战略背景下特色农业发展研究》书评 [J]. 长江大学学报（社会科学版）（4）：125.

马丽，李伟娜，2018. 农业科技园区组织管理与运行机制研究 [J]. 农业开发与装备（10）：44、46.

马明明，2017. 互联网背景下农业产业化发展路径研究——以潜江小龙虾产业为例 [J]. 现代经济信息（15）：476-477.

马思妍，韩庆伟，白静静，等，2019. 休闲农业与乡村旅游农业发展动态研究——

以保定易县狼牙山万亩花海休闲农业园为例 [J]. 安徽农业科学，47（3）：108-110.

马有祥，李成林，2019. 中国畜牧业未来的发展趋势 [J]. 今日养猪业（1）：21-23.

迈克·E. 波特，郑海燕，等，2000. 簇群与新竞争经济学 [J]. 经济社会体制比较（2）：21-31.

蒙清榕，罗云，2019. 乡村振兴战略背景下广西贺街特色小镇发展对策研究 [J]. 现代商贸工业，40（23）：16-18.

牛春安，2018. 小泡菜大产业眉山东坡泡菜产业蓬勃发展 [J]. 食品安全导刊（23）：32-35.

牛羿，郭斐，曲锴锐，等，2018. 五常大米品牌化发展研究 [J]. 现代食品（14）：16-18.

农业农村部农村经济研究中心，2019. 找准落点深化农村土地制度改革 [J]. 中国房地产业（13）：20-22.

农业农村部新闻办公室，2018. 把握好新时代农村土地制度改革方向以深化改革为乡村振兴提供强大动力 [J]. 现代农业（12）：1.

庞爱玲，2019. 乡村振兴战略下农村电商产业发展困境与路径 [J]. 农业经济（7）：123-124.

逄锦彩，2010. 日、美、法现代农业比较研究 [D]. 长春：吉林大学.

卜善祥，郑敏，2003. 我国现代农业园区的发展现状问题及建议 [J]. 中国地质矿产经济（8）：12-14，46.

彭汉艮，2017. 以园区建设为抓手推进现代农业发展：句容市后白镇现代农业产业园区 [J]. 江苏农村经济（7）：44-46.

强百发，2010. 韩国农业现代化进程研究 [D]. 杨凌：西北农林科技大学.

强茂山，裴文林，2003. EPC 合同的特点及实施 [J]. 工程经济（5）：3-7.

秦诗立，2012. 积极完善规划监测评估制度 [J]. 中国工程咨询（11）：26-27.

曲军，胡胜德，2009. 美国现代农业发展的经验和启示 [J]. 现代农业科技（2）：244-245.

荣柏庆，2019. 我国畜牧业发展现状及发展趋势研究 [J]. 现代交际（6）：239-240.

申秀清，2014. 中国农业科技园区创新机制研究 [D]. 呼和浩特：内蒙古农业大学.

沈喆，屈增，等，2019. "政产学研"模式下，独立学院培养人才模式的探索与实践 [J]. 农业经济，6（13）：33-34.

盛晨曦，2018. 乡村旅游之休闲农业发展模式研究——以杨凌农业高新技术产业示

范区为例 [J]. 旅游纵览（下半月）（12）：135-136.

师常然，2019. 浅谈乡村旅游的发展趋势与对策 [J]. 农村经济与科技，30（10）：58.

石万华，2019. 新常态下畜牧业发展形势和对策 [J]. 中国畜禽种业，15（5）：5-6.

史逸林，2015. 澳大利亚农业的国际地位及中澳农产品贸易 [J]. 中国农业信息（14）：27-31.

宋洪远，2019. 转型的动力——中国农业供给侧机构性改革 [M]. 广州：广东经济出版社.

宋青华，2016. 现代观光农业园区发展与规划研究 [J]. 甘肃科技，32（3）：18-20.

苏东水，2010. 产业经济学 [M]. 第3版. 北京：产业经济学出版社，高等教育出版社.

苏新亚，2014. 深化农村土地制度改革的重要意义及对策探讨 [J]. 中国经贸（19）：118.

孙高明，2013. 现代农业产业园区运行机制与绩效研究 [D]. 南京：南京农业大学.

覃聪，2018. 新时代"三农"经济下农村电商发展新思路探索 [J]. 现代营销（下旬刊）（9）：198-199.

谭昌友，2013. 海南：加大财政扶持产业园区发展力度 [J]. 中国财政（19）：50-51.

谭寒冰，2018. 荷兰现代化农业生产环境及人才队伍建设的经验与启示 [J]. 世界农业（11）：212-216.

唐敏，刘盛，2019. 乡村振兴战略背景下特色小镇建设发展研究 [J]. 湖北理工学院学报（人文社会科学版），36（4）：37-42.

万宇，2009. 工程总承包模式中的石化项目业主方管理方法研究 [D]. 天津：南开大学.

王备军，柳林，史占中，等，2014. 我国工业园区发展的政策瓶颈及优化对策研究 [J]. 科学发展（11）：18-21.

王宏禹，李晶，2019. 休闲农业与乡村旅游融合发展研究——以河北省为例 [J]. 广西广播电视大学学报，30（2）：71-74.

王敬锋，2015. 吉林省农产品加工产业集群发展研究 [D]. 长春：吉林大学.

王梦萍，张君媚，李嫣，等，2017. 农产品产销对接模式和机制创新研究 [J]. 农民致富之友（14）：12.

王泉，邵运川，2017. 苏北现代农业示范乡村产业园规划理论与实践 [J]. 农村经济与科技，28（15）：168－170.

王树进，2011. 农业园区规划设计［M］. 北京：科学出版社.

王小冬，2019. 探讨农村电商的商业模式及进展［J］. 现代交际（10）：69－70.

王晓倩，王增，2019. 我国乡村旅游可持续发展探究［J］. 农村经济与科技，30（10）：59－60.

王欣亮，刘飞，任娲，2017. 农业供给侧结构性改革背景下村镇发展战略研究［J］. 中国软科学（10）：63－71.

韦俊峰，何瀚林，明庆忠，2019. 中国休闲农业和乡村旅游政策的演进特征（2001—2018）——基于政策文本量化分析［J］. 社会科学家（3）：84－90.

魏德功，2005. 现代农业的基本内涵与现代农业园区建设［J］. 改革与战略（10）：28－32.

魏志强，黄群招，周春火，等，2018. 我国畜禽废弃物资源化利用现状及沼气化利用关键技术［J］. 江西畜牧兽医杂志（5）：1－3.

吴婧，2016. 地方政府执行力评价及提升策略研究——以枣庄市市中区为例［D］. 济南：山东财经大学.

吴曼，2019. 乡村产业园规划体系构建研究——以江苏省响水县运河沃华乡村产业园建设规划为例［J］. 安徽农业科学，47（5）：247－251、260.

吴维海，2015. 我国产业园的八大发展趋势［J］. 新闻前哨（12）：80.

吴亚荣，邱明强，王成兵，2008. 关于现代农业示范园区建设的思考［J］. 现代农业科技（20）：329－330、332.

五常市人民政府，2017. 发挥五常大米产业优势提升现代农业示范区建设水平［J］. 奋斗（2）：35－36.

习近平，2015. 习近平总书记提出，县委书记要成为——政治的明白人 发展的开路人 群众的贴心人 班子的带头人［J］. 党的生活（黑龙江）（7）：12.

项喜章，吴素春，胡坤，2011. 农产品加工产业集群的现状及特点分析［J］. 湖北社会科学（10）：73－76.

肖卫东，杜志雄，2015. 家庭农场发展的荷兰样本：经营特征与制度实践［J］. 中国农村经济（2）：83－96.

肖卫东，杜志雄，2017. 荷兰家庭农场为何能创造世界农业奇迹［J］. 中国合作经济（8）：16－19.

谢磊，2019. 农村电子商务创新模式发展［J］. 黑河学刊（4）：13－14.

信乃诠，2013. 科技创新与现代农业［M］. 北京：中国农业出版社.

胥善林，2004. 基于总承包模式的工程项目管理研究［D］. 重庆：重庆大学.

徐艳文，2015. 发达的澳大利亚农业［J］. 中国畜牧业（7）：46－47.

237

许萍，郑金龙，孟蕊，等，2018. 国家现代农业产业园发展特点及展望 [J]. 农业展望，14（8）：25-28.

闫杰，罗庆熙，陈碧华，2004. 我国现代农业园区的发展现状及存在的问题 [J]. 北京农业（9）：1-2.

杨斌，刘豪，2019. 种群生态学视角下山西省农产品加工产业集群发展研究 [J]. 山西农业科学，47（3）：472-475、490.

杨荷君，万超，2018. 农业种植业结构面临的问题与应对策略 [J]. 农家参谋（21）：296、298.

杨丽君，2016. 以色列现代农业发展经验对我国农业供给侧改革的启示 [J]. 经济纵横（6）：111-114.

杨萍，季明川，郝晋珉，2015. 以土地高效利用为核心的现代农业园区设计与实证分析 [J]. 农业工程学报（9）：281-287.

杨其长，2001. 我国农业科技示范园产生的历史背景与发展对策 [J]. 农村实用工程技术（1）：2-3.

杨时云，2019. 绿色引领创新驱动奋力开启畜牧业跨越式发展新篇章 [J]. 江苏农村经济（6）：4-9.

杨孝伟，张秀丽，2019. 农业产业化联合体创新发展研究——基于乡村振兴战略 [J]. 江苏农业科学（11）：1-5.

姚梦月，2014. 灌云县现代农业产业园区发展问题及对策浅析 [J]. 农民致富之友（10）：56-57.

叶春兰，秦莹，2019. 浅析休闲农业与乡村旅游的发展 [J]. 农村经济与科技，30（9）：80-83.

游锡火，2019. 澳大利亚农业发展经验对中国农业发展的启示 [J]. 安徽农学通报，25（6）：10-11、58.

于水，2017. 关于推进现代农业产业园创建工作的总体要求 [J]. 吉林农业（19）：39-41.

于延申，2015. 我国农产品产地初加工现状、成因和国家有关扶持政策 [J]. 吉林蔬菜（Z1）：34-35.

余雅莹，储晶蕾，2019. 互联网经济下潜江市小龙虾产业品牌战略研究 [J]. 商场现代化（3）：12-13.

俞美莲，张莉侠，2015. 国外现代农业园区发展实践及启示 [J]. 世界农业（3）：158-162.

曾锦，徐锐，梁高飞，等，2018. 畜禽养殖废弃物资源化利用技术及推广模式研究进展 [J]. 畜牧与饲料科学，39（8）：56-63.

詹行天，2019. 新形势下如何推进休闲农业和乡村旅游高质量发展［J］. 农村工作通讯（9）：40-41.

张红宇，2015. 建立土地确权登记颁证稳定农村土地承包关系［J］. 甘肃农业（6）：1.

张军，2016. 现代农业示范园区的建设成效及发展路径分析［J］. 中国市场，55（16）：55-56.

张莉，2015. 荷兰的农业现代化［J］. 当代农机（3）：54-56.

张利庠，罗千峰，王艺诺，2019. 乡村产业振兴实施路径研究——以山东益客现代农业产业园为例［J］. 教学与研究（1）：42-50.

张亮，张贺，2019. 促进特色小镇健康发展的政策建议［J］. 发展研究（4）：64-68.

张曼婕，2014. 意大利农业发展状况及其主要措施分析［J］. 世界农业（7）：162-165.

张敏，2009. 农业产业园区规划理论与实践研究［D］. 杨凌：西北农林科技大学.

张天柱，2008. 现代农业园区规划与案例分析［M］. 北京：中国轻工业出版社.

张天柱，2009. 现代观光旅游农业园区规划与案例分析［M］. 北京：中国轻工业出版社.

张天柱，2011. 上海金山现代农业园区规划分析［J］. 农产品加工（创新版）（4）：21-23.

张天柱，2015. 县域现代农业规划与案例分析［M］. 北京：中国轻工业出版社.

张天柱，2016. 现代农业园区规划理论与实践［M］. 郑州：中原农民出版社.

张天柱，2018. 台湾休闲农业发展与典型案例［M］. 北京：中国轻工业出版社.

张天柱，2018. 创新乡村振兴发展模式——田园综合体发展创建与案例研究［M］. 北京：中国科学技术出版社.

张天柱，白春明，等，2018. 中国（国家）农业高新技术产业示范区发展研究报告［R］. 北京.

张天柱，白春明，等，2018. 中国农业嘉年华发展研究报告［R］. 北京.

张天柱，白春明，等，2019. 产业强镇发展研究报告［R］. 北京.

张天柱，白春明，等，2019. 中国农民丰收节研究报告［R］. 北京.

张天柱，白春明，等，2019. 田园综合体发展研究报告［R］. 北京.

张天柱，白春明，等，2019. 现代农业产业园研究报告［R］. 北京.

张天柱，李国新，2017. 美丽乡村规划设计概论与案例分析［M］. 北京：中国建材工业出版社.

张晓鸿，2007. 观光乡村产业园规划规程研究［D］. 泰安：山东农业大学.

张兴萍，王齐全，曹子绚，2016. 论潜江小龙虾产业集群与当地旅游文化产业的发展 [J]. 中国商论（22）：120-121.

张英波，2018. 品牌引领品质优良全面提升五常大米产业新形象 [J]. 中国经贸导刊（25）：29-30.

张岳恒，陈虎城，2000. 以色列农业产业化经营的主要模式与经验 [J]. 南方农村（3）：42-44.

张振立，2017. 湖北潜江做大做强小龙虾产业的成功经验及启示 [J]. 渔业致富指南（15）：18-20.

张正河，王学勤，2009. 中国农业科技创新研究 [M]. 北京：中国农业出版社.

张正周，郭奇亮，刘继，等，2019. 农产品产地初加工及冷链物流发展现状 [J]. 农业与技术，39（3）：39-41.

张筑平，2019. 农村区域电商发展的模式、问题及对策 [J]. 商业经济研究（12）：80-82.

赵航，2012. 休闲农业发展的理论与实践 [D]. 福州：福建师范大学.

赵霞，姜利娜，2016. 荷兰发展现代化农业对促进中国农村一二三产业融合的启示 [J]. 世界农业（11）：21-24.

赵秀红，安秀芝，2016. "互联网＋"背景下唐山农业产业园现状及成因分析 [J]. 科技经济导刊（31）：105-106.

赵颖文，李晓，彭迎，2019. 美国家庭农场的发展经验及对中国的启示 [J]. 中国食物与营养，25（2）：5-10.

赵之枫，2013. 基于互动理念的现代农业园区规划研究 [J]. 城市规划，37（11）：34-38.

郑砚砚，刘勤，等，2017. 加强农业科技研发的措施 [J]. 现代农业科技（13）：267-269.

周录红，李春，2018. 关于农业供给侧结构性改革若干问题的思考和建议 [J]. 农家致富顾问（10）：91.

周蕊，崔晋波，皮竟，等，2012. 现代观光农业园区发展与规划研究 [J]. 安徽农业科学，40（13）：7796-7799.

周涛，2013. 吉林省农产品加工产业集群发展模式及对策研究 [D]. 长春：东北师范大学.

周艳丽，2019. 乡村振兴战略下农业产业化联合体的培育发展研究 [J]. 农业经济（4）：27-28.

朱焕焕，2019. 农村电子商务乡村振兴、精准扶贫的"加速器" [J]. 蔬菜（6）：1-8.

朱隽，常钦，2017. 产业融合绝不能把农民丢到一边 [J]. 农村经营管理 （4）：32-33.

朱明，2014. 我国农产品产地初加工现状与发展路径思考 [J]. 农业工程技术（农产品加工业）（4）：10-12.

祝旭红，2017. 我国科技成果管理与知识产权保护的协调性问题研究 [J]. 企业科技与发展 （9）：1-3.